Jörg Schroth

Konsequentialismus
Einführung

VERLAG KARL ALBER

intro:
Philosophie

© Titelbild: akinbostanci – istockphoto.com

Die Deutsche Nationalbibliothek verzeichnet diese Publikation in
der Deutschen Nationalbibliografie; detaillierte bibliografische
Daten sind im Internet über http://dnb.d-nb.de abrufbar.

ISBN 978-3-495-48525-5 (Print)
ISBN 978-3-495-99967-7 (ePDF)

Onlineversion
Nomos eLibrary

1. Auflage 2022
© Nomos Verlagsgesellschaft, Baden-Baden 2022. Gesamtverantwortung für Druck
und Herstellung bei der Nomos Verlagsgesellschaft mbH & Co. KG. Alle Rechte, auch
die des Nachdrucks von Auszügen, der fotomechanischen Wiedergabe und der Übersetzung, vorbehalten. Gedruckt auf alterungsbeständigem Papier.

Vorbemerkung

Dieses Buch bietet eine Einführung in den Konsequentialismus, dessen historisch erste und heute noch bedeutendste Ausprägung der Utilitarismus ist. Je nachdem, was man von einer Einführung erwartet, kann man den Titel des Buches für nicht ganz angemessen halten und einwenden, er verspreche mehr, als eingelöst wird, da nur ein kleiner Teil der zum Konsequentialismus gehörenden Themen behandelt oder angesprochen wird. Tatsächlich ist es nicht Ziel dieser Einführung, einen möglichst umfassenden Überblick über den Konsequentialismus zu geben. Es gibt so viele Aspekte und Varianten des Konsequentialismus, die man berücksichtigen muss, um den konsequentialistischen Ansatz in der Ethik angemessen zu würdigen, dass sie unmöglich alle in einem schmalen, einführenden Buch behandelt werden können. Ich bin mir also bewusst, dass diese Einführung viele Lücken enthält und andere Schwerpunkte setzt als man vielleicht erwarten würde. Jedoch hoffe ich, dass sie ein erstes Verständnis des Konsequentialismus vermittelt, das als gute Grundlage für eine weitergehende Beschäftigung mit dem Konsequentialismus dienen kann. Als Hilfe dazu dient ein Anhang mit zahlreichen thematisch unterteilten Literaturhinweisen (auch zu einigen Themen, die im vorliegenden Buch nicht angesprochen werden). Der Haupttext hingegen enthält keine Literaturhinweise, sondern nur Quellenangaben für die von anderen Autor*innen übernommenen Gedanken. (Die Anmerkungen enthalten keine weiteren Informationen und müssen daher bei der Lektüre nicht beachtet werden.)

Der Konsequentialismus mag auf den ersten Blick den Eindruck einer einfachen, auf wenigen Grundgedanken basierenden Theorie erwecken – und wird so auch gern von seinen Verfechter*innen angepriesen. Doch was aus diesen Grundgedanken folgt, wie sie zu interpretieren sind und wie sie den Konsequentialismus von anderen ethischen Theorien abgrenzen, ist alles andere als offensichtlich, wovon viele Missverständnisse in der Darstellung und Kritik des Konsequentialismus zeugen. Diese Einführung spiegelt mein Verständnis des Konsequentialismus wider und enthält einige möglicherweise kontroverse Interpretationen. Selbst wenn die Leser*innen nicht allem zustimmen, hoffe ich, dass ihnen ihre Auseinandersetzung damit zu einem besseren Verständnis des Konsequentialismus verhilft. Dies ist jedenfalls das Ziel dieser Einführung, in der es nicht darum geht, den Konsequentialismus zu verteidigen oder zu widerlegen, sondern darum, seine wesentlichen Merkmale neutral und fair darzustellen. Da ich dieses Buch auch als Vorarbeit für eine weitere Beschäftigung mit dem Konsequentialismus betrachte, bin ich dankbar für Anregungen und Kritik (per Mail an joerg.schroth@uni-goettingen.de oder joerg.schroth@gmail.com).

Vorbemerkung

Der besseren Lesbarkeit willen personalisiere ich gelegentlich ethische Theorien und schreibe »Der Konsequentialismus behauptet ...« anstelle von »Konsequentialist*innen behaupten ...«.

In diesem Buch habe ich Auszüge (in überarbeiteter Form) aus folgenden Veröffentlichungen von mir verwendet: »Der voreilige Schluß auf den Nonkonsequentialismus in der Nelson- und Kant-Interpretation«, in *Philosophiegeschichte und logische Analyse*, hrsg. von Uwe Meixner und Albert Newen, Band 6: *Geschichte der Ethik*, Paderborn 2003, S. 123–50. »Ist im Konsequentialismus das Rechte ein Mittel zur Maximierung des Guten?«, in *Ausgewählte Beiträge zu den Sektionen der GAP.6, Sechster Internationaler Kongress der Gesellschaft für Analytische Philosophie*, hrsg. von Helen Bohse und Sven Walter, Paderborn 2008, 1090–1100. »Deontologie und die moralische Relevanz der Handlungskonsequenzen«, in *Zeitschrift für philosophische Forschung* 63 (2009), 55–75. »Konsequentialisierung – Königsweg oder Sackgasse für den Konsequentialismus?« (zusammen mit Monika Betzler), in *Zeitschrift für philosophische Forschung* 68 (2014), 279–304. »Einleitung«, in *Texte zum Utilitarismus*, hrsg. von Jörg Schroth, Stuttgart 2016, 7–31.

Inhaltsverzeichnis

Einleitung 11
Gründe für die Beschäftigung mit dem Konsequentialismus 11
Elemente der Moral 13
Charakteristische Eigenschaften der Moral 14
Empirische Beschäftigung mit der Moral 16
Philosophische Beschäftigung mit der Moral: Ethik 16
Kriterien zum Vergleich und zur Bewertung ethischer Theorien 19
Richtigkeitskriterium und deontischer Status von Handlungen 22
Moralisch richtige und falsche Handlungen vs. moralisch gute und schlechte Handlungen 25

Konsequenzendeterminiertheit 29

Von der Konsequenzendeterminiertheit zur Maximierungserlaubnis 39

Von der Maximierungserlaubnis zum Maximierungsgebot und zum direkten Handlungskonsequentialismus 43
Von der Maximierungserlaubnis zum Maximierungsgebot 43
Direkter Handlungskonsequentialismus 48

Handlungen und Konsequenzen 51

Das Rechte und das Gute im Konsequentialismus 61
Das außermoralisch Gute und das moralisch Gute 62
Die Bestimmung des Guten unabhängig und nicht unabhängig vom Rechten 64
Gut-basierte Theorien und die Ableitung des Rechten aus dem Guten . . 65
Hat im Konsequentialismus das Rechte nur instrumentellen Wert als Mittel zur Maximierung des Guten? 69

Inhaltsverzeichnis

Der Vorrang des Guten vor dem Rechten 76

Das Gute und der beste Zustand 81

Theorien des Guten und der beste Zustand vom (nicht-moralischen) persönlichen Standpunkt 81

Ethischer Egoismus 84

Vom nicht-moralisch besten Zustand für einen Menschen zum nicht-moralisch besten Zustand für mehrere Menschen 85

Utilitarismus 87

Von der nicht-moralischen Bewertung von Zuständen zur moralischen Bewertung von Zuständen 90

Einwände gegen den direkten Handlungskonsequentialismus . . . 93

Das Richtigkeitskriterium ist nicht anwendbar: Wir können nie wissen, welche Handlung richtig ist 94

Das Richtigkeitskriterium erlaubt zu viel 95

Das Richtigkeitskriterium verlangt zu viel (Überforderungseinwand) . . . 103

    Kosten für die handelnde Person 104

Satisfizierender Konsequentialismus 111

Zumutbarer Konsequentialismus 117

Indirekter Handlungskonsequentialismus 123

Regelkonsequentialismus 133

Konsequentialisierung 139

Was spricht für den Konsequentialismus? 147

Maximierungsgebot 149

Konsequenzendeterminiertheit 150

Maximierungserlaubnis 153

Die Welt zu einem besseren bzw. zum bestmöglichen Ort machen 154

Anhang: Literaturhinweise 163

Allgemeine Literaturhinweise zum Konsequentialismus und Utilitarismus   163
    Nachschlagewerk 163
    Einführende Aufsätze und Buchkapitel 163
    Einführende Monographien. 164
    Anthologien. 165
    Monographien und Textsammlungen einzelner Autoren 165
Argumente für den Konsequentialismus und Utilitarismus 167
Globaler Konsequentialismus 168
Konsequentialisierung 168
Konsequentialismus und der Vorrang des Guten 168
Konsequentialismus und die Nichtberücksichtigung der Verschiedenheit der Personen 169
Konsequentialismus und die Unvorhersehbarkeit zukünftiger Konsequenzen 170
Konsequentialismus und Freundschaft, Parteilichkeit sowie persönliche Beziehungen 170
Konsequentialismus und Integrität der Person 171
Konsequentialismus und Kant 172
Konsequentialismus und Rechte 172
Konsequentialismus und Überforderung 173
Objektiver, subjektiver und prospektiver Konsequentialismus (tatsächliche vs. zu erwartende Konsequenzen) 173
Öffentlichkeitsbedingung und Konsequentialismus als geheime (esoterische) Moral. 174
Regelkonsequentialismus 175
Richtigkeitskriterium vs. Entscheidungskriterium 175
Satisfizierender Konsequentialismus 176
Skalarer Konsequentialismus 176
Theorien des Guten 176
    Welfarismus 177
    Wohlbefinden (Well-Being). 177
Werte fördern (promoting values) vs. Werte achten (Honouring values) . . 178

Einleitung

Gründe für die Beschäftigung mit dem Konsequentialismus

Warum sollte man sich mit dem Konsequentialismus, der ethischen Theorie, nach der die moralische Richtigkeit von Handlungen nur von den Konsequenzen der Handlungen abhängt, beschäftigen? Folgende Eigenschaften und Ansprüche des Konsequentialismus machen die Auseinandersetzung mit ihm lohnenswert und spannend:

Er basiert auf bestechenden Grundgedanken:

- Der Konsequentialismus basiert auf wenigen Grundgedanken, die – zumindest auf den ersten Blick – geradezu bestechend erscheinen, sodass es schwerfällt, ihnen zu widersprechen und etwas Plausibleres entgegenzusetzen.

Er verspricht sehr viel:

- Der Konsequentialismus erklärt, was Handlungen moralisch richtig und moralisch falsch macht, und gibt uns ein in einem einzigen obersten Prinzip formuliertes Kriterium für moralisch richtige und falsche Handlungen.
- Er beansprucht, uns eine in allen Lebenslagen anwendbare Methode an die Hand zu geben, mit der wir auf rationale Weise moralische Probleme lösen und moralische Entscheidungen treffen können, ohne uns auf fragwürdige moralische Intuitionen verlassen zu müssen. Insbesondere in Situationen, in denen die herkömmliche Moral uns aufgrund von Regelkonflikten und Vagheit im Stich lässt, verspricht der Konsequentialismus eine (auf individueller, öffentlicher und politischer Ebene anwendbare) Lösungsmethode.

Er ist eine sehr einflussreiche Theorie:

Der Konsequentialismus ist, besonders in seiner bekanntesten Variante, dem Utilitarismus, eine der wichtigsten ethischen Theorien. Auch in der angewandten Ethik spielt der Konsequentialismus, vor allem durch den Einfluss von Peter Singer, eine große Rolle. Wer die zeitgenössische Ethik verstehen will, muss sich mit dem Konsequentialismus auseinandersetzen.

Er ist eine sehr polarisierende Theorie:

- Keine andere ethische Theorie ist so polarisierend wie der Konsequentialismus. Zwar gibt es keine unumstrittene und allgemein akzeptierte ethische Theorie, aber keine andere ruft so erbitterten Widerstand hervor wie der Konsequentialismus. Für manche Gegner*innen ist der Konsequentialismus nicht nur eine von vielen ethischen Theorien, die wie jede ihre Stärken und Schwächen hat, aber einen legitimen Platz im Spektrum der ethischen Theorien einnimmt, sondern er ist eine gefährliche Theorie, die bekämpft werden muss:

> [Consequentialism] is not only lacking in justification and intuitively implausible, but [...] consequentialism is also downright false and dangerous, an evil doctrine that should be avoided by all right-thinking people.[1]

Andererseits übt der Konsequentialismus eine große Anziehungskraft aus und selbst manche Gegner*innen des Konsequentialismus, die von dessen Falschheit überzeugt sind, gestehen zu, dass er etwas Bestechendes an sich hat, dem man sich kaum entziehen kann. Diese Spannung zwischen intuitiv einleuchtenden Grundannahmen und vermeintlich kontraintuitiven, mit der herkömmlichen Moral unvereinbaren Implikationen der Theorie, liefert den Stoff für die andauernde lebhafte Debatte um den Konsequentialismus.

Er ist eine sehr anpassungsfähige und vereinnahmende Theorie:

– Der Konsequentialismus macht es seinen Gegner*innen schwer, weil er versucht, die zahlreichen vermeintlich vernichtenden Einwände durch Anpassungen der Theorie gegenstandslos zu machen. Seine Gegner*innen scheinen infolgedessen einen aussichtslosen Kampf zu führen:

> Späteren Generationen wird ein Großteil der Moralphilosophie des zwanzigsten Jahrhunderts wie ein Kampf erscheinen, um dem Utilitarismus zu *entkommen*. Kaum scheint es uns gelungen, eine utilitaristische Lehre zu widerlegen, finden wir uns schon gefangen im Griff der nächsten wieder.[2]

Bernard Williams' Vorhersage von 1973 über den Utilitarismus, »Der Tag kann nicht mehr allzu weit entfernt sein, an dem wir nichts mehr von ihm hören«,[3] hat sich deshalb als kolossale Fehleinschätzung erwiesen.

– Diese Verteidigungsstrategie verleiht dem Konsequentialismus die Tendenz, andere ethische Theorien zu vereinnahmen, indem er vermeintlich typisch nicht-konsequentialistische Auffassungen konsequentialistisch erklärt, begründet und umdeutet. Als Folge dieser Strategie wird der ursprünglich klare Gegensatz zwischen Konsequentialismus und Nonkonsequentialismus zunehmend undeutlicher (sodass man widerspruchslos von einem deontologischen oder kantischen Konsequentialismus sprechen kann).

Elemente der Moral

Der Konsequentialismus ist eine ethische Theorie der allgemeinen normativen Ethik. Was damit gemeint ist, machen wir uns in den folgenden Abschnitten klar. Da der Gegenstand der Ethik die Moral ist, benötigen wir eine Vorstellung davon, was Moral ist. Aber obwohl Moral ein allgegenwärtiges Phänomen unseres Lebens ist, ist es bisher nicht gelungen, dieses Phänomen in einer allgemein akzeptierten Definition zu fassen. Deshalb beginnen wir statt mit einer Definition der Moral mit unserem Alltagsverständnis der Moral und benennen zunächst die gemäß diesem Verständnis wichtigsten moralischen Phänomene und Elemente der Moral:

Im täglichen Leben begegnet uns die Moral vorwiegend als Einschränkung unserer Handlungsfreiheit durch an uns gerichtete **moralische Forderungen**, den **moralischen Verboten** und **Geboten**: Die Moral *verbietet* und *gebietet* uns bestimmte Handlungen und Handlungsweisen und bürdet uns damit bestimmte **(negative und positive) Pflichten** auf: Bestimmte Handlungen dürfen wir nicht ausführen und andere Handlungen sollen wir ausführen. Pflichten können sich auf einzelne Handlungen in konkreten Situationen beziehen und uns z. B. gebieten, dem gerade vom Fahrrad gestürzten Kind zu helfen. Oder sie beziehen sich als **moralische Regeln** auf bestimmte Handlungsweisen: »Du sollst Menschen in Not helfen«, »Du sollst nicht lügen«, »Du sollst nicht stehlen«, etc. Auf der Grundlage der moralischen Forderungen weisen wir Handlungen einen **deontischen Status** zu, indem wir sie als **moralisch richtige** oder **moralisch falsche Handlungen** bzw. **moralisch gebotene, erlaubte, optionale oder verbotene Handlungen** beurteilen. Wir können auch mehr tun als die Pflicht von uns verlangt und **supererogatorische Handlungen** ausführen, also moralisch besonders lobenswerte Handlungen, die niemand von uns verlangen kann, weil sie mit großen Opfern oder Risiken für uns verbunden sind.

Moralische Forderungen, die auch als **moralische Normen** bezeichnet werden, hängen oft mit **Werten** zusammen: Wir sollen bestimmte Werte achten und fördern und dürfen sie nicht missachten und verletzen. Die Werte können **moralische Werte** (wie z. B. Ehrlichkeit oder Gerechtigkeit) oder **außermoralische (nicht-moralische) Werte** (wie z. B. Freude oder Gesundheit) sein. (Statt von Werten spricht man auch von **Gütern** und **dem Guten**.)

Zur Moral gehört auch, dass wir für unser Handeln (zu dem das Unterlassen von Handlungen zählt) **moralisch verantwortlich** gemacht und zur Rechenschaft gezogen werden können. Wenn wir die an uns gerichteten moralischen Forderungen nicht erfüllen bzw. verletzen, müssen wir mit **Sanktionen** rechnen, wobei dies **innere und äußere Sanktionen** sein können. Die inneren Sanktionen kennen wir als **schlechtes Gewissen bzw. Gewissensbisse** und **Schuldgefühle**. Äußere Sanktionen sind z. B. Vorwürfe und Tadel, Geringschätzung, Verachtung und Ausgrenzung sowie strafrechtliche Sanktionen.

Unsere Handlungen sollten wir nicht aus **moralisch schlechten Motiven** und mit **moralisch schlechten Absichten** ausführen, sondern mit **moralisch guten Motiven und Absichten**.

Außerdem erwartet man von uns, dass wir **moralische Gefühle** (wie Empörung, Entrüstung, Reue, Schuld, Scham, Mitleid, Mitgefühl), die in bestimmten Situationen angemessen sind, haben (und vielleicht zeigen).

Wir sollen nicht nur auf die moralische Richtigkeit unserer Handlungen achten, sondern sollen bestimmte Charaktereigenschaften, die **Tugenden**, ausbilden (und andere, die **Laster**, nicht entwickeln).

In den meisten Alltagssituationen ist uns klar, was wir tun dürfen und sollen. Manchmal geraten wir jedoch in **moralische Konflikte** und selten vielleicht sogar in **moralische Dilemmata**: In moralischen Konflikten sind mehrere, miteinander unverträgliche moralische Forderungen einschlägig (die für und gegen eine bestimmte Handlung sprechen) und wir wissen (zunächst) nicht, was wir tun sollen, weil wir nicht wissen, welche Forderung am gewichtigsten ist und Vorrang vor den anderen hat. Dennoch glauben wir, *dass* es eine richtige Lösung des Konflikts gibt und eine Forderung die andere überwiegt. In moralischen Dilemmata – falls es sie gibt – ist die Situation dagegen ausweglos, da wir nicht anders können, als moralisch falsch zu handeln: Egal, was wir tun, wir verletzen eine moralische Forderung und handeln deshalb moralisch falsch.

Bis hierhin wurde die Moral aus der Sicht der handelnden Personen dargestellt. Diese Sicht rückt die Moral in ein nicht sehr attraktives Licht: Die Moral tritt uns gegenüber als eine Menge sanktionsbewehrter Forderungen, die unsere Handlungsfreiheit einschränken und uns Pflichten auferlegen, denen wir nachkommen sollen, ob wir wollen oder nicht. Doch wir sind nicht nur Handelnde, sondern auch Betroffene, die von den Handlungen anderer Menschen betroffen sind. Aus der Sicht der Betroffenen verliert die Moral ihren negativen Charakter, da sich die moralischen Forderungen in **moralischen Ansprüchen** spiegeln, die wir gegenüber anderen Menschen haben: Die Moral gewährt uns **moralische Rechte** und schützt unsere Interessen, indem sie uns vor willkürlicher Behandlung durch andere Menschen schützt. Es ist in unserem Interesse, dass andere Menschen an moralische Forderungen gebunden sind, die ihnen bestimmte Arten, uns zu behandeln, verbieten. Wir können gegenüber anderen Menschen moralische Rechte geltend machen, und wenn andere Menschen Pflichten uns gegenüber nicht erfüllen und unsere Rechte verletzen, können wir sie dafür zur Rechenschaft ziehen.

Ethische Theorien müssen diese moralischen Phänomene und Elemente der Moral angemessen berücksichtigen.

Charakteristische Eigenschaften der Moral

Ein noch genaueres Bild der Moral bekommen wir, wenn wir fragen, welche Eigenschaften die Moral bzw. einzelne Elemente der Moral haben und ob es bestimmte Eigenschaften gibt, die typisch für die Moral sind. Leider ist es umstritten, welche Eigenschaften charakteristisch für die Moral sind, was einer der Gründe dafür ist, dass es keine allgemein anerkannte Definition der Moral gibt. Die folgenden Eigenschaften werden oft als charakteristische Eigenschaften der Moral betrachtet:

- Moral ist ein öffentliches System in dem Sinn, dass alle Menschen, die zu moralischem Handeln fähig sind (also alle moralischen Akteur*innen) wissen, was die Moral in gewöhnlichen Situationen gebietet, verbietet und erlaubt.
- Moral ist ein informelles System in dem Sinn, dass es keine moralischen Autoritäten gibt, die verbindlich festlegen, was moralisch richtig oder falsch ist.
- Moral ist ein informelles System in dem Sinn, dass es kein Entscheidungsverfahren gibt, das auf jede moralische Frage eine eindeutige Antwort liefert.
- Moral ist nicht kodifiziert: Es gibt keine explizite (und allgemein akzeptierte) Ausformulierung aller moralischen Normen unserer herkömmlichen Moral.
- Moral regelt nur Verhalten, das *andere* (Menschen, Tiere, Lebewesen) betrifft und nicht Verhalten, das nur die eigene Person betrifft. (Es ist umstritten, ob wir auch Pflichten gegenüber uns selbst haben.)
- Moralische Normen sind allgemeingültig: Moralische Normen sind keine persönlichen Normen, die sich jeder nach Belieben zurechtlegen kann, sondern sie sind Normen, die für alle Menschen gleichermaßen gelten, weil sie mit Gründen gerechtfertigt werden, die nur an die (gemeinsame) Vernunft der Menschen appellieren und für alle Menschen einsichtig sind.
- Moralurteile sind universalisierbar: Wer das Moralurteil »*Diese* Person soll in dieser Situation nicht lügen« fällt, muss auch das Moralurteil akzeptieren: »*Jede* Person, die in einer in relevanter Hinsicht ähnlichen Lage ist, soll in so einer Situation nicht lügen.«
- Moralischen Forderungen kann sich niemand entziehen. Sie gelten zu jeder Zeit für alle (zu moralischem Handeln fähigen) Menschen.
- Jede Person ist für ihre Handlungen moralisch verantwortlich und niemand kann sich dieser Verantwortung entziehen, indem man sie an andere abgibt. Es gibt keine moralischen Expert*innen oder Autoritäten, die für uns moralische Entscheidungen treffen können und uns von unserer moralischen Verantwortung befreien können. (Wir können andere Menschen um moralischen Rat bitten, müssen aber selbst entscheiden, was wir tun sollen, und verantworten, was wir tun.)
- Wenn wir Moralurteile fällen, erwarten wir (anders als z. B. bei Geschmacksurteilen), dass andere unseren Urteilen zustimmen oder uns gute Gründe nennen können, warum sie dies nicht tun.
- Moralische Normen werden durch eigene Einsicht aus freien Stücken, also autonom akzeptiert (obwohl sie zunächst von außen (durch Erziehung, etc.) vorgegeben sind und gelernt werden).
- Moralische Forderungen gelten kategorisch: Sie binden die Menschen unabhängig davon, welche Wünsche, Interessen und Zwecke sie haben, also auch unabhängig davon, ob die moralischen Forderungen mit den Wünschen der Menschen vereinbar sind. (Moralische Normen sind kategorische Imperative (»Du sollst nicht lügen!«) und keine hypothetischen Imperative, die einen Wunsch der Handelnden voraussetzen (»*Wenn* Du willst, dass die Menschen Dir vertrauen, dann sollst Du nicht lügen!«).)

Einleitung

- Vorrangigkeit (*overridingness*): Moralische Normen übertrumpfen alle anderen (z. B. rechtlichen, ästhetischen oder prudentiellen) Normen und Gesichtspunkte bzw. Werte und Bewertungen.
- Moralische Normen üben einen besonderen Druck auf uns aus: Sie nötigen uns zu einer bestimmten Handlung (oder Unterlassung), und dieser Nötigung kann man sich schwer und oft nur zum Preis von Selbstvorwürfen und Gewissensbissen entziehen.
- Grundlegende moralische Werte und Normen sind Teil unseres Selbstverständnisses, sodass wir nur schwer bereit sind, sie zu ändern oder aufzugeben.

Empirische Beschäftigung mit der Moral

Die Moral, so wie wir sie durch ihre Elemente und Eigenschaften beschrieben haben, ist ein empirisch gegebenes Phänomen, das empirische Wissenschaften (wie z. B. Evolutionsbiologie, Soziobiologie, Ethnologie, Soziologie, Entwicklungspsychologie, Moralpsychologie, Neurowissenschaften) mit empirischen Methoden genauer erforschen können. Einige Fragen, die man mit den Mitteln empirischer Wissenschaften zu beantworten sucht, sind:

- Wie ist die Moral entstanden? Wie lassen sich einzelne moralische Phänomene evolutionsbiologisch bzw. soziobiologisch erklären?
- Welche neuronalen Grundlagen hat die Moral?
- Gibt es moralisches oder moralanaloges Verhalten bei Tieren?
- Welche Unterschiede gibt es in den Moralsystemen verschiedener Kulturen? Gibt es moralische Universalien, die überall auf der Welt gelten?
- Wie hat sich unsere Moral (und die Moral anderer Gesellschaften und Kulturen) im Laufe der Geschichte verändert? Welche Faktoren beeinflussen die Änderung der Moral?
- Wie verläuft die moralische Entwicklung eines Menschen im Laufe seines Lebens?
- Sorgen stabile Charaktereigenschaften verlässlich dafür, dass wir moralisch richtig handeln, oder beeinflussen in erster Linie äußere Umstände, ob wir moralisch richtig oder falsch handeln?

Wären diese (und andere) empirischen Fragen beantwortet, blieben noch viele Fragen über die Moral offen, die die empirischen Wissenschaften nicht beantworten können.

Philosophische Beschäftigung mit der Moral: Ethik

Diese von den empirischen Wissenschaften nicht beantwortbaren Fragen zur Moral sind philosophische Fragen. Sie auf systematische und rationale Weise zu diskutieren und zu beantworten ist Aufgabe der **Ethik**.

Eine erste Gruppe philosophischer Fragen über die Moral sind Fragen der folgenden Art:

- Welche Bedeutung haben die Wörter »sollen«, »Pflicht«, »Recht«, »moralisch gut«, »moralisch richtig«, etc.?
- Was sind die definierenden Eigenschaften eines Moralurteils? Was unterscheidet Moralurteile von anderen Urteilen? Was sind die charakteristischen Eigenschaften der Moral?
- Warum soll man moralisch sein? Ist es rational bzw. vernünftig, moralisch zu sein?
- Wie lässt sich die Autorität der Moral, d. h. ihr kategorischer Charakter, begründen?
- Übertrumpfen moralische Forderungen alle anderen Erwägungen?
- Sind Moralurteile kulturunabhängig oder kulturrelativ?
- Sind Moralurteile lediglich Ausdruck unserer Gefühle oder Einstellungen?
- Sind Moralurteile objektiv gültig?
- Können Moralurteile wahr oder falsch sein?
- Gibt es moralisches Wissen, moralische Erkenntnis?
- Was sind moralische Tatsachen? Gibt es moralische Tatsachen und wie können wir sie erkennen?
- Was ist moralischer Fortschritt? Gibt es moralischen Fortschritt?
- Lassen sich Moralurteile begründen? Wie lassen sie sich begründen?
- Was sind moralische Intuitionen?
- Wie kann man moralisch argumentieren?

Diese Fragen sind Fragen der **Metaethik**, einer Teildisziplin der Ethik, die sich mit begrifflichen, sprachphilosophischen, erkenntnistheoretischen, metaphysischen und methodologischen Fragen zur Moral beschäftigt.

Hätten wir neben den von den empirischen Wissenschaften aufgeworfenen Fragen auch alle metaethischen Fragen beantwortet, blieben immer noch viele Fragen über die Moral offen. Mit diesen noch offenen Fragen beschäftigt sich ein weiteres Teilgebiet der Ethik, die **normative Ethik**. Typische Fragen der normativen Ethik sind:

- Was macht eine Handlung moralisch richtig? Gibt es eine oder mehrere richtigmachende Eigenschaften?
- Welche Handlungsweisen sind moralisch richtig oder falsch?
- Welche moralischen Regeln und Prinzipien gibt es bzw. lassen sich begründen?
- Was sind moralische Rechte? Welche moralischen Rechte haben wir?
- Was ist Gerechtigkeit? Was ist Würde?
- Wie hängen die einzelnen Elemente der Moral miteinander zusammen? Gibt es ein grundlegendes Element, auf das sich alle anderen reduzieren lassen?
- Gibt es ein oberstes Moralprinzip, aus dem sich alle moralischen Forderungen ableiten lassen?

Einleitung

- Welcher Zusammenhang besteht zwischen Werten und Normen? Lassen sich alle moralischen Normen aus Werten ableiten?
- Welche moralischen Werte gibt es? Was ist das moralisch Gute?
- Welcher Zusammenhang besteht zwischen Rechten und Pflichten? Sind beide gleichberechtigt oder sind Pflichten auf Rechte oder Rechte auf Pflichten reduzierbar?
- Wie werden Regelkonflikte gelöst? Gibt es Vorrangregeln bei Regelkonflikten?
- Lassen alle moralischen Regeln Ausnahmen zu oder gibt es Regeln, die ausnahmslos gelten und Handlungsweisen, die absolut verboten sind?
- Gibt es intrinsisch falsche Handlungsweisen?
- Benötigen wir moralische Regeln, um moralische Entscheidungen zu treffen?
- Welche Tugenden gibt es? Welcher Zusammenhang besteht zwischen den einzelnen Tugenden?
- Welcher Zusammenhang besteht zwischen Tugenden und moralischen Regeln?
- Benötigt man ethische Theorien? Wozu benötigt man sie, was kann man von ihnen erwarten?
- Welche ethische Theorie ist am plausibelsten? Wie bewertet und vergleicht man ethische Theorien?

Der Unterschied zwischen Metaethik und normativer Ethik lässt sich so auf den Punkt bringen: Die Metaethik beschäftigt sich mit dem Wesen und dem Status der Moral, die normative Ethik beschäftigt sich mit dem Inhalt der Moral. Die Metaethik beschäftigt sich mit Fragen über die Moral, die normative Ethik beschäftigt sich mit moralischen Fragen.

Die Beschäftigung mit dem Inhalt der Moral hat zwei Ziele, ein theoretisches und ein praktisches.[4] Das theoretische Ziel ist, die Moral zu verstehen und die oben erwähnten moralischen Phänomene in einen systematischen Zusammenhang zu bringen. Das praktische Ziel ist, uns eine Entscheidungshilfe an die Hand zu geben, um moralische Probleme auf vernünftige Weise zu lösen und vernünftige moralische Entscheidungen zu treffen. Insofern will die normative Ethik die Moral nicht nur neutral und distanziert untersuchen, sondern sie auch gestalten und Einfluss auf sie nehmen.

Trotz dieses praktischen Ziels bleibt die normative Ethik, wie sie durch die oben aufgelisteten Fragen beschrieben wurde, sehr theoretisch. Selbst wenn wir (zusätzlich zu den empirischen und metaethischen Fragen) diese Fragen der normativen Ethik beantwortet hätten, blieben noch viele Fragen offen. Wir hätten ein allgemeines, theoretisches Wissen über die Inhalte der Moral und die systematischen Zusammenhänge der verschiedenen moralischen Phänomene, hätten aber noch kein einziges konkretes moralisches Problem gelöst.

Die Lösung konkreter moralischer Probleme ist Aufgabe der **angewandten Ethik**. Die angewandte Ethik wird manchmal als eigenständige Teildisziplin neben der Metaethik und der normativen Ethik verstanden. Da sie aber normativen Charakter hat, scheint es sinnvoller, sie unter die normative Ethik zu subsumieren und die normative Ethik aufzuteilen in die Angewandte Ethik und die **allgemeine normative Ethik**. Damit ergibt sich folgende Einteilung der Ethik:

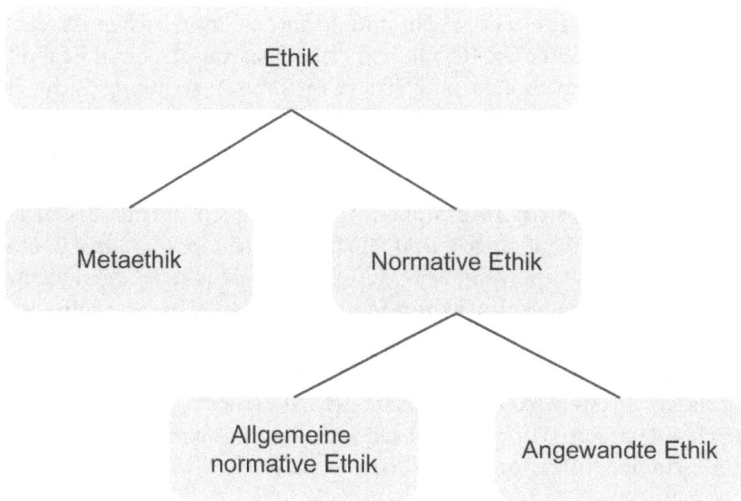

Nun können wir verstehen, was mit der Aussage gemeint ist, dass der Konsequentialismus eine ethische Theorie im Sinne einer normativen Theorie der Moral ist: Er ist eine Theorie der allgemeinen normativen Ethik und beantwortet auf systematische Weise einige der oben der normativen Ethik zugeordneten Fragen. (Er muss nicht alle Fragen beantworten, falls sich einige Fragen im Rahmen des Konsequentialismus als gegenstandslos erweisen.)

Kriterien zum Vergleich und zur Bewertung ethischer Theorien

Jede ethische Theorie hat ihre Stärken und Schwächen und keine ist in jeder Hinsicht überzeugend. Umso schwieriger ist es, Theorien miteinander zu vergleichen und sich für eine Theorie zu entscheiden. Folgende Kriterien können bei einer vergleichenden Bewertung von Theorien helfen. Jedoch liefern sie keine eindeutige Entscheidungshilfe für die Wahl einer Theorie: Einige Kriterien werden von nahezu allen ethischen Theorien erfüllt und helfen bei einem Theorienvergleich nicht weiter. Andere Kriterien werden nicht von allen Theorien erfüllt, sind aber selbst als Kriterien umstritten. Zudem kann man unterschiedlicher Meinung über die Gewichtung der einzelnen Kriterien sein. Dennoch können sie als Anhaltspunkte für einen Vergleich hilfreich sein.[5]

Konsistenz: Die Moralprinzipien und moralischen Regeln einer Theorie dürfen sich nicht widersprechen: Es darf nicht aus einer Regel der Theorie die moralische Richtigkeit einer Handlung und aus einer anderen Regel die moralische Falschheit dieser Handlung folgen (was nicht ausschließt, dass es in der Anwendung von Regeln zu Pflichtenkollisionen kommen kann).

Kognitive Praktikabilität: Die Moralprinzipien und moralischen Regeln einer Theorie müssen anwendbar sein und dürfen die moralischen Akteur*innen nicht kognitiv überfordern: Die Regeln und Prinzipien müssen für alle moralischen Akteur*innen verständlich sein und dürfen in ihrer Anwendung nicht zu viele und für die Akteur*innen schwer zugängliche oder prinzipiell unverfügbare Informationen voraussetzen. Die Anwendung der Regeln und Prinzipien darf nicht zu schwierige Berechnungen erfordern.

Motivationale Praktikabilität: Die Moralprinzipien und moralischen Regeln einer Theorie dürfen die moralischen Akteur*innen nicht motivational überfordern (sodass nur wenige außergewöhnliche Menschen die Regeln befolgen können).

Umfassender Anwendungsbereich: Eine ethische Theorie sollte auf möglichst viele moralische Probleme anwendbar sein.

Bestimmtheit: Eine ethische Theorie sollte (zusammen mit empirischen Informationen) in ihrem Anwendungsbereich zu eindeutigen Moralurteilen und damit zur eindeutigen Lösung moralischer Probleme führen. Zu diesem Zweck dürfen die Grundbegriffe, Regeln und Prinzipien der Theorie nicht unklar und vage formuliert sein.

Kohärenz und Systematisierung der herkömmlichen Moral: Eine ethische Theorie sollte die oben genannten Elemente der Moral in einen systematischen Zusammenhang bringen.

Erweiterung der herkömmlichen Moral: Eine ethische Theorie sollte in Fällen, in denen die herkömmliche Moral aufgrund der Komplexität oder Neuartigkeit der Fälle kein eindeutiges und gewisses Ergebnis liefert, zu begründeten, eindeutigen und plausiblen Moralurteilen führen (und Meinungsverschiedenheiten beilegen).

Erklärungs- und Begründungskraft: Eine ethische Theorie sollte unsere moralischen Überzeugungen erklären, und verständlich machen und begründen, warum welche Handlungen moralisch richtig oder falsch sind, was Personen oder Charaktereigenschaften moralisch gut oder schlecht macht, etc.

Größtmögliche Einfachheit: Eine ethische Theorie sollte so einfach wie möglich sein: Sie sollte möglichst wenige theoretische Voraussetzungen machen, möglichst wenige Grundbegriffe und möglichst wenige und einfach zu verstehende und einfach anwendbare Prinzipien und Regeln enthalten.

Notwendige Komplexität/angemessene Repräsentation der moralischen Phänomene: Eine ethische Theorie sollte so komplex wie nötig sein, um allen moralischen Phänomenen gerecht werden zu können.

Vereinbarkeit mit den charakteristischen Merkmalen der Moral: Eine ethische Theorie soll mit den oben genannten charakteristischen Merkmalen der Moral vereinbar sein.

Plausibles Moralverständnis: Eine ethische Theorie muss von plausiblen, attraktiven allgemeinen Überzeugungen über die Moral ausgehen und sie auf plausible Weise weiterentwickeln. Beispiele für Ansichten über die Moral sind:[6]
- Was zählt, ist das Wohlergehen empfindungsfähiger Wesen. Darum kann es in der Moral nur darum gehen, dieses Wohlergehen unparteiisch zu fördern. (Handlungsutilitarismus)
- Was letztlich zählt, ist das Leid von leidensfähigen Wesen. Darum kann es in der Moral nur darum gehen, Leid zu lindern bzw. zu vermeiden. (Bernard Gerts ethische Theorie)
- Eine der wichtigsten Funktionen der Moral ist der Schutz der Schwachen vor den Starken. Daher muss die Moral vor allem Vorkehrungen zum Schutz der Schwachen treffen.
- Moral ist ein System gegenseitig nützlicher Kooperation. (Hobbesianischer Kontraktualismus)
- Moral ist ein System von Prinzipien, die von keiner Person (die eine vernünftige Einigung über einen Moralkodex sucht) vernünftigerweise abgelehnt werden können. (Scanlons Kontraktualismus)
- Worauf es in der Moral ankommt, ist, zu überlegen, was geschieht, wenn jeder sich moralisch frei fühlt, bestimmte Handlungen auszuführen, und Handlungen zu verbieten, wenn die Konsequenzen daraus, dass jeder sich moralisch frei fühlt, sie auszuführen, schlecht wären. (Brad Hookers Regelkonsequentialismus)
- In der Moral geht es nicht in erster Linie darum, welche Handlungen richtig oder falsch sind, sondern darum, welche Art von Person man sein sollte, welche Charaktereigenschaften man haben sollte, welches Leben man führen sollte bzw. was ein gutes Leben ist. (Tugendethik)

Intuitive interne Plausibilität (enges Überlegungsgleichgewicht): Eine ethische Theorie sollte mit unseren moralischen Intuitionen bzw. mit unseren (vortheoretischen) wohlüberlegten moralischen Überzeugungen übereinstimmen: Mit der ethischen Theorie sollten alle unsere wohlüberlegten moralischen Überzeugungen begründet werden können, und es sollten keine Moralurteile begründet werden können, die mit unseren wohlüberlegten moralischen Überzeugungen unvereinbar sind.

Für die Beurteilung des Konsequentialismus ist dieses Kriterium das wichtigste und das umstrittenste Kriterium. Fast alle Einwände gegen den Konsequentialismus laufen darauf hinaus, dass er kontraintuitiv und mit unserer herkömmlichen Moral nicht vereinbar ist.

Externe Plausibilität (weites Überlegungsgleichgewicht): Die moralischen Prinzipien und Regeln der Theorie sowie die grundlegenden Begriffe der Theorie müssen mit unseren nicht-moralischen Überzeugungen vereinbar sein und durch diese gestützt werden. Zu diesen Überzeugungen zählen Überzeugungen über Rationalität und rationales Verhalten, philosophische Überzeugungen über personale Identität und über das gute Leben sowie die Ergebnisse der empirischen Wissenschaften.

Überzeugende Begründung: Es spricht für eine ethische Theorie, wenn sie die genannten Kriterien gut erfüllt und im Vergleich mit anderen Theorien gut oder besser als sie abschneidet. Aber dies allein gibt uns noch keinen hinreichenden Grund, um die Theorie zu akzeptieren. Es ist unwahrscheinlich, dass der Vergleich ein eindeutiges Ergebnis liefert, sodass die Theorie allen anderen vorzuziehen ist. Auch wenn eine Theorie die Kriterien besser als alle anderen erfüllen würde, folgt daraus nicht, dass wir einen guten Grund haben, sie zu akzeptieren. Selbst die im Vergleich beste Theorie könnte alles in allem so gravierende Mängel haben, dass wir sie nicht akzeptieren sollten. Umgekehrt könnte die Begründung einer Theorie so überzeugend sein, dass sie bei einem uneindeutigen Vergleich mit anderen Theorien den Ausschlag für diese Theorie gibt und wir trotz einiger Mängel an ihr festhalten wollen.

Gegner*innen des Konsequentialismus sind überzeugt, dass er an den Kriterien kognitive und motivationale Praktikabilität, notwendige Komplexität/angemessene Repräsentation der moralischen Phänomene und intuitive interne Plausibilität (enges Überlegungsgleichgewicht) scheitert.

Richtigkeitskriterium und deontischer Status von Handlungen

Da wir von einer ethischen Theorie erwarten, dass sie bestimmt (und erklärt), welche Handlungen moralisch richtig und moralisch falsch sind, ist das **Richtigkeitskriterium** das wichtigste Element einer ethischen Theorie und daher der wichtigste Streitpunkt zwischen verschiedenen ethischen Theorien. Das Richtigkeitskriterium ist das Kriterium für den **deontischen Status von Handlungen**, also dafür, ob eine Handlung moralisch verboten, erlaubt, geboten, supererogatorisch, optional, richtig oder falsch ist. Im Einzelnen verstehen wir darunter Folgendes:

Verbotene Handlungen: Handlungen, die wir nicht ausführen dürfen. Ihre Unterlassung ist moralisch geboten. Verbotene Handlungen sind moralisch falsch. Sie werden auch als pflichtwidrige Handlungen bezeichnet.

Erlaubte Handlungen: Handlungen, die wir ausführen dürfen. Handlungen, die nicht verboten bzw. nicht moralisch falsch sind, sind erlaubt. Erlaubte Handlungen sind moralisch richtig und können optional, geboten oder supererogatorisch sein:

Gebotene Handlungen: Handlungen, die wir ausführen sollen. Ihre Unterlassung ist verboten bzw. moralisch falsch. Man bezeichnet sie auch als **Pflichten** und als **obligatorische Handlungen**.

Supererogatorische Handlungen: Handlungen, die über das, was die Pflicht von uns verlangt hinausgehen, weil sie mit unzumutbaren Anstrengungen und Opfern verbunden sind. Es sind Handlungen, die moralisch lobenswert, aber nicht geboten sind und deren Unterlassung nicht tadelnswert ist bzw. nicht sanktioniert wird.

Optionale Handlungen: Handlungen, die wir ausführen und unterlassen dürfen. Optionale Handlungen sind erlaubte Handlungen, die weder geboten noch supererogatorisch sind. Man kann sie als moralisch triviale, irrelevante oder indifferente Handlungen bezeichnen: Es steht uns frei, sie auszuführen oder zu unterlassen, und wie wir uns entscheiden, spielt in moralischer Hinsicht keine Rolle.

Richtige Handlungen: Erlaubte Handlungen, also Handlungen, die nicht verboten bzw. nicht falsch sind, sondern entweder optional, geboten oder supererogatorisch sind.

Falsche Handlungen: Verbotene bzw. nicht erlaubte bzw. nicht richtige Handlungen.

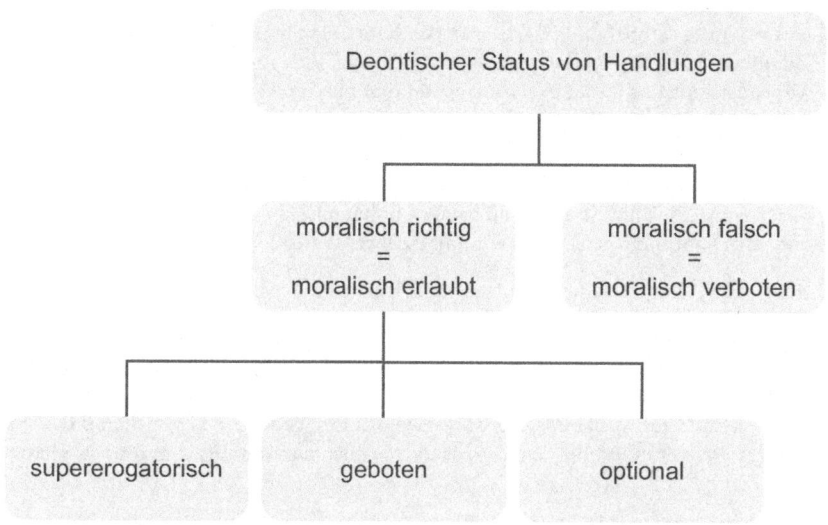

Das Richtigkeitskriterium einer ethischen Theorie ergibt sich aus den moralischen Normen (Forderungen, Gebote, Verbote, Pflichten und Rechte) der Theorie, die als moralische Regeln und Prinzipien formuliert werden. Man unterscheidet **monistische Richtigkeitskriterien** von **pluralistischen Richtigkeitskriterien**.

Monistische Richtigkeitskriterien basieren nur auf einem Moralprinzip (oder auf mehreren moralischen Regeln und einem einzigen übergeordneten Moralprinzip. Einige Beispiele dafür sind:

Tugendethisches Richtigkeitskriterium:

> An action is right iff it is what a virtuous agent would characteristically (i. e. acting in character) do in the circumstances.[7]

Kontraktualistisches Richtigkeitskriterium:

> [A]n act is wrong if its performance under the circumstances would be disallowed by any set of principles for the general regulation of behavior that no one could reasonably reject as a basis for informed, unforced general agreement.[8]

Kantisches Richtigkeitskriterium gemäß dem Kategorischen Imperativ in der Formel des Zwecks an sich selbst:

> An action is right if and only if (and because) the action treats persons (including oneself) as ends in themselves and not merely as a means.[9]

Kantisches Richtigkeitskriterium gemäß dem Kategorischen Imperativ in der Formel des allgemeinen Gesetzes:

> An action is right if and only if one can both (a) consistently conceive of everyone adopting and acting on the general policy (that is, the maxim) of one's action, and also (b) consistently will that everyone act on that maxim.[10]

Handlungsutilitaristisches Richtigkeitskriterium:

> An action is right if and only if (and because) it would (if performed) likely produce at least as high a utility (net overall balance of happiness versus unhappiness) as would any other alternative action one might perform instead.[11]

Regelkonsequentialistisches Richtigkeitskriterium:

> An act is wrong if and only if it is forbidden by the code of rules whose internalization by the overwhelming majority of everyone everywhere in each new generation has maximum expected value in terms of well-being (with some priority for the worst off). [...] If in terms of expected value two or more codes are better than the rest but equal to one another, the one closest to conventional morality determines what acts are wrong.[12]

Pluralistische Richtigkeitskriterien basieren auf mehreren Prinzipien oder Regeln, die nicht unter ein übergeordnetes Moralprinzip subsumiert werden können. Das bekannteste Beispiel dafür ist W. D. Ross' Katalog von prima facie Pflichten, hier in der Formulierung von Mark Timmons:

1. Justice: prima facie, one ought to help ensure that pleasure is distributed according to merit.
2. Beneficence: prima facie, one ought to help those in need and, in general, increase the virtue, pleasure, and knowledge of others.
3. Self-improvement: prima facie, one ought to improve oneself with respect to one's own virtue and knowledge.
4. Nonmaleficence: prima facie, one ought to refrain from harming others.
5. Fidelity: prima facie, one ought to keep one's promises (including the implicit promise to be truthful).
6. Reparation: prima facie, one ought to make amends to others for any past wrongs one has done them.

7. Gratitude: prima facie, one ought to show gratitude toward one's benefactors.[13]

Basierend auf diesen prima facie Pflichten kann man ein Richtigkeitskriterium formulieren, das bestimmt, welche Handlungen geboten, verboten oder optional sind:

> An action A in some circumstance C is *obligatory* (one's actual duty) if and only if (and because) one has a prima facie duty to do A in C that is more stringent than any other conflicting prima facie duty that would favor performing some action other than A in C. (...)
>
> An action A is *wrong* in C if and only if (and because) one has a prima facie duty to refrain from performing A in C that is more stringent than any other conflicting prima facie duty that would favor performing A in C.
>
> An action A in C is *optional* if and only if (and because) either (i) one has no prima facie duties in C, or (ii) if one is subject to conflicting prima facie duties in C—one or more favoring A and one or more favoring some alternative action—then these conflicting prima facie duties are equal in their stringency, neither one overrides the other.[14]

Obwohl dieses Richtigkeitskriterium dem regelkonsequentialistischen Richtigkeitskriterium ähnelt (und der regelkonsequentialistische Regelkodex sogar aus den Ross'schen prima facie Pflichten bestehen könnte), ist es dennoch ein pluralistisches Richtigkeitskriterium, da die prima facie Pflichten nicht unter ein übergeordnetes Prinzip subsumiert werden können, das sie begründet. Im Regelkonsequentialismus gibt es ein solches übergeordnetes Prinzip. Es legt fest, dass der Regelkodex nur diejenigen moralischen Regeln enthält, deren Internalisierung durch die überwältigende Mehrheit (...) den größten Erwartungswert hinsichtlich des Wohlergehens (...) hat.

Moralisch richtige und falsche Handlungen vs. moralisch gute und schlechte Handlungen

Wir haben bisher von moralisch richtigen und moralisch falschen Handlungen gesprochen und uns dabei auf die moralische Beurteilung von Handlungen hinsichtlich ihrer Übereinstimmung mit einem Richtigkeitskriterium bezogen. Jedoch spricht man auch von *moralisch guten* und *moralisch schlechten Handlungen*, wobei oft nicht klar ist, was damit gemeint ist und worin der Unterschied zu moralisch richtigen und falschen Handlungen besteht. Da diese Unklarheit zu Missverständnissen und haltlosen Einwänden gegen den Konsequentialismus führen kann, ist eine Erläuterung dieser Begriffe nötig.

Wenn wir Handlungen gemäß ihrer Übereinstimmung mit einem Richtigkeitskriterium moralisch beurteilen und sie als moralisch richtig oder falsch bezeichnen, betrifft dies die **Pflichtgemäßheit** der Handlungen bzw. ihren deontischen Status. Oft beurteilen wir Handlungen jedoch (auch) hinsichtlich des Motivs bzw. der Gesinnung der handelnden Person. Hierunter fällt u. a. die Beurteilung von Handlungen hinsichtlich ihrer Übereinstimmung mit dem **Pflichtbewusstsein** der handelnden Person:

Einleitung

a) Man kann eine Handlung ausführen, weil man sie für seine Pflicht hält (Handlung aus Pflichtbewusstsein).
b) Man kann eine Handlung ausführen, obwohl man sie für pflichtwidrig (verboten) hält (Handlung entgegen dem Pflichtbewusstsein).
c) Man kann eine Handlung aus Neigung ausführen, wobei man (i) entweder die Handlung auch für seine Pflicht hält oder (ii) sich keine Gedanken darüber macht, ob die Handlung Pflicht ist oder nicht (Handlung ohne Pflichtbewusstsein).

Die Beurteilung einer Handlung hinsichtlich der Übereinstimmung mit dem Pflichtbewusstsein lässt sich mit der Beurteilung hinsichtlich ihrer Pflichtgemäßheit verbinden:

(a_1) Man kann eine richtige Handlung ausführen, weil man sie für seine Pflicht hält.

(a_2) Man kann eine falsche Handlung ausführen, weil man sie für seine Pflicht hält.

(b_1) Man kann eine richtige Handlung ausführen, obwohl man sie für pflichtwidrig hält.

(b_2) Man kann eine falsche Handlung ausführen, obwohl man sie für pflichtwidrig hält.

(c_1) Man kann eine richtige Handlung aus Neigung ausführen, wobei man (i) entweder die Handlung auch für seine Pflicht hält oder (ii) sich keine Gedanken darüber macht, ob die Handlung Pflicht ist oder nicht.

(c_2) Man kann eine falsche Handlung, aus Neigung ausführen (...).

In den Fällen (a_2), (b_1), (c_2-i) irrt sich die handelnde Person darüber, welche Handlung richtig ist.

Die beiden Beurteilungen beziehen sich auf unterschiedliche Aspekte einer Handlung und sind – wie die Kombinationen zeigen – in dem Sinn voneinander unabhängig, dass jede Beurteilung der einen Art mit jeder Beurteilung der anderen Art vereinbar ist: Beurteilt man eine Handlung hinsichtlich ihrer Übereinstimmung mit dem Pflichtbewusstsein, folgt daraus nichts hinsichtlich ihrer Übereinstimmung mit dem Richtigkeitskriterium. Umgekehrt folgt aus der Übereinstimmung einer Handlung mit dem Richtigkeitskriterium nichts hinsichtlich ihrer Übereinstimmung mit dem Pflichtbewusstsein. Immer dann, wenn wir eine Handlung (auch) hinsichtlich des Motivs, speziell hinsichtlich ihrer Übereinstimmung mit dem Pflichtbewusstsein der handelnden Person beurteilen, sprechen wir von moralisch guten oder moralisch schlechten Handlungen. Dabei müssen wir zwei Verwendungsweisen von »moralisch gut« unterscheiden:

(MG_1) Eine Handlung ist **moralisch gut** genau dann, wenn man sie ausführt, weil man sie für seine Pflicht hält, d. h., eine Handlung ist *moralisch gut*, genau dann, wenn sie eine Handlung aus Pflicht(bewusstsein) ist.

(MS₁) Eine Handlung ist **moralisch schlecht** genau dann, wenn man sie ausführt, obwohl man sie für pflichtwidrig hält.

Der Vorzug dieser Definition liegt darin, dass sie eine saubere ethische Argumentation ermöglicht, da sie die strikte Trennung der beiden moralischen Beurteilungen erlaubt: Die Beurteilung einer Handlung als moralisch gut oder schlecht bezieht sich ausschließlich auf die Übereinstimmung der Handlung mit dem Pflichtbewusstsein. Die Beurteilung einer Handlung als moralisch richtig oder falsch bezieht sich ausschließlich auf ihre Übereinstimmung mit einem Richtigkeitskriterium. Gemäß dieser Definition kann eine moralisch falsche Handlung moralisch gut sein (wenn man sie ausführt, weil man sie (irrtümlicherweise) für seine Pflicht hält). Nicht alle sind bereit, diesen Sprachgebrauch mitzumachen, und bevorzugen folgende Definition:

(MG₂) Eine Handlung ist *moralisch gut* genau dann, wenn sie richtig ist und man sie ausführt, weil man sie für seine Pflicht hält, d. h., eine Handlung ist *moralisch gut* genau dann, wenn sie eine richtige Handlung aus Pflicht(bewusstsein) ist.

(MS₂) Eine Handlung ist *moralisch schlecht* genau dann, wenn sie falsch ist oder wenn man sie ausführt, obwohl (oder weil) man sie für pflichtwidrig hält.

Leider werden mitunter »moralisch richtig« und »moralisch gut« auch gleichbedeutend verwendet, sodass noch eine dritte Definition erwähnt werden muss, wonach eine Handlung genau dann moralisch gut ist, wenn sie moralisch richtig ist. Diese Definition führt leicht zu Missverständnissen, wenn man moralisch gute Handlungen dennoch mit einem moralisch guten Handlungsmotiv assoziiert und dies mit dieser Definition auf moralisch richtige Handlungen überträgt.

Drei Bedeutungen von »moralisch gute Handlung«

Handlung aus Pflicht(bewusstsein)	Richtige Handlung aus Pflicht(bewusstsein)	Richtige Handlung

Die Unterscheidung zwischen moralisch richtigen und moralisch guten Handlungen ist theorieunabhängig, also unabhängig davon, welches Richtigkeitskriterium man akzeptiert. Eine Person, die aus Pflichtbewusstsein handelt, handelt moralisch gut, gleichgültig ob die Richtigkeit ihrer Handlung durch den Kategorischen Imperativ, eine Liste von Pflichten oder durch ein konsequentialistisches Richtigkeitskriterium festgelegt wird. Konsequentialist*innen, die das Gute maximieren, weil sie dies für ihre Pflicht halten, handeln ebenso moralisch gut wie Kantianer*innen, die ihre Maximen am Kategorischen Imperativ testen, weil sie dies für ihre Pflicht halten. Konsequentialist*innen können ebenso aus, ohne und entgegen dem Pflichtbewusstsein handeln wie Kantianer*innen. (Eine andere Frage ist, für wie wichtig man im Konsequentialismus und in kantischen Theorien das Handeln aus Pflichtbewusstsein hält.)

Konsequenzendeterminiertheit

Nach den einleitenden Ausführungen kommen wir nun zur Charakterisierung des Konsequentialismus. Wir beginnen mit derjenigen Idee, die verständlich macht, warum die Theorie »Konsequentialismus« heißt, und wollen untersuchen, was aus ihr folgt und wie sie mit anderen Ideen zusammenhängt. Wenn wir fragen, wovon es abhängt, ob eine Handlung moralisch richtig oder falsch ist, gibt der Konsequentialismus darauf eine ebenso einfache wie radikale Antwort, die wir als »Konsequenzendeterminiertheit« bezeichnen:

KD **Konsequenzendeterminiertheit:** Die moralische Richtigkeit einer Handlung hängt *nur* von den Konsequenzen der Handlung ab.

Genauer ist damit gemeint, dass die Richtigkeit vom *Wert* der Konsequenzen abhängt. Da Konsequenzen nicht als richtig oder falsch, sondern als gut oder schlecht bewertet werden, hängt die Richtigkeit also von der Güte (Gutheit) und Schlechtheit der Konsequenzen ab:

KD* Die moralische Richtigkeit einer Handlung hängt *nur* vom Wert (d. h. der Gutheit oder Schlechtheit) der Konsequenzen der Handlung ab.

Da man stets mehrere Handlungsmöglichkeiten zur Auswahl hat (und sei es nur die Wahl zwischen dem Ausführen und dem Unterlassen einer Handlung), ist es vernünftig, die moralische Richtigkeit einer Handlung nicht allein von ihren isoliert betrachteten Konsequenzen abhängig zu machen, sondern davon, wie gut oder schlecht ihre Konsequenzen sind im Vergleich mit den Konsequenzen der anderen Handlungen, die man stattdessen ausführen könnte: Um herauszufinden, ob eine (beabsichtigte oder bereits ausgeführte) Handlung moralisch richtig ist, muss man die Konsequenzen dieser Handlung mit den Konsequenzen aller anderen Handlungen, die in der Situation möglich (gewesen) sind, vergleichen. Die moralische Richtigkeit einer Handlung hängt also nur vom *vergleichsweisen* Wert ihrer Konsequenzen ab, sodass KD* genauer lauten muss:

KD** Die moralische Richtigkeit einer Handlung hängt *nur* vom Wert (d. h. von der Gutheit oder Schlechtheit) der Konsequenzen der Handlung, verglichen mit dem Wert der Konsequenzen der anderen Handlungen, die man stattdessen ausführen könnte, ab.

Im Folgenden wollen wir weiterhin die kürzere Formulierung KD verwenden und als Abkürzung für KD** verstehen. Die Konsequenzendeterminiertheit ist ein charakteristisches Merkmal konsequentialistischer Theorien, sie ist aber keine vollständige Charakterisierung einer konkreten konsequentialistischen Theorie.

Eine konkrete konsequentialistische Theorie liegt erst vor, wenn wir in einem *Richtigkeitskriterium* festgelegt haben, welche Handlungen moralisch richtig und welche Handlungen moralisch falsch sind. Die Konsequenzendeterminiertheit ist noch kein Richtigkeitskriterium, da es folgende Fragen offenlässt:

- Nach welchen Kriterien bestimmt man den Wert einer Konsequenz? Was ist eine gute, was eine schlechte Konsequenz? Welche Theorie des Guten ist plausibel?
- Nach welchen Kriterien bestimmt man, wenn eine Handlung Konsequenzen für mehrere Individuen hat, welche Konsequenzen insgesamt (also nicht nur für eine bestimmte Person) besser oder schlechter sind. D. h., wie aggregiert man die Konsequenzen für einzelne Individuen zu einer Bewertung der Konsequenzen insgesamt (unter Berücksichtigung aller betroffenen Individuen), sodass man die Konsequenzen einer Handlung insgesamt mit den Konsequenzen anderer möglicher Handlungen vergleichen kann?
- Welche Konsequenzen zählen? Zählen nur die Konsequenzen für die handelnde Person und ihr nahestehende Personen oder auch die Konsequenzen für alle von einer Handlung betroffenen Menschen oder gar die Konsequenzen für alle von einer Handlung betroffenen Lebewesen? Zählen auch Konsequenzen, die keinen Menschen oder kein Lebewesen betreffen?
- Muss man alle Konsequenzen unparteiisch berücksichtigen und gleich gewichten oder dürfen die Konsequenzen für bestimmte Gruppen von Individuen stärker gewichtet und diese Gruppen somit bevorzugt werden? Darf die handelnde Person die Konsequenzen für sich und ihr nahestehende Personen stärker gewichten? Zählen die Konsequenzen für Tiere gleich viel wie die Konsequenzen für Menschen?
- Muss man nur die unmittelbar oder in naher Zukunft eintretenden Konsequenzen berücksichtigen oder auch alle in ferner Zukunft eintretenden Konsequenzen?
- Hängt die Richtigkeit von den tatsächlich eintretenden oder von den wahrscheinlich zu erwartenden Konsequenzen ab?
- Wie gut müssen die Konsequenzen einer Handlung sein, damit sie richtig ist? Ist nur die Handlung mit den besten Konsequenzen richtig oder können auch Handlungen mit schlechteren Konsequenzen richtig sein?

Erst wenn man sich bei all diesen Fragen für eine Antwort entschieden hat, kann man ein konsequentialistisches Richtigkeitskriterium formulieren. Neben diesen Fragen, die für die Formulierung des Richtigkeitskriteriums relevant sind, drängen sich weitere Fragen auf, in denen es nicht um die Formulierung des Richtigkeitskriteriums geht, sondern darum, ob die im Richtigkeitskriterium vorausgesetzten Annahmen zutreffen und praktikabel sind, sodass man tatsächlich herausfinden kann, welche Handlung moralisch richtig ist. Zu diesen Fragen zählen:

- Gibt es eine scharfe Trennung zwischen Handlungen und den Konsequenzen von Handlungen? Was zählt zu den Konsequenzen einer Handlung?

- Kann man alle Konsequenzen hinsichtlich ihres jeweiligen Wertes miteinander vergleichen und in einer Reihe von der besten bis zur schlechtesten Konsequenz anordnen?
- Kann man alle (unmittelbar, in naher oder ferner Zukunft möglicherweise eintretenden) Konsequenzen aller in einer Situation verfügbaren Handlungen ermitteln und ihre Eintrittswahrscheinlichkeit abschätzen?

Obwohl Konsequentialist*innen auf diese Fragen überzeugende Antworten finden müssen, wollen wir die Antworten zunächst weitgehend offenlassen und für die Zwecke der weiteren Darstellung vorläufig von einem intuitiven Vorverständnis davon ausgehen, was eine Konsequenz einer Handlung ist, was gute und schlechte Konsequenzen sind und annehmen, dass wir alle möglichen Handlungskonsequenzen herausfinden, miteinander vergleichen und ihre Eintrittswahrscheinlichkeit grob abschätzen können. Außerdem können wir vorläufig annehmen, dass es um die Konsequenzen für alle von einer Handlung betroffenen Menschen geht und diese Konsequenzen unparteiisch berücksichtigt werden müssen.

Wenn wir von der Konsequenzendeterminiertheit als charakteristischem Merkmal des Konsequentialismus ausgehen, können wir Gegner*innen des Konsequentialismus durch die Ablehnung der Konsequenzendeterminiertheit charakterisieren. Theorien, in denen die Konsequenzendeterminiertheit nicht gilt, bezeichnet man als »nonkonsequentialistische Theorien«. In diesem Buch wollen wir jedoch nicht alle Arten nonkonsequentialistischer Theorien berücksichtigen, sondern nur eine Art, die Deontologie. Da in dieser als nonkonsequentialistischer Theorie das Gegenteil von KD gilt, können wir die Deontologie durch die Negation von KD charakterisieren:

Deontologie: Es ist nicht der Fall, dass die moralische Richtigkeit einer Handlung *nur* von den Konsequenzen der Handlung abhängt.

Wenn die Richtigkeit einer Handlung nicht nur von den Konsequenzen abhängt, muss es neben den Konsequenzen noch andere Aspekte der Handlung geben, von denen die Richtigkeit abhängt. Folgende Aspekte kommen dafür infrage:

1. Das Handlungsmotiv, also das Motiv der handelnden Person: Eine Handlung könnte moralisch falsch sein, weil sie aus einem schlechten Motiv heraus ausgeführt wird.
2. Die Handlungsabsicht, also die Absicht, die die handelnde Person mit der Handlung verfolgt. Statt von der Handlungsabsicht könnte man auch vom Zweck der Handlung sprechen. Eine Handlung könnte falsch sein, weil sie mit einer schlechten Absicht ausgeführt wird.
3. Die Art der Handlung, die Handlungsweise, die Handlungsbeschreibung bzw. der intrinsische Charakter der Handlung. Auf diesen Aspekt der Handlung berufen wir uns, wenn wir die Falschheit einer Handlung damit begründen, dass sie

- eine Lüge ist,
- ein Betrug ist,
- ein Versprechensbruch ist,
- ein Bruch einer Abmachung oder eines Vertrages ist,
- ein Diebstahl ist,
- das absichtliche Zufügen von Schmerzen ist,
- das absichtliche Zufügen von Schaden ist,
- das absichtliche Töten einer Person ist,
- ein Mord ist,
- die Benutzung einer Person als bloßes Mittel zum Zweck ist,
- eine Erniedrigung, Verächtlichmachung oder Verhöhnung einer Person ist,
- eine Verletzung der Würde einer Person ist,
- eine Verletzung der Rechte einer Person ist,
- eine Verletzung der Autonomie einer Person ist,
- eine ungerechte bzw. unfaire Handlung ist,
- eine grausame, niederträchtige, etc. Handlung ist,
- eine Verletzung einer zu einer bestimmten sozialen Rolle gehörenden Pflicht ist,
- die Interessen der betroffenen Personen nicht unparteiisch berücksichtigt.

Diese Aspekte einer Handlung sowie den Wert der Handlungskonsequenzen bezeichnen wir als »**normative Faktoren**«.[15] Während die Richtigkeit im Konsequentialismus nur von *einem* normativen Faktor – dem Wert der Konsequenzen – abhängt, hängt sie in der Deontologie von vielen normativen Faktoren ab. Deontolog*innen müssen sich nicht nur fragen, welche Konsequenzen die Handlung hat, die sie ausführen wollen, sondern auch, ob die Handlung eine Lüge ist, ob sie die Würde einer Person verletzt, usw. Die *nur* in der Deontologie relevanten normativen Faktoren — also alle oben genannten Faktoren, außer den Konsequenzen — bezeichnen wir als »**deontologische normative Faktoren**«.

Dass die Richtigkeit von einem bestimmten normativen Faktor abhängt, bedeutet, dass es Situationen gibt, in denen dieser Faktor den Ausschlag dafür gibt, dass eine Handlung moralisch richtig oder falsch ist. Diese Bedingung wäre bereits erfüllt, wenn die deontologischen normativen Faktoren so schwach wären, dass sie nur dann den Ausschlag für die Richtigkeit oder Falschheit einer Handlung geben, wenn zwei Handlungen gleich gute bzw. schlechte Konsequenzen haben. Nur wenn z. B. in einer Situation zu lügen und die Wahrheit zu sagen gleich gute Konsequenzen hätten, wäre es moralisch relevant, dass eine der beiden Handlungen eine Lüge ist: In diesem Fall wäre der deontologische normative Faktor, dass eine der beiden Handlungen eine Lüge ist, ausschlaggebend und die Lüge wäre falsch. Hätte die Lüge dagegen bessere Konsequenzen, wäre sie moralisch richtig. So interpretiert hätten deontologische normative Faktoren nur eine *tie-breaker*-Rolle. Sie hätten ein so geringes Gewicht, dass sie nie gewichtiger sein können als die Handlungskonsequenzen: Es könnte nie der Fall eintreten, dass eine Handlung mit besseren Konsequenzen falsch ist, weil sie eine Lüge ist. Für diese schwache Interpretation der deontologischen normativen Faktoren spricht jedoch nichts. Konsequentialist*innen haben erstens keinen Grund, Fälle mit gleichwertigen Handlungskonsequenzen mithilfe dieser Faktoren zu entscheiden, da nicht einsichtig ist, wie sie die Einführung dieser Faktoren in die konsequentialistische Theorie rechtfertigen könnten. Und zweitens wäre dies mit der für den Konsequentialismus charakteristischen Konsequenzendeterminiertheit unvereinbar.

Für Deontolog*innen dagegen ist es inakzeptabel, diese Faktoren nur als *tie-breaker* aufzufassen, da sie sonst in allen Fällen, in denen die infrage stehenden Handlungen unterschiedlich gute Konsequenzen haben – was meist der Fall sein dürfte –, das gleiche Moralurteil fällen müssten wie Konsequentialist*innen. (Außerdem könnte man fragen: Wenn man neben den Konsequenzen andere normative Faktoren hinzunimmt, wie lässt sich dann rechtfertigen, dass eine Lüge zwar ein moralisch relevanter Faktor ist, aber ein so schwacher Faktor, der nur in dem seltenen Fall der gleich guten Konsequenzen eine Rolle spielt?)

Wir können deshalb davon ausgehen, dass wenn die Konsequenzendeterminiertheit nicht gilt, die deontologischen Faktoren gewichtiger sein können als der Wert der Konsequenzen, sodass in diesen Fällen eine Handlung moralisch falsch ist, obwohl sie bessere Konsequenzen als die richtige Handlung hat: Lügen kann moralisch falsch sein, selbst wenn es in der vorliegenden Situation bessere Konsequenzen hat, als die Wahrheit zu sagen.

Gilt in der Deontologie nur, dass die deontologischen normativen Faktoren gewichtiger sein *können* als die Konsequenzen, dass sie also nur unter bestimmten Umständen gewichtiger sind als die Konsequenzen, oder sind sie *immer, unter allen Umständen* gewichtiger als die Konsequenzen? Letzteres kann man in einer schwächeren Version so interpretieren, dass die Konsequenzen zwar nie gewichtiger sein können als die deontologischen normativen Faktoren, dass sie aber als *tie-breaker* ausschlaggebend sind, wenn sich Handlungen hinsichtlich ihrer deontologischen normativen Faktoren gleichen. (Dies ist das Gegenstück zu der oben erwähnten schwachen Rolle der deontologischen normativen Faktoren, in der sie nie gewichtiger sein können als die Konsequenzen und nur als *tie-breaker* ausschlaggebend sind.) Konsequenzen spielen in dieser Auffassung nur eine geringe Rolle, da es selten der Fall ist, dass sich Handlungen in ihren deontologischen normativen Faktoren gleichen. Außerdem ist es gemäß dieser Auffassung falsch, zu lügen, selbst wenn man mit einer Lüge unzählige Menschenleben retten könnte. In einer stärkeren Version kommt den Konsequenzen nicht einmal die Rolle als *tie-breaker* zu, sodass die Konsequenzen moralisch völlig irrelevant sind.

Wir können also zunächst fünf Auffassungen hinsichtlich des Verhältnisses zwischen dem Wert der Konsequenzen und den deontologischen normativen Faktoren unterscheiden:[16]

Konsequenzendeterminiertheit

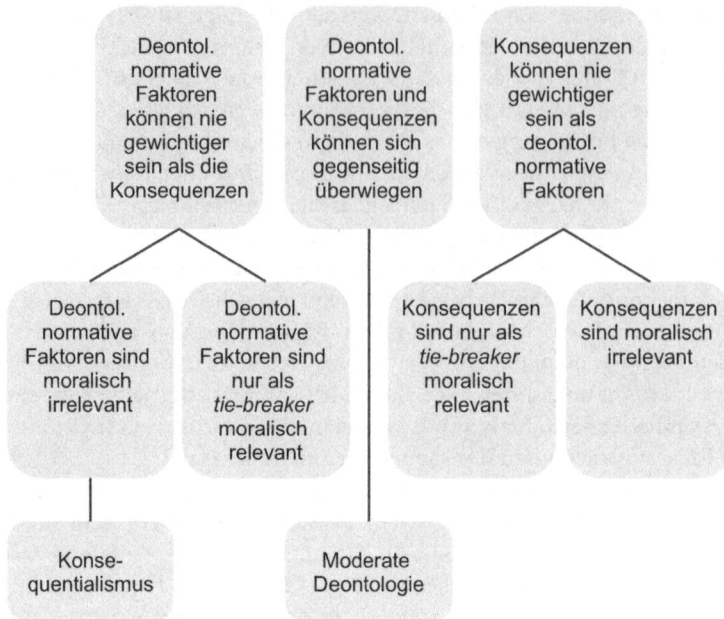

Wir sehen, dass der Konsequentialismus eine sehr extreme Theorie ist, die nur einen normativen Faktor anerkennt und alle anderen normativen Faktoren für moralisch irrelevant erachtet. Dennoch ist diese extreme Position eine diskussionswürdige und verbreitete Position, während die entsprechende extreme deontologische Position, wonach die Konsequenzen moralisch irrelevant sind (und auch die kaum weniger extreme Position, wonach die Konsequenzen nur als *tie-breaker* moralisch relevant sind), als völlig irrsinnig anmutet. Allerdings ist diese Einteilung nicht differenziert genug, um die Unterschiede zwischen Konsequentialismus und Deontologie adäquat abzubilden. Zwischen den beiden unattraktiven extremen Varianten der Deontologie und der plausibleren moderaten Deontologie gibt es noch (mindestens) eine weitere deontologische Position. In obiger Einteilung wurde stillschweigend vorausgesetzt, dass für *alle* Handlungen gilt, dass man zwischen dem Wert der Konsequenzen und den deontologischen normativen Faktoren abwägen muss (moderate Deontologie) oder dass für *alle* deontologischen normativen Faktoren gilt, dass der Wert der Konsequenzen nie gewichtiger sein kann als diese Faktoren. Man kann jedoch die Auffassung vertreten, dass es einige deontologische normative Faktoren gibt, die nie von den Konsequenzen überwogen werden können (sodass z. B. Folter immer moralisch falsch ist), und einige, die je nach Situation gewichtiger oder nicht gewichtiger sind als der Wert der Konsequenzen (sodass z. B. Lügen in manchen Situationen richtig und in manchen Situationen falsch sind).

Man sollte daher zwei Varianten der Deontologie unterscheiden, die sich zwanglos aus der negativen Charakterisierung der Deontologie als Ablehnung der Konsequenzendeterminiertheit ergeben: Man kann entweder die Ansicht vertreten, dass die Richtigkeit von Handlungen zwar nicht nur, aber stets auch von den Konsequenzen abhängt, dass es also keine Handlungen gibt, die unabhängig von den Konsequenzen ausnahmslos richtig sind. Oder man bestreitet, dass die Richtigkeit stets auch von den Konsequenzen abhängt, zugunsten der Auffassung, dass es Handlungen gibt, deren Richtigkeit nicht von den Konsequenzen abhängt. Die erste Auffassung entspricht der Standardinterpretation deontologischer Theorien und wird von den meisten Deontolog*innen vertreten. Sie wird als **moderate Deontologie** bezeichnet, um sie von der zweiten Auffassung, dem **Absolutismus** bzw. der absolutistischen Deontologie abzugrenzen. Damit ergibt sich folgende Einteilung:

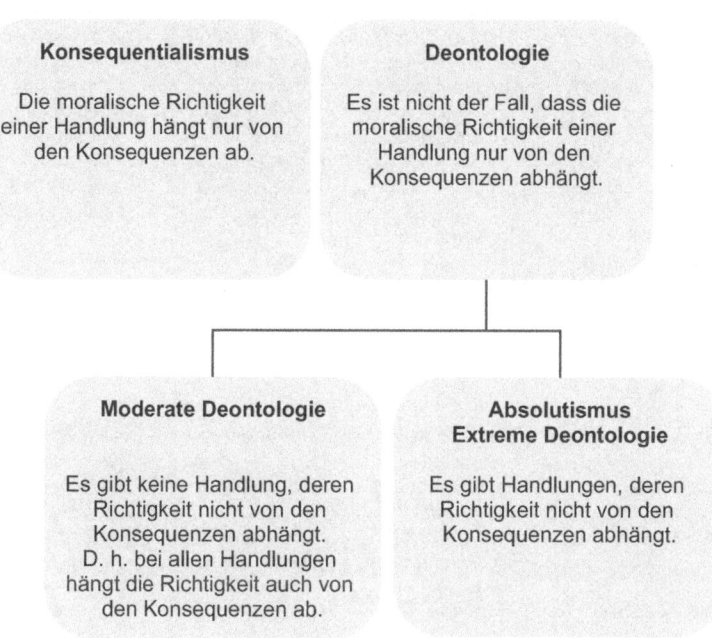

Um die Auseinandersetzung zwischen Konsequentialismus und Deontologie nicht misszuverstehen, ist es wichtig, den Unterschied zwischen der moderaten Deontologie und dem Absolutismus zu beachten. Da die meisten Deontolog*innen moderate Deontolog*innen sind, wäre es ein Missverständnis, die Auseinandersetzung als eine zwischen Konsequentialismus und Absolutismus zu verstehen.

Die schwierigen Abwägungen zwischen verschiedenen normativen Faktoren entfallen im Konsequentialismus zugunsten des Vergleichs der Konsequenzen der verschiedenen Handlungsoptionen.

Die folgende Abbildung veranschaulicht, welche Fälle eintreten können, wenn die Richtigkeit von Handlungen nicht nur von den Konsequenzen, sondern auch von anderen normativen Faktoren abhängt:

Konsequenzendeterminiertheit

Wenn die Richtigkeit einer Handlung von den Konsequenzen und der Art der Handlungsweise abhängt, können folgende Fälle eintreten:

Die Güte der Konsequenzen überwiegt den intrinsischen Charakter der Handlung		Der intrinsische Charakter der Handlung überwiegt die Güte der Konsequenzen.	
Eine intrinsisch falsche Handlung ist alles in allem richtig, weil die Konsequenzen ihrer Ausführung besonders gut bzw. die Konsequenzen ihrer Unterlassung besonders schlecht sind.	Eine intrinsisch richtige Handlung ist alles in allem falsch, weil die Konsequenzen ihrer Ausführung besonders schlecht bzw. die Konsequenzen ihrer Unterlassung besonders gut sind.	Eine intrinsisch falsche Handlung ist auch alles in allem falsch, obwohl ihre Ausführung bessere Konsequenzen hätte als ihre Unterlassung.	Eine intrinsisch richtige Handlung ist alles in allem richtig, obwohl ihre Unterlassung bessere Konsequenzen hätte als ihre Ausführung.
z. B.	z. B.	z. B.	z. B.
Eine (konkrete) Lüge ist alles in allem richtig, weil die Konsequenzen ihrer Ausführung besonders gut bzw. die Konsequenzen ihrer Unterlassung besonders schlecht sind.	Eine (konkrete) wahrhafte Aussage ist alles in allem falsch, weil die Konsequenzen ihrer Ausführung besonders schlecht bzw. die Konsequenzen ihrer Unterlassung besonders gut sind.	Eine (konkrete) Lüge ist auch alles in allem falsch, obwohl ihre Ausführung bessere Konsequenzen hätte als ihre Unterlassung	Eine (konkrete) wahrhafte Aussage ist alles in allem richtig, obwohl ihre Unterlassung bessere Konsequenzen hätte als ihre Ausführung.
Es ist manchmal falsch, die intrinsisch richtige Handlung auszuführen bzw. die intrinsisch falsche Handlung zu unterlassen.		Es ist manchmal falsch, die Handlung mit den besten Konsequenzen auszuführen.	

Ein ungelöstes Problem der Deontologie ist, wie man den Schwellenwert bestimmt, ab dem einer der beiden Faktoren den anderen überwiegt: Wann sind die Konsequenzen der Unterlassung einer intrinsisch falschen Handlung so schlecht, dass die Ausführung der intrinsisch falschen Handlung alles in allem moralisch richtig ist? Wann ist die intrinsische Falschheit einer Handlung so gewichtig, dass man um der Vermeidung ihrer Ausführung willen, schlechte Konsequenzen in Kauf nimmt? Abgesehen davon, dass jeder Schwellenwert willkürlich erscheint, stellt sich die grundsätzliche Frage, wie man so unterschiedliche Dinge wie den Wert der Konsequenzen und den intrinsischen Charakter von Handlungen vergleichen und gegeneinander abwägen kann.

Von der Konsequenzendeterminiertheit zur Maximierungserlaubnis

Nachdem wir durch den Vergleich mit der Ablehnung der Konsequenzendeterminiertheit eine genauere Vorstellung der Konsequenzendeterminiertheit gewonnen haben, wollen wir uns fragen, welche Schlüsse sich aus der Konsequenzendeterminiertheit ziehen lassen.

Angenommen, man muss eine moralische Entscheidung treffen zwischen einer Handlung mit besseren und einer Handlung mit schlechteren Konsequenzen. Folgt aus der Konsequenzendeterminiertheit, welche der beiden Handlungen richtig ist? Wenn die Richtigkeit *nur* von den Konsequenzen abhängt, scheint es offensichtlich zu sein, dass die Handlung mit den besseren Konsequenzen richtig ist. Dennoch folgt dies nicht aus der Konsequenzendeterminiertheit, denn: Dass die Richtigkeit einer Handlung nur von ihren vergleichsweisen Konsequenzen abhängt, ist auch mit der Ansicht vereinbar, dass stets die Handlung mit den besseren Konsequenzen moralisch verboten ist. Diese Ansicht, dass die Handlung mit den schlechteren Konsequenzen geboten und die Handlung mit den besseren Konsequenzen verboten ist, können wir als **teuflischen Konsequentialismus** bezeichnen: Das Schlechtere dem Besseren vorzuziehen, in der Überzeugung, dass dies moralisch richtig sei, ist eine teuflische Gesinnung, die mit unseren Vorstellungen über Moral und moralisch richtiges Handeln nichts gemein hat, sondern diese in ihr Gegenteil pervertiert: In der Moral geht es nicht um die Förderung des Schlechten, sondern um die Förderung des Guten. Der teuflische Konsequentialismus ist eine absurde Ansicht, die wir sofort verwerfen können. Trotzdem sollten wir uns bewusst sein, dass wir die Falschheit des teuflischen Konsequentialismus als Annahme zur Konsequenzendeterminiertheit hinzunehmen müssen, um weitere Schlüsse ziehen zu können. Wenn im Folgenden von Folgerungen aus der Konsequenzendeterminiertheit die Rede ist, dann immer unter der Voraussetzung, dass wir den teuflischen Konsequentialismus als falsch verworfen haben.

Wir können nun einen ersten Schluss aus der Konsequenzendeterminiertheit ziehen: Wenn die Richtigkeit von Handlungen *nur* von den Konsequenzen abhängt, kann es nichts geben, was es moralisch verbieten würde, die Handlung mit den besten Konsequenzen auszuführen. Würde etwas — ein bestimmter normativer Faktor, z. B. dass die Handlung eine Lüge ist — die Handlung mit den besten Konsequenzen verbieten, hinge die Richtigkeit auch von diesem normativen Faktor ab und nicht *nur* von den Konsequenzen: Ist z. B. eine Handlung, obwohl sie die besten Konsequenzen hat, verboten, weil sie eine Lüge ist, hängt die Richtigkeit einer Handlung nicht nur von den Konsequenzen ab, sondern auch davon, dass sie eine Lüge ist. Es besteht also folgender Zusammenhang:

(i) Wenn die Richtigkeit einer Handlung nur von den Konsequenzen abhängt, ist es niemals moralisch falsch, also immer moralisch erlaubt, die Handlung mit den besten Konsequenzen auszuführen.

Auch Gegner*innen des Konsequentialismus können diesen Zusammenhang nicht bestreiten. Sie bestreiten jedoch, *dass* die Richtigkeit einer Handlung nur von den Konsequenzen abhängt. Sie lehnen also nicht (i), sondern die Konsequenzendeterminiertheit (KD) ab.

Wie wir bei der Betrachtung der Deontologie gesehen haben, gilt auch folgender Zusammenhang:

(ii) Wenn die Richtigkeit einer Handlung nicht nur von den Konsequenzen abhängt, ist es nicht immer moralisch erlaubt, die Handlung mit den besten Konsequenzen auszuführen.

Aus den Zusammenhängen (i) und (ii) können wir folgende Schlüsse ziehen:
Aus (ii) folgt:

(iii) Wenn es immer moralisch erlaubt ist, die Handlung mit den besten Konsequenzen auszuführen, hängt die Richtigkeit nur von den Konsequenzen ab.

Aus (i) folgt:

(iv) Wenn es nicht immer moralisch erlaubt ist, die Handlung mit den besten Konsequenzen auszuführen, hängt die Richtigkeit nicht nur von den Konsequenzen ab.

(iv) folgt aus (i), kann aber auch unabhängig davon eingesehen werden: Wenn es in einigen Fällen nicht erlaubt ist, die Handlung mit den besten Konsequenzen auszuführen, kann dieses Verbot nicht unter Berufung auf die Konsequenzen der Handlung begründet werden, sondern nur mithilfe eines anderen Faktors. Also hängt die Richtigkeit nicht nur von den Konsequenzen ab.

Aus (i) und (iii) folgt:

(v) Die Richtigkeit hängt nur von den Konsequenzen ab genau dann, wenn es immer moralisch erlaubt ist, die Handlung mit den besten Konsequenzen auszuführen.

Aus (ii) und (iv) folgt:

(vi) Die Richtigkeit hängt nicht nur von den Konsequenzen ab genau dann, wenn es nicht immer moralisch erlaubt ist, die Handlung mit den besten Konsequenzen auszuführen.

Die Zusammenhänge (i)–(vi) gelten unabhängig davon, welche ethische Theorie man vertritt und müssen nicht nur von Konsequentialist*innen, sondern ebenso von Deontolog*innen akzeptiert werden.

Was haben wir mit dem Wissen um diese Zusammenhänge gewonnen? Die Konsequenzendeterminiertheit — das charakteristische Merkmal des Konsequentialismus, von dem wir ausgingen — besagt, *dass* die Richtigkeit einer Handlung nur von den Konsequenzen abhängt, enthält aber keine explizite Aussage darüber, *welche* Handlungen moralisch richtig sind. Jetzt wissen wir, dass aus der Konsequenzendeterminiertheit folgt, dass es immer erlaubt und somit richtig ist, die Handlung mit den besten Konsequenzen auszuführen. Ebenso wissen wir, dass wir auch umgekehrt schließen können: Wenn es immer richtig ist, die Handlung mit den besten Konsequenzen auszuführen, gilt die Konsequenzendeterminiertheit. Dass es

immer erlaubt ist, die Handlung mit den besten Konsequenzen auszuführen, wollen wir als »Maximierungserlaubnis« bezeichnen. Wir können somit festhalten:
Für den Konsequentialismus sind folgende zwei Merkmale charakteristisch:

KD Konsequenzendeterminiertheit: Die moralische Richtigkeit einer Handlung hängt *nur* von den Konsequenzen der Handlung ab, *und*

ME Maximierungserlaubnis: Es ist immer moralisch erlaubt und also moralisch richtig, die Handlung mit den besten Konsequenzen auszuführen.

Da wir jeweils von einem der beiden Merkmale auf das andere schließen können, sind diese Merkmale des Konsequentialismus äquivalent. Das bedeutet:

- Zur Charakterisierung des Konsequentialismus genügt eines der beiden Merkmale.
- Zur Begründung des Konsequentialismus genügt es, eines der beiden Merkmale zu begründen.

Deontolog*innen bestreiten, was Konsequentialist*innen behaupten: Sie bestreiten die Konsequenzendeterminiertheit und damit (aufgrund von (vi)) die Maximierungserlaubnis, sodass auch die Deontologie durch zwei äquivalente Merkmale charakterisiert werden kann:

In der Deontologie gilt:

- Es ist nicht der Fall, dass die moralische Richtigkeit einer Handlung nur von den Konsequenzen der Handlung abhängt, und
- es ist nicht der Fall, dass es immer erlaubt ist, die Handlung mit den besten Konsequenzen auszuführen.

Im Gegensatz zu der für den Konsequentialismus charakteristischen Maximierungserlaubnis ist für die Deontologie die Ablehnung der Maximierungserlaubnis charakteristisch: Es ist manchmal verboten, die Handlung mit den besten Konsequenzen auszuführen, weil andere normative Faktoren gewichtiger sind als das Erzielen guter bzw. die Vermeidung schlechter Konsequenzen. Für jeden der oben erwähnten deontologischen normativen Faktoren lässt sich ein deontologisches Verbot formulieren, z. B. das Folterverbot oder das Verbot, unschuldige Menschen absichtlich zu töten. Da die deontologischen Verbote die Verfolgung der besten Konsequenzen einschränken, werden sie in der Literatur als **(deontologische) Restriktionen** *(constraints, restrictions)* bezeichnet. Die im Konsequentialismus uneingeschränkt erlaubte Verfolgung der besten Konsequenzen wird in der Deontologie durch deontologische Restriktionen eingeschränkt. Man kann daher Deontologie und Konsequentialismus allein durch das Vorhandensein bzw. Nichtvorhandensein von Restriktionen unterscheiden:

Deontologie: Das Richtigkeitskriterium enthält Restriktionen.

Konsequentialismus: Das Richtigkeitskriterium enthält keine Restriktionen.

Von der Maximierungserlaubnis zum Maximierungsgebot und zum direkten Handlungskonsequentialismus

Von der Maximierungserlaubnis zum Maximierungsgebot

Bis jetzt wissen wir, dass im Konsequentialismus die Richtigkeit von Handlungen nur von den Konsequenzen abhängt und es immer erlaubt ist, die Handlung mit den besten Konsequenzen auszuführen. Damit wissen wir aber nicht genug, um von jeder Handlung sagen zu können, ob sie moralisch richtig oder falsch bzw. moralisch erlaubt, geboten oder verboten ist. Wir wissen nur: Wenn eine Handlung die besten Konsequenzen hat, ist sie erlaubt. Wie steht es aber mit Handlungen, die *nicht* die besten Konsequenzen haben? Sind auch einige dieser Handlungen erlaubt? Oder sind *nur* die Handlungen mit den besten Konsequenzen erlaubt? Erst wenn wir darauf eine Antwort haben, können wir jede Handlung als richtig oder falsch beurteilen. Um zu sehen, welche Antworten möglich sind, stellen wir uns vor, dass wir die verfügbaren Handlungen, also die Handlungen, die eine Person in einer bestimmten Situation ausführen könnte, in einer Reihe anordnen, die mit der Handlung mit den schlechtesten Konsequenzen beginnt und mit der Handlung mit den besten Konsequenzen endet. Da nicht alle Handlungen erlaubt sein können, muss es irgendwo in dieser Reihe eine Grenze geben, die die verbotenen von den erlaubten Handlungen trennt. Zwei Handlungen in dieser Reihe sind markant: die Handlung mit den schlechtesten Konsequenzen und die Handlung mit den besten Konsequenzen. Wählt man die Handlung mit den schlechtesten Konsequenzen als Grenze, müsste man folgende Ansicht vertreten:

Nur die Handlung mit den schlechtesten Konsequenzen ist verboten. Alle anderen Handlungen sind erlaubt. Das heißt: Es ist lediglich geboten, die Handlung mit den schlechtesten Konsequenzen zu unterlassen und eine der anderen verfügbaren Handlungen auszuführen.

Verboten	Erlaubt				
H_6	H_5	H_4	H_3	H_2	H_1
Schlechteste Konsequenzen					Beste Konsequenzen

Laissez-faire-Konsequentialismus

Diese Ansicht, die man als **Laissez-faire-Konsequentialismus** bezeichnen könnte, kann nicht ernsthaft vertreten werden, da sie zu viel erlauben würde. Sie würde der handelnden Person alles erlauben, was sie tun möchte, da es zu jeder Handlung mit schlechten Konsequenzen, die sie ausführen möchte, eine Handlung mit noch schlechteren Konsequenzen gibt, die sie ebenfalls ausführen könnte: Möchte sie jemanden töten, hätte es schlechtere Konsequenzen, das Opfer auf grausame Weise zu töten als es schmerzlos zu töten. Also wäre das schmerzlose Töten erlaubt. Da damit die Unterscheidung zwischen verbotenen und erlaubten Handlungen praktisch bedeutungslos wäre, ist dies keine sinnvolle Ansicht. Die Grenze zwischen den verbotenen und erlaubten Handlungen kann nicht bei der Handlung mit den schlechtesten Konsequenzen liegen. Daher liegt es nahe, die Grenze bei der anderen markanten Handlung zu ziehen, der Handlung mit den besten Konsequenzen:

Nur die Handlung mit den besten Konsequenzen ist erlaubt. Alle anderen Handlungen sind verboten.

Verboten					Erlaubt
H_6	H_5	H_4	H_3	H_2	H_1
Schlechteste Konsequenzen					Beste Konsequenzen

Maximierender Konsequentialismus

Dass nur die Handlung mit den besten Konsequenzen erlaubt ist und alle anderen Handlungen verboten sind, bedeutet, dass es stets geboten ist, die Handlung mit den besten Konsequenzen auszuführen. Charakteristisch für diese Form des Konsequentialismus ist daher das Maximierungsgebot:

MG Maximierungsgebot: Es ist stets moralisch geboten, die Handlung mit den besten Konsequenzen auszuführen.

Da aus dem Maximierungsgebot folgt, dass eine Handlung genau dann moralisch richtig ist, wenn sie (verglichen mit den anderen für die handelnde Person in der jeweiligen Situation verfügbaren Handlungsalternativen) die besten Konsequenzen hat, können wir folgendes **Richtigkeitskriterium des maximierenden Konsequentialismus** formulieren:

Eine Handlung ist moralisch richtig genau dann, wenn sie die besten Konsequenzen hat.
Eine Handlung ist moralisch falsch genau dann, wenn sie nicht die besten Konsequenzen hat.

Um den Fall mit abzudecken, dass zwei Handlungen gleich gute Konsequenzen haben, die jeweils besser sind als die Konsequenzen der anderen verfügbaren Handlungen, sollte man das Kriterium genauer so formulieren:

Eine Handlung ist moralisch richtig genau dann, wenn ihre Konsequenzen mindestens so gut sind wie die Konsequenzen jeder anderen für die handelnde Person verfügbaren Handlung.

Dies wiederum kann man griffiger so formulieren:

Eine Handlung ist moralisch richtig genau dann, wenn es keine andere Handlung mit besseren Konsequenzen gibt.

Wie plausibel ist – unter Voraussetzung der Konsequenzendeterminiertheit und Maximierungserlaubnis – das Maximierungsgebot? Gibt es unter dieser Voraussetzung einen Grund, es abzulehnen? Warum – könnte man fragen – sollte es *nicht* geboten sein, die Handlung mit den besten Konsequenzen auszuführen? Deontolog*innen wenden gegen das Maximierungsgebot ein, dass es Handlungen gebietet (z. B. das Opfern unschuldiger Menschen), die nach allgemeiner Überzeugung moralisch falsch sind. Dieser Einwand ist hier nicht anwendbar, da wir voraussetzen, dass die Maximierungserlaubnis gilt. Gegeben die Maximierungserlaubnis, kann man nicht moralisch falsch handeln, wenn man das Maximierungsgebot erfüllt. Die Befürchtung, das Maximierungsgebot könnte moralisch falsche Handlungen gebieten, kann also kein Grund gegen das Maximierungsgebot sein. Es gibt, sofern man die Maximierungserlaubnis akzeptiert, keine (im Sinn dieser Befürchtung) *moralische* Intuition gegen das Maximierungsgebot. Andererseits scheint folgender Zusammenhang unmittelbar einleuchtend und bestechend zu sein:

(vii) Wenn die Richtigkeit einer Handlung nur von den Konsequenzen abhängt, kann es niemals moralisch richtig sein, die Handlung mit den schlechteren Konsequenzen anstelle der Handlung mit den besseren Konsequenzen auszuführen.

((vii) ist nur eine andere Formulierung von:

Wenn die Richtigkeit einer Handlung nur von den Konsequenzen abhängt, ist es stets geboten, die Handlung mit den besten Konsequenzen auszuführen,

drückt aber die zugrunde liegende Intuition deutlicher aus.)

Die Formulierung des Zusammenhangs zwischen Konsequenzendeterminiertheit und Maximierungsgebot in (vii) erinnert an die Formulierung (S. 40) des Zusammenhangs zwischen Konsequenzendeterminiertheit und Maximierungserlaubnis:

(i) Wenn die Richtigkeit einer Handlung nur von den Konsequenzen abhängt, ist es niemals moralisch falsch, also immer moralisch erlaubt, die Handlung mit den besten Konsequenzen auszuführen.

(i) ist jedoch, obwohl unmittelbar einleuchtend, mehr als eine bloße moralische Intuition: Wenn die Richtigkeit nur von den Konsequenzen abhängt und wir den teuflischen Konsequentialismus ausschließen, folgt die Maximierungserlaubnis. Bei (vii) verhält es sich anders. Das Maximierungsgebot folgt nicht aus der Konsequenzendeterminiertheit, was an der Möglichkeit des Laissez-faire-Konsequentialismus deutlich wurde. Zwar können wir analog wie beim teuflischen Konsequentialismus argumentieren und behaupten, dass der Laissez-faire-Konsequentialismus absurd und mit unseren Vorstellungen über die Moral nicht vereinbar ist. Aber selbst dann gilt nicht, dass, ebenso wie die Maximierungserlaubnis aus der Konsequenzendeterminiertheit folgt, wenn wir den teuflischen Konsequentialismus ausschließen, das Maximierungsgebot folgt, wenn wir den Laissez-faire-Konsequentialismus ausschließen. Denn es gibt, wie wir sehen werden, Varianten des Konsequentialismus, die die Konsequenzendeterminiertheit und die Maximierungserlaubnis akzeptieren, nicht aber das Maximierungsgebot. Wenn diese Varianten konsistent sind, folgt das Maximierungsgebot nicht aus der Konsequenzendeterminiertheit.

Was also spricht aus konsequentialistischer Sicht für das Maximierungsgebot? Zunächst sei daran erinnert, dass die Maximierungserlaubnis nicht ausreicht, um jede Handlung als richtig oder falsch zu beurteilen. Konsequentialist*innen benötigen daher noch ein weiteres bzw. ein die Maximierungserlaubnis implizierendes Prinzip, um jede Handlung als moralisch richtig oder falsch beurteilen zu können. Sie müssen daher das Maximierungsgebot akzeptieren, falls es keine plausiblere Alternative gibt. Für die Plausibilität des Maximierungsgebots sprechen die beiden folgenden Überzeugungen:

1. Wenn die Konsequenzendeterminiertheit und die Maximierungserlaubnis gelten, ist es (unter sonst gleichen Bedingungen) irrational, nicht das zu tun, was die besten Konsequenzen hat. Daher ist es rational geboten, das zu tun, was die besten Konsequenzen hat.
2. Der Zusammenhang (vii) ist unmittelbar einleuchtend. Wenn die Konsequenzendeterminiertheit und die Maximierungserlaubnis gelten, ist es evident, dass es (unter sonst gleichen Bedingungen) moralisch falsch ist, nicht das zu tun, was die besten Konsequenzen hat. Also ist es moralisch geboten, das zu tun, was die besten Konsequenzen hat.

Vielleicht sind die beiden Überzeugungen kaum zu trennen und der Grund für die Evidenz von (vii) ist, dass man es für irrational hält (unter Voraussetzung der Konsequenzendeterminiertheit und der Maximierungserlaubnis), nicht das zu tun, was die besten Konsequenzen hat.

Gegen diese Überzeugungen bzw. gegen das Maximierungsgebot scheint es nur einen einzigen Einwand zu geben: die (zu) hohen Kosten für die handelnde Person. (vii) klingt nur deshalb so einleuchtend, weil es die Kosten für die handelnde Person außer Acht lässt und suggeriert, dass es für die handelnde Person gleichgültig ist, ob sie die Handlung mit den besten Konsequenzen oder eine Handlung mit schlechteren Konsequenzen ausführt. Unter dieser Voraussetzung lässt sich kaum bestreiten, dass es moralisch falsch ist, die Handlung mit den schlechteren Konsequenzen auszuführen. Vielleicht ist es irrational, in diesem Fall die Handlung mit den schlechteren Konsequenzen auszuführen. Aber in vielen Fällen ist es der handelnden Person nicht gleichgültig, welche Handlung sie ausführt, da eine der beiden Handlungen mit höheren und evtl. sehr hohen Kosten hinsichtlich ihres

Wohlbefindens verbunden ist. Falls die Ausführung der Handlung mit den (insgesamt) besten Konsequenzen mit einem sehr großen Opfer (wie dem Verlust des Lebens oder der Gesundheit) für die handelnde Person verbunden ist, könnte man der Meinung sein, es sei in diesem Fall nicht moralisch falsch, sondern erlaubt, die Handlung mit den schlechteren Konsequenzen auszuführen. Schwer zu bestreiten ist also lediglich, dass es geboten ist, die Handlung mit den besten Konsequenzen auszuführen, wenn dies die handelnde Person nichts kostet (bzw. nicht mehr kostet als die Handlung mit den schlechteren Konsequenzen auszuführen). Schwer zu bestreiten ist also nicht (vii), sondern (vii*):

(vii*) Wenn die Richtigkeit einer Handlung nur von den Konsequenzen abhängt, kann es niemals moralisch richtig sein, die Handlung mit den schlechteren Konsequenzen anstelle der Handlung mit den besseren Konsequenzen auszuführen, wenn es die handelnde Person nichts kostet, die Handlung mit den besseren Konsequenzen auszuführen bzw. wenn sie die Ausführung der Handlung mit den besseren Konsequenzen nicht mehr kostet als die Ausführung der Handlung mit den schlechteren Konsequenzen.

(vii*) ist zwar schwer zu bestreiten, aber das entsprechende **kostenfreie bzw. zusatzkostenfreie Maximierungsgebot**

Es ist stets moralisch geboten, die Handlung mit den besten Konsequenzen auszuführen, wenn dies die handelnde Person nichts kostet bzw. nicht mehr kostet als die Ausführung der Handlung mit den schlechteren Konsequenzen

verlangt zu wenig von der handelnden Person. Niemand vertritt die Auffassung, dass moralisch gebotene Handlungen die handelnde Person nichts kosten dürfen bzw. – falls jede Handlungsalternative mit Kosten verbunden ist – nichts zusätzlich (im Vergleich zu den anderen Alternativen) kosten dürfen.

(vii*) und das (zusatz-)kostenfreie Maximierungsgebot sind also (unter Voraussetzung der Maximierungserlaubnis) äußerst plausibel. Dies trägt aber nichts zur Begründung bzw. Plausibilität des maximierenden Konsequentialismus bei. Denn er gebietet nicht, die Handlung mit den besten Konsequenzen auszuführen, wenn dies die handelnde Person nichts kostet, sondern er gebietet die Handlung mit den besten Konsequenzen auszuführen – egal, was es die handelnde Person kostet. Aus der Plausibilität des kostenfreien Maximierungsgebots folgt nichts über die Plausibilität des (uneingeschränkten) Maximierungsgebots des maximierenden Konsequentialismus. Es ist also weiterhin offen, ob (vii) und das Maximierungsgebot des maximierenden Konsequentialismus plausibel oder sogar bestechend sind. Sie scheinen jedenfalls nicht für sich bestechend zu sein, sondern nur, wenn man die Bedenken hinsichtlich der Kosten für die handelnde Person entkräften kann.

Wir können also folgendes Ergebnis zum Zusammenhang zwischen Konsequenzendeterminiertheit, Maximierungserlaubnis und Maximierungsgebot festhalten: Wenn man von der Konsequenzendeterminiertheit und Maximierungserlaubnis ausgeht, gibt es nur einen einzigen Grund – die hohen Kosten für die handelnde Person –, nicht auch das Maximierungsgebot zu akzeptieren. Anders ausgedrückt: Wenn man die Bedenken hinsichtlich der Kosten für die handelnde Person nicht teilt oder entkräften kann, hat man einen guten Grund, von der Konsequenzendeterminiertheit und Maximierungserlaubnis weiter zum Maximierungsgebot zu gehen.

Die meisten Konsequentialist*innen vertreten auch trotz dieser Bedenken – auf die wir später noch zu sprechen kommen – den maximierenden Konsequentialismus und wir können deshalb im Folgenden statt vom maximierenden Konsequentialismus einfach vom Konsequentialismus sprechen. Des Weiteren wollen wir statt von der Herbeiführung der besten Konsequenzen oder der Herbeiführung des besten Zustands etwas kürzer von der Maximierung des Guten sprechen.

Direkter Handlungskonsequentialismus

Wenn bisher vom Konsequentialismus die Rede war, war damit immer der **Handlungskonsequentialismus** gemeint (den wir später vom Regelkonsequentialismus unterscheiden werden). Das oben formulierte konsequentialistische Richtigkeitskriterium

> Eine Handlung ist moralisch richtig genau dann, wenn es keine andere Handlung mit besseren Konsequenzen gibt

ist also genauer gesagt das **handlungskonsequentialistische Richtigkeitskriterium**. Dieses Richtigkeitskriterium könnte man im Sinn des oben formulierten Maximierungsgebots als in jeder Situation zu befolgende Handlungsanweisung bzw. zu befolgendes **Entscheidungskriterium** interpretieren:

DHK-EK: Führe in jeder Situation nur diejenige Handlung aus, zu der es keine andere Handlung mit besseren zu erwartenden Konsequenzen gibt.

Einen Handlungskonsequentialismus mit diesem Entscheidungskriterium bezeichnet man als *direkten Handlungskonsequentialismus*. Er ist *direkt*, da man bei jeder moralischen Entscheidung das (als Gebot formulierte) Richtigkeitskriterium direkt als Handlungsanweisung bzw. Entscheidungskriterium anwenden soll. Konkret bedeutet dies, dass man bei jeder moralischen Entscheidung folgende Schritte durchlaufen muss:[17]

1. Liste deine *Handlungsalternativen* auf.
2. Liste alle möglichen *Konsequenzen* der ersten Alternative auf.
3. Schreibe den *Wert* für jede Konsequenz der ersten Alternative auf.
4. Schreibe die *Eintrittswahrscheinlichkeit* für jede Konsequenz der ersten Alternative auf.
5. Multipliziere bei jeder Konsequenz der ersten Alternative den Wert der Konsequenz mit deren Eintrittswahrscheinlichkeit.
6. Addiere diese Produkte. Die Summe ist der *Erwartungsnutzen* der ersten Alternative.

7. Wiederhole die Schritte 2–6 für jede andere Alternative.
8. Bestimme die Handlung mit dem größten Erwartungsnutzen.
9. Führe diese Handlung aus.

Da dieses Entscheidungskriterium unplausibel ist, wird der direkte Handlungskonsequentialismus so gut wie nie vertreten. Bevor wir darauf genauer eingehen und untersuchen, warum dies so ist und welche Alternativen dazu vertreten werden, wollen wir noch einige grundsätzliche Merkmale und Schwierigkeiten des Konsequentialismus betrachten.

Handlungen und Konsequenzen

Bisher war viel von Handlungen und den Konsequenzen von Handlungen die Rede. Auf der Grundlage dieser bis jetzt unhinterfragten Unterscheidung formulierten wir die Konsequenzendeterminiertheit als charakteristisches Merkmal des Konsequentialismus und als Unterscheidungskriterium zwischen Konsequentialismus und Deontologie: Im Konsequentialismus hängt die Richtigkeit *nur*, in der Deontologie *nicht nur* von den Konsequenzen ab. Außerdem haben wir festgestellt, dass es im Konsequentialismus immer erlaubt ist, die Handlung mit den besten Konsequenzen auszuführen.

Müssen wir mit dieser Unterscheidung zwischen Konsequentialismus und Deontologie vorauszusetzen, dass sich Handlungen eindeutig von ihren Konsequenzen trennen lassen und sich stets bestimmen lässt, was zur Handlung und was zur Konsequenz einer Handlung gehört? Falls ja, könnte man einwenden, dass jede Handlung auf vielfältige Weise beschreibbar ist und es von der jeweiligen Handlungsbeschreibung abhängt, was zur Handlung gehört und was zu den Konsequenzen der Handlung gehört. Damit scheint die Konsequenzendeterminiertheit kein charakteristisches Merkmal des Konsequentialismus und kein Unterscheidungskriterium zwischen Konsequentialismus und Deontologie sein zu können, weil sie auf der falschen Voraussetzung beruht, dass man Handlungen und Handlungskonsequenzen eindeutig voneinander trennen kann. Ist also die bisher verwendete Charakterisierung des Konsequentialismus hinfällig?

Verdeutlichen wir uns zunächst, was mit der vielfältigen Handlungsbeschreibung gemeint ist, an zwei Beispielen, in denen jeweils auf verschiedene Weisen beschrieben wird, was Peter gerade tut:

Beispiel 1:[18]

1. Peter schreibt auf ein Stück Papier.
2. Peter unterschreibt einen Scheck.
3. Peter bezahlt Bestechungsgeld.
4. Peter sichert das Überleben seiner Firma.
5. Peter rettet Arbeitsplätze.

Beispiel 2:

1. Peter spannt seinen Zeigefinger an.
2. Peter drückt ab.
3. Peter schießt.
4. Peter schießt auf Paul.

5. Peter erschießt Paul.
6. Peter tötet Paul.
7. Peter ermordet Paul.
8. Peter rächt den Tod seines Bruders.
9. Peter verwitwet Pauls Frau.
10. Peter löst einen Aufruhr aus.

Wie aus den Beispielen hervorgeht, kann etwas, das in einer Handlungsbeschreibung zu den Konsequenzen der Handlung zählt, in einer anderen Beschreibung zur Handlung selbst gehören: Im ersten Beispiel ist das Sichern des Überlebens der Firma eine Konsequenz z. B. der in (3) beschriebenen Handlung, während es gemäß der vierten Beschreibung selbst eine Handlung ist. Jede dieser Beschreibungen ist zutreffend und keine lässt sich als die korrekte Beschreibung auszeichnen. Folglich lässt sich eine klare Trennung zwischen einer Handlung und ihren Konsequenzen nicht aufrechterhalten: Eine Handlung kann so umbeschrieben werden, dass ihre Konsequenzen in die Handlungsbeschreibung aufgenommen werden und damit nicht mehr als Konsequenzen zählen, sondern zur Handlung selbst gehören. Kann man unter diesen Umständen daran festhalten, Theorien danach unterscheiden, ob sie die Richtigkeit von Handlungen nur oder nicht nur von den Konsequenzen abhängig machen?

Dieser Frage wollen wir anhand des folgenden Beispiels nachgehen.[19] Als im Zweiten Weltkrieg eine Nazi-Patrouille die Besatzung eines Fischerboots, auf dem sich Juden auf der Flucht nach England befinden, fragt, wer an Bord ist, bleiben den Fischern nur zwei Möglichkeiten: Sie sagen die Wahrheit, was den sicheren Tod von zumindest einigen der Menschen an Bord bedeutet, oder sie lügen und können ihre Fahrt fortsetzen. Für Absolutist*innen, die am absoluten Lügenverbot festhalten, stellt sich die Alternative wie folgt dar: Die Wahrheit zu sagen bedeutet, eine intrinsisch richtige Handlung auszuführen und dabei schlechte Konsequenzen in Kauf zu nehmen. Zu lügen bedeutet, eine intrinsisch falsche Handlung auszuführen, um gute Konsequenzen zu erzielen. Da Absolutist*innen das paulinische Prinzip vertreten, wonach es verboten ist, Schlechtes zu tun um Gutes hervorzubringen, kommt es für sie nur darauf an, keine intrinsisch falschen Handlungen auszuführen. Folglich sollen die Fischer, die zwischen einer intrinsisch richtigen und einer intrinsisch falschen Handlung entscheiden müssen, die intrinsisch richtige Handlung wählen. Diese einfache Lösung des Falls scheint durch folgenden Einwand untergraben zu werden: Da die Fischer mit einer Lüge Leben retten würden, könnte man die Handlungsbeschreibung »Die Fischer lügen« ersetzen durch »Die Fischer retten Leben«, womit die Fischer nicht vor der Alternative »Lügen oder die Wahrheit sagen«, sondern »Leben retten oder die Wahrheit sagen« stünden. Was in der ersten Beschreibung eine gute Konsequenz einer intrinsisch falschen Handlung ist, ist in der zweiten Beschreibung selbst eine intrinsisch richtige Handlung. Da die Wahrheit sagen und Leben retten beides intrinsisch richtige Handlungen sind, müssen sich die Fischer nach dieser Umbeschreibung zwischen zwei intrinsisch richtigen Handlungen entscheiden und stehen vor einem moralischen Konflikt. Je nachdem also, wie man Handlungen beschreibt, ergeben sich in ein und derselben Situation unterschiedliche moralische Probleme.

Zeigt dieses Beispiel, dass man ethische Theorien nicht anhand der moralischen Relevanz der Handlungskonsequenzen unterscheiden kann? Oder zeigt es sogar, dass der Absolutismus schon deshalb keine sinnvolle Option ist, weil das Verbot, Schlechtes zu tun, um Gutes hervorzubringen, nicht mehr anwendbar ist, wenn man das hervorzubringende Gute einfach in die Handlungsbeschreibung aufnehmen und damit die intrinsisch falsche Handlung in eine intrinsisch richtige Handlung umkehren kann? Wie wir sehen werden, folgt aus dem Beispiel nichts dergleichen.

Die beiden Handlungsoptionen der Fischer lassen sich u. a. durch folgende Handlungsbeschreibungen charakterisieren:

Option 1:
1. Die Fischer sagen die Unwahrheit.
2. Die Fischer lügen.
3. Die Fischer helfen Notleidenden.
4. Die Fischer verhindern die Ermordung Unschuldiger.
5. Die Fischer retten Leben.
6. Die Fischer leisten Widerstand gegen die Nazis.

Option 2:
1'. Die Fischer sagen die Wahrheit.
2'. Die Fischer antworten wahrhaftig.
3'. Die Fischer lassen Notleidende im Stich.
4'. Die Fischer lassen die Ermordung Unschuldiger zu.
5'. Die Fischer fügen sich den Nazis.

Keine dieser Handlungsbeschreibungen lässt sich als *die* korrekte Handlungsbeschreibung auszeichnen, sondern es gibt viele auf die Handlung zutreffende Beschreibungen. Dass eine Beschreibung auf eine Handlung zutrifft, bedeutet nur, dass das in der Beschreibung Ausgesagte auf die Handlung zutrifft, nicht aber, dass die Beschreibung die Handlung erschöpfend oder in allen relevanten Hinsichten charakterisiert. Wenn man diese Auffassung der vielfältigen Handlungsbeschreibungen akzeptiert, ergibt sich folgende Schwierigkeit für den obigen Einwand gegen die absolutistische Lösung des Falls: Ebenso wenig wie Absolutist*innen darauf beharren können, dass die Alternative »Lügen oder die Wahrheit sagen« lautet, kann man behaupten, die Alternative ist »Leben retten oder die Wahrheit sagen«. Wenn alle Handlungsbeschreibungen zutreffend sind, kann man nicht willkürlich zwei herausgreifen und als Alternative präsentieren. Als Alternative muss man vielmehr die beiden Mengen von Handlungsbeschreibungen nehmen, und die Fischer müssen sich zwischen Option 1 und Option 2 entscheiden und nicht zwischen je einer Handlungsbeschreibung aus den beiden Optionen.

Da die Menge der Handlungsbeschreibungen für jede Option nicht vorgegeben ist, besteht aus deontologischer Sicht der erste Schritt bei moralischen Entscheidungen darin, die moralisch relevanten Handlungsbeschreibungen zu finden. Die unterschiedlichen moralisch relevanten Handlungsbeschreibungen innerhalb einer Option könnte man als unterschiedliche Aspekte der Option bzw. Handlung verstehen, wobei einige Aspekte (z. B. Leben retten) für die Option und andere Aspekte (z. B. Lügen) gegen die Option sprechen. Man muss bei einer moralischen Entscheidung also nicht nur zwischen zwei Optionen entscheiden, sondern auch innerhalb jeder Option abwägen, ob die für oder gegen die Option sprechenden Aspekte überwiegen. Welche Handlungsbeschreibungen moralisch relevant sind und mit welchem Gewicht sie für oder gegen eine Option sprechen, hängt von der ethischen Theorie ab, die man der Entscheidung zugrunde legt. Absolutist*innen, die ein absolutes Lügenverbot vertreten, könnten ohne Weiteres zugestehen, dass eine Option zutreffend als »Leben retten« beschrieben werden kann, was für sie spricht, würden jedoch behaupten, dass sie auch zutreffend als »lügen« beschrieben werden kann und dass gemäß ihrer Theorie dieser gegen die Option sprechende Aspekt ausschlaggebend ist: Wenn eine Option zutreffend als Lüge beschrieben werden kann, ist sie moralisch verboten, ganz gleich, welche Beschreibung sonst noch auf sie (oder die andere Option) zutreffen mag. Aus diesen Überlegungen folgt, dass die Aufnahme einer guten Konsequenz einer Handlung in die Handlungsbeschreibung nicht garantiert, dass die Handlung richtig ist. Man erkennt daran nur, dass sie in einer Hinsicht richtig ist. Ob die Handlung insgesamt richtig ist, hängt von ihren anderen Aspekten ab. Die Behauptung, dass die erste Option der Fischer eine richtige Handlung ist, folgt also nicht daraus, dass die Handlung als »Leben retten« beschrieben werden kann. Auch kann man daraus, dass die Handlung als »lügen« und als »Leben retten« beschrieben werden kann, nicht schließen, dass es willkürlich und von der nahezu beliebig wählbaren Handlungsbeschreibung abhängig ist, ob eine Handlung richtig oder falsch ist, und daher nicht mehr sinnvoll von richtigen und falschen Handlungen gesprochen werden kann. Weil für die Beurteilung des deontischen Status einer Handlung alle (bzw. alle relevanten) Handlungsbeschreibungen berücksichtigt werden müssen, ist das Urteil über die Handlung nicht willkürlich, da es nicht nur auf einer Beschreibung beruht (und bei einer anderen Beschreibung anders ausfiele), sondern auf allen.

Unter der Annahme, dass man trotz der Möglichkeit, die Konsequenzen einer Handlung in die Handlungsbeschreibung aufzunehmen, von den Konsequenzen einer Handlung sprechen kann, werden das paulinische Prinzip und der Absolutismus nicht durch die Vielfalt der Handlungsbeschreibungen untergraben: Dass Leben gerettet werden bzw. Menschen überleben, ist eine Konsequenz der Handlung nicht nur, wenn sie als Lüge beschrieben wird, sondern auch, wenn sie als »Leben retten« beschrieben wird. Diese gute Konsequenz darf gemäß dem paulinischen Prinzip nicht durch eine intrinsisch falsche Handlung hervorgebracht werden. Wenn nach Abwägung aller Aspekte die erste Option der Fischer als falsch beurteilt wird, ist es verboten, diese intrinsisch falsche Handlung auszuführen, um die gute Konsequenz, dass Menschen überleben, zu erreichen. Das paulinische Prinzip ist also trotz der Vielfalt der Handlungsbeschreibungen anwendbar.

Die Annahme, dass man trotz der Möglichkeit, die Konsequenzen einer Handlung in die Handlungsbeschreibung aufzunehmen, weiterhin von den Konsequenzen einer Handlung sprechen kann, ist sehr plausibel: Egal, ob Peters Handlung im ersten Beispiel als »Peter schreibt auf ein Stück Papier«, »Peter unterschreibt einen Scheck« oder »Peter bezahlt Bestechungsgeld« usw. beschrieben wird, die Konsequenz davon ist, dass seine Firma überlebt und Arbeitsplätze erhalten bleiben. Egal, ob im zweiten Beispiel die Handlung als »Peter drückt ab«, »Peter schießt«, »Peter ermordet Paul« usw. beschrieben wird, bleiben die Konsequenzen immer dieselben: Paul ist tot, seine Frau verwitwet und es gibt einen Aufruhr. Außerdem könnte man argumentieren, dass nicht alle Konsequenzen in die Handlungsbeschreibung aufgenommen werden können: Peters Ermordung von Paul hat auch zur Konsequenz, dass Pauls Frau sich das Leben nimmt und die gemeinsamen Kinder zu Waisen werden. Diese beiden Konsequenzen lassen sich aber schwerlich in die Handlungsbeschreibung aufnehmen, außer in dem zweifelhaften Sinn »Peter verursacht, dass Pauls Frau sich das Leben nimmt«, in dem man trivialerweise jede Konsequenz in die Handlungsbeschreibung aufnehmen kann, aber bezweifeln kann, dass dies noch als Handlungsbeschreibung gelten kann. Es gibt also möglicherweise mehr Konsequenzen als Handlungsbeschreibungen und damit auch Spielraum für unterschiedliche moralische Beurteilungen, wenn nur oder nicht nur die Konsequenzen moralisch relevant sind.

Man kann somit trotz der Vielfalt der Handlungsbeschreibungen an der Unterscheidung zwischen Deontologie und Konsequentialismus anhand der Konsequenzendeterminiertheit festhalten. An dem Kriterium ändert sich nichts, es wird lediglich durch einige erläuternde Bemerkungen ergänzt:

Im Konsequentialismus hängt die Richtigkeit von Handlungen nur von den Konsequenzen der Handlungen ab. Welche Konsequenzen eine Handlung hat, lässt sich unabhängig von der Beschreibung der Handlung feststellen (bzw. bleibt gegenüber unterschiedlichen Beschreibungen der Handlung konstant). Die vielfältigen Handlungsbeschreibungen können daher von Konsequentialist*innen ignoriert werden. In deontologischen Theorien hängt die Richtigkeit nicht nur von den Konsequenzen ab, sondern auch davon, wie die Handlung beschrieben werden kann, wobei es mehrere moralisch relevante Handlungsbeschreibungen geben kann, die alle für die Ermittlung des deontischen Status der Handlung berücksichtigt werden müssen. Während es also im Konsequentialismus beispielsweise nur darum geht, ob Menschen überleben oder sterben, kommt es für Deontolog*innen auch darauf an, wie die Handlung, die zu diesem oder jenem Ergebnis führt, beschrieben werden kann. Es gibt somit etwas, das in deontologischen Theorien moralisch relevant ist und die Richtigkeit von Handlungen mitbestimmt, das in konsequentialistischen Theorien nicht relevant ist – und darin unterscheiden sich die beiden Theorien. Wenn beispielsweise in einer Situation eine Lüge die gleiche Konsequenz hätte wie eine wahrhafte Äußerung, wären aus konsequentialistischer Sicht beide Handlungen erlaubt, während aus deontologischer Sicht die Lüge verboten wäre. Ebenso gibt es für Konsequentialist*innen bei gleicher Konsequenz keinen moralisch relevanten Unterschied zwischen aktiver und passiver Sterbehilfe, während es für Deontolog*innen wichtig sein kann, ob eine Handlung als aktive oder passive Sterbehilfe beschrieben wird.

Zusammenfassend lässt sich festhalten: Aus der Vielfalt der Handlungsbeschreibungen kann nicht geschlossen werden, dass man nicht zwischen Handlungen und Konsequenzen unterscheiden kann. Man kann unabhängig von den Handlungsbeschreibungen feststellen, welche Konsequenzen eine Handlung hat. Von diesen können einige oder alle in die Handlungsbeschreibungen aufgenommen werden. Da die Handlungsbeschreibungen alle zutreffend sind und keine *die* korrekte Beschreibung ist, müssen Deontolog*innen alle Beschreibungen berücksichtigen und anhand ihrer Theorie die relevanten von den irrelevanten Beschreibungen trennen, die relevanten Beschreibungen gewichten, gegeneinander abwägen und schließlich entscheiden, welche Handlung richtig ist. Die Vielfalt der Handlungsbeschreibungen ändert also nichts daran, dass es im Konsequentialismus nur und in deontologischen Theorien nicht nur auf die Konsequenzen ankommt. Sie ist daher kein stichhaltiger Einwand gegen die Unterscheidung zwischen Deontologie und Konsequentialismus anhand der Konsequenzendeterminiertheit.

Die Schwierigkeit, zu bestimmen, wo eine Handlung aufhört und die Konsequenzen beginnen, birgt noch einen weiteren Aspekt: Nicht nur kann man Konsequenzen in die Handlungsbeschreibung aufnehmen, sondern man kann umgekehrt Handlungsbeschreibungen in die Konsequenzenbeschreibung aufnehmen, sodass nicht nur die Konsequenzen zu den Handlungen, sondern auch die Handlungen zu den Konsequenzen zählen: Eine Konsequenz aus dem Ausführen einer Handlung ist, dass die Handlung ausgeführt wurde. Wenn Peter lügt, hat dies zur Konsequenz, dass Peter gelogen hat. Jede Handlung ist deshalb trivialerweise eine Konsequenz ihrer selbst. Welche Implikationen hat dieser von Konsequentialist*innen verwendete weite Konsequenzenbegriff für die bisher getroffene Unterscheidung zwischen Deontologie und Konsequentialismus?

Eine erste Implikation ist, dass zu den Konsequenzen einer Handlung nicht nur solche der folgenden Art zählen:

- Jemand freut sich (mit einer bestimmten Intensität).
- Jemand leidet.
- Jemand kann seine Interessen (nicht) befriedigen.
- Jemand ist verletzt, verstümmelt oder tot.
- Jemand überlebt.
- Jemand glaubt etwas Falsches.
- Jemand hat weniger Geld.
- Güter und Übel, Vorteile und Lasten sind auf eine bestimmte Weise auf mehrere Personen verteilt.
- Der am schlechtesten gestellten Person geht es besser, als wenn eine andere Handlung ausgeführt worden wäre.

Hinzu kommt, dass mit dem weiten Konsequenzenbegriff jeder Handlungsbeschreibung eine Konsequenz entspricht, sodass es auch Konsequenzen der folgenden Art gibt:

Handlungen und Konsequenzen

- Jemand hat gelogen bzw. jemand wurde belogen.
- Jemand hat jemanden verraten bzw. jemand wurde verraten.
- Jemand hat jemanden getäuscht, hintergangen oder betrogen bzw. jemand wurde getäuscht, hintergangen oder betrogen.
- Jemand hat ein Versprechen gebrochen bzw. ein Versprechen wurde gebrochen.
- Jemand hat jemanden (absichtlich) verletzt, verstümmelt oder getötet bzw. jemand wurde (absichtlich) verletzt, verstümmelt oder getötet.
- Jemand hat jemanden als unbeabsichtigte Nebenwirkung getötet bzw. jemand wurde als unbeabsichtigte Nebenwirkung getötet.
- Jemand hat gestohlen bzw. jemand hat jemanden bestohlen bzw. jemand wurde bestohlen.
- Jemand hat jemandem (absichtlich) Leid zugefügt (bzw. ...)
- Jemand hat verhindert, dass jemand ein Interesse befriedigen bzw. sich einen Wunsch erfüllen kann.
- Jemand hat jemandes Interessen verletzt.
- Jemand hat jemandes Interessen nicht berücksichtigt.
- Jemand hat jemandes Autonomie nicht berücksichtigt bzw. verletzt.
- Jemand hat jemanden seiner Freiheit beraubt.
- Jemand hat jemandes Rechte verletzt.
- Jemand hat jemandes Würde verletzt.
- Jemand hat jemanden gefoltert.
- Jemand hat eine moralische Regel verletzt.
- Jemand hat grausam gehandelt bzw. jemand hat jemanden grausam behandelt bzw. jemand wurde grausam behandelt.
- Jemand hat (un)gerecht gehandelt.
- Jemand hat moralisch richtig oder falsch gehandelt.
- Jemand hat jemandem geholfen.

Man könnte denken, dass mit dem weiten Konsequenzenbegriff die Unterscheidung zwischen Handlungen und Konsequenzen vollends irrelevant und damit die Unterscheidung zwischen Konsequentialismus und Deontologie anhand der Konsequenzendeterminiertheit bedeutungslos wird: Es scheint nichts mehr zu geben, von dem die Richtigkeit einer Handlung abhängen kann, das nicht als Konsequenz darstellbar ist. Die Vielfalt der Handlungsbeschreibungen überträgt sich auf die Konsequenzen, sodass es mindestens so viele Konsequenzen wie Handlungsbeschreibungen gibt. Folgt daraus, dass die Konsequenzendeterminiertheit trivialerweise in allen Theorien gilt? Oder folgt daraus, dass deontologische und konsequentialistische Theorien beide das Gleiche moralisch beurteilen, nur jeweils unter anderem Namen? Deontolog*innen würden eine Handlung, moralisch beurteilen, insofern sie als Lüge beschrieben werden kann, während Konsequentialist*innen sie moralisch beurteilen, insofern sie zur Konsequenz hat, dass gelogen worden ist. Würde dies zum gleichen Moralurteil führen, sodass Deontologie und Konsequentialismus extensional äquivalent wären (d. h., dass sie in ihren Urteilen über moralisch richtige und falsche Handlungen übereinstimmen, wenn auch mit unterschiedlichen Begründungen)?

Ob der weite Konsequenzenbegriff solche weitreichenden Implikationen hat, hängt davon ab, welche Konsequenzen(beschreibungen) im Konsequentialismus moralisch relevant sind (bzw. sein können). Wir erinnern uns, dass in der Deontologie nicht alle Handlungsbeschreibungen moralisch relevant sind. Moralisch relevante Handlungsbeschreibungen sind diejenigen, die wir oben als deontologische normative Faktoren aufgelistet haben. Moralisch relevante Handlungsbeschreibungen sind solche, die Gegenstand moralischer Regeln sind (z. B. »töten« und »Du sollst nicht töten«). Moralisch falsche Handlungen fallen unter eine oder mehrere dieser Handlungsbeschreibungen. Daneben gibt es moralisch irrelevante Handlungsbeschreibungen, die nicht Gegenstand moralischer Regeln sind. Anders als »morden« und »lügen« sind »frühstücken«, »lesen« und »schwimmen« keine moralisch relevanten Handlungsbeschreibungen. Während eine Handlung moralisch falsch sein kann, weil sie als Lüge beschrieben werden kann, ist keine Handlung moralisch falsch, weil sie als »lesen« beschrieben werden kann. Man handelt nicht deshalb falsch, weil man liest. Trotzdem kann es in bestimmten Situationen falsch sein, zu lesen: Wenn ich alleine am Ufer eines Sees ein Buch lese und bemerke, dass in dem See ein Kind zu ertrinken droht, ist es moralisch falsch, weiter in dem Buch zu lesen. Ich handle aber nicht falsch, weil meine Handlung als »lesen« beschrieben werden kann, sondern weil sie unter andere moralisch relevante Handlungsbeschreibungen fällt, z. B. dass ich es unterlasse, einem Menschen in Not zu helfen, obwohl ich helfen könnte, oder, dass ich die moralische Regel, Menschen in Not zu helfen, verletze. Um zu beurteilen, ob eine Handlung moralisch falsch ist, muss man (u. a.) wissen, ob sie unter bestimmte moralisch relevante Handlungsbeschreibungen fällt. Welche Handlungsbeschreibungen moralisch relevant sind, hängt ab von unseren (vortheoretischen) moralischen Überzeugungen bzw. innerhalb einer deontologischen Theorie von der Theorie des Rechten dieser deontologischen Theorie.

Analog sind im Konsequentialismus nicht alle Konsequenzen bzw. Konsequenzenbeschreibungen moralisch relevant. Konsequentialist*innen interessiert, wie gut oder schlecht die Konsequenzen einer Handlung sind. Man könnte denken, dass man von *jeder* Handlung sagen kann, wie gut oder schlecht sie mit Blick auf eine Skala von sehr schlechten bis sehr guten Konsequenzen ist, sodass trivialerweise *jede* Konsequenz moralisch relevant ist. Dies ist jedoch nicht der Fall. Was gute und schlechte Konsequenzen sind, bestimmt im Konsequentialismus die Theorie des Guten. Die Theorie des Guten gibt eine Antwort auf die Fragen, was für Menschen um seiner selbst willen (und nicht bloß als Mittel) wünschens- bzw. erstrebenswert ist, was intrinsisch (und nicht bloß instrumentell) gut ist, was ein menschliches Leben zu einem guten Leben macht. Verschiedene Theorien des Guten geben unterschiedliche Antworten auf diese Frage. Gemäß dem **Hedonismus** ist nur Freude intrinsisch gut, und ob ein Leben ein gutes Leben ist, hängt nur davon ab, wie viel Freude und Leid es enthält. Gemäß der **Präferenztheorie** ist die Erfüllung unserer Präferenzen intrinsisch gut, und ob wir ein gutes Leben führen, hängt vom Ausmaß der Erfüllung unserer Präferenzen ab. Gemäß der **objektiven Listentheorie** gibt es bestimmte Güter, wie z. B. Freundschaft, Wissen etc., die zu einem guten Leben gehören. Wie gut unser Leben ist, hängt davon ab, wie viele dieser Güter und in welchem Ausmaß sie in unserem Leben realisiert werden. Wenn wir ausgehend von diesen Theorien des Guten fragen, welche Konsequenzen gut oder schlecht und damit moralisch relevant sind, sehen wir, dass viele der oben aufgezählten Konsequenzen, die Handlungsbeschreibungen entsprechen, moralisch irrelevant sind, da sie nicht im Sinne dieser Theorien gut oder schlecht sind. Eine bestimmte Handlung könnte beispielsweise (im Sinne des weiten Konsequenzenbegriffs) u. a. folgende Konsequenzen haben:

- Jemand ist verstümmelt.
- Jemand hat große Schmerzen.
- Jemand hat jemanden verstümmelt.
- Jemand hat jemanden gefoltert.
- Jemand hat jemandes Rechte verletzt.
- Jemand hat jemandes Würde verletzt.
- Jemand hat jemandes Autonomie verletzt.
- Jemand hat jemanden als bloßes Mittel zum Zweck benutzt.
- Jemand hat jemanden seiner Freiheit beraubt.
- Jemand hat jemandes Interessen verletzt.
- Jemand hat jemandes Präferenzen missachtet.
- Jemandes Präferenzen wurden nicht befriedigt.

Von diesen zahlreichen Konsequenzen sind die wenigsten aus Sicht der genannten Theorien des Guten (direkt) moralisch relevant. Gemäß der hedonistischen Theorie des Guten ist nur relevant, dass jemand große Schmerzen hat. Die großen Schmerzen sind eine schlechte Konsequenz der Handlung. Dagegen ist die Konsequenz, dass die Würde einer Person verletzt wurde aus hedonistischer Sicht weder gut noch schlecht und damit moralisch irrelevant. Relevant ist nicht, *dass* die Würde einer Person verletzt wurde, sondern wie viel Leid eine Person (als Folge der Würdeverletzung) ertragen muss. Obwohl gemäß dem weiten Konsequenzenbegriff jeder Handlungsbeschreibung eine Konsequenz entspricht, kann nur ein kleiner Teil dieser Konsequenzen von Konsequentialist*innen als gut oder schlecht beurteilt werden und damit moralisch relevant sein.

Da die Antwort auf die Frage, welche *Handlungsbeschreibungen* moralisch relevant sind, von der Theorie des Rechten abhängt bzw. von unseren Überzeugungen über das Rechte, also von unseren Überzeugungen über moralisch richtige und falsche Handlungen, und die Antwort auf die Frage, welche *Konsequenzenbeschreibungen* moralisch relevant sind, von der Theorie des Guten abhängt bzw. von unseren Vorstellungen über das Gute (und es einen Unterschied zwischen dem Rechten und dem Guten gibt), ist nur zu erwarten, dass sich moralisch relevante Handlungsbeschreibungen und moralisch relevante Konsequenzenbeschreibungen nicht decken. Aus der theoretischen Möglichkeit, Handlungen als Konsequenzen zu beschreiben, folgt nicht, dass jeder in der Deontologie moralisch relevanten

Handlungsbeschreibung eine im Konsequentialismus moralisch relevante Konsequenz entspricht.

Konsequentialist*innen behaupten gerne, dass man im Rahmen des Konsequentialismus auch Konsequenzen der Art, dass jemand gelogen hat oder ein Versprechen gebrochen hat, als gut oder schlecht beurteilen kann und sich somit auf indirektem Weg die typisch deontologische Ansicht, dass bestimmte Handlungen intrinsisch falsch sind, in die konsequentialistische Theorie integrieren lässt. Man könne somit behaupten, dass die Falschheit des Versprechensbruchs als schlechte Eigenschaft der Konsequenz, dass ein Versprechen gebrochen wurde, betrachtet werden kann und konsequentialistische Theorien auf diese Weise der intrinsischen Richtigkeit und intrinsischen Falschheit von Handlungen Rechnung tragen können.[20] Diese Auffassung ist jedoch nicht mit dem Konsequentialismus zu vereinbaren. Denn im Konsequentialismus ist die Schlechtheit der Konsequenzen der Grund für die Falschheit der Handlungen, und nicht die Falschheit der Handlungen ein Grund für die Schlechtheit der Konsequenzen. Wenn der Versprechensbruch aber nicht deshalb eine schlechte Konsequenz sein kann, weil er falsch ist, müsste er aus einem anderen Grund schlecht sein. Ein solcher ist aber im Rahmen des Konsequentialismus nicht leicht vorstellbar. Selbst wenn ein Versprechensbruch zur Konsequenz hat, dass ein Versprechen gebrochen worden ist, ist diese Konsequenz in einem hedonistischen Konsequentialismus irrelevant. Relevant ist hier nur, dass jemand aufgrund des Versprechensbruchs mehr Freude und jemand anders vielleicht weniger Freude empfindet. Aber die Konsequenz, dass ein Versprechen gebrochen worden ist, kann nicht als gut oder schlecht beurteilt werden und ist daher irrelevant. Aus keiner der oben genannten Theorien (und aus keiner anderen bisher von Konsequentialist*innen vertretenen Theorie) des Guten lässt sich ableiten, dass die Tatsache, dass jemand ein Versprechen gebrochen hat, eine schlechte Konsequenz ist. Dass man jede Handlungsbeschreibung als Handlungskonsequenz interpretieren kann, mag zwar richtig sein, aber die weitergehende Behauptung, dass Konsequentialist*innen jede dieser Konsequenzen als gut oder schlecht beurteilen können, ist eine Ad-hoc-Behauptung, um im Konsequentialismus die Berücksichtigung der intrinsischen Richtigkeit bzw. Falschheit von Handlungen zu ermöglichen. Auf den ersten Blick spricht zwar nichts gegen diese Behauptung, da es typisch für den Konsequentialismus ist, dass er (anders als der Utilitarismus) an keine bestimmte Theorie des Guten gebunden ist. Aber bei genauerer Betrachtung zeigt sich, dass diese Behauptung eine Theorie des Guten erfordern würde, die unabhängig vom Konsequentialismus noch nie vorgeschlagen und von Konsequentialist*innen noch nie explizit vertreten wurde und daher nur als ad hoc betrachtet werden kann. Während also deontologische Theorien behaupten können, dass es moralisch relevant ist, dass eine Handlung als Versprechensbruch beschreibbar ist, können Konsequentialist*innen nicht plausibel machen, dass die Konsequenz, dass ein Versprechen gebrochen wurde, moralisch relevant ist. Deshalb gibt es, auch wenn jede Handlung eine Konsequenz ihrer selbst ist, einen Unterschied zwischen deontologischen und konsequentialistischen Theorien.

Das Rechte und das Gute im Konsequentialismus

Bis jetzt haben wir den Konsequentialismus durch die Konsequenzendeterminiertheit und die Maximierungserlaubnis charakterisiert. Dazu kam beim maximierenden Konsequentialismus das Maximierungsgebot mit dem entsprechenden Richtigkeitskriterium.

Häufig wird der Konsequentialismus auch durch eine besondere Beziehung des Rechten zum Guten charakterisiert und dadurch von deontologischen Theorien unterschieden. Um den Konsequentialismus und die Unterschiede zur Deontologie zu verstehen, müssen wir daher genauer auf die Beziehung des Rechten zum Guten im Konsequentialismus eingehen. Diese Beziehung wird in verschiedenen Slogans ausgedrückt, die in der Literatur häufig wiederholt werden, obwohl bei den meisten unklar ist, was damit gemeint ist. Gemäß den häufigsten dieser Slogans bestehen im Konsequentialismus folgende Zusammenhänge zwischen dem Rechten und dem Guten:

1. Der Konsequentialismus ist gut-basiert.
2. Das Rechte wird vom Guten abgeleitet.
3. Das Rechte ist eine Funktion des Guten.
4. Der Begriff des Rechten kann auf den des Guten reduziert werden.
5. Das Gute hat Vorrang vor dem Rechten.
6. Das Gute wird unabhängig vom Rechten definiert.
7. Das Rechte ist definiert als dasjenige, was das Gute maximiert.
8. Das Rechte ist instrumentell definiert als (bestes) Mittel zur Maximierung des Guten.
9. Das Rechte wird nicht unabhängig vom Guten definiert.

Für deontologische Theorien sollen dagegen die Negationen dieser Slogans gelten sowie

(5′)   Das Rechte hat Vorrang vor dem Guten.

Bisher haben wir uns bei der Darstellung des Konsequentialismus auf dessen Theorie des Rechten beschränkt. Die Theorie des Rechten ist der Teil einer ethischen Theorie, der sich mit dem moralisch Gebotenen, Verbotenen, Erlaubten, Optionalen, Supererogatorischen, dem moralisch Richtigen und Falschen, den moralischen Rechten, Regeln und Prinzipien sowie dem Richtigkeitskriterium befasst. Das Rechte muss jedoch einen Bezug zum Guten haben und kann nicht völlig losgelöst von dem sein, was gut oder schlecht für Menschen ist. Gäbe es nichts, was für Menschen gut oder schlecht ist und den Menschen wichtig ist, gäbe es keinen Grund, um zwischen moralisch richtigen und falschen Handlungen zu unterscheiden.

Jede ethische Theorie muss daher neben der Theorie des Rechten eine Theorie des Guten (auch als »Werttheorie« oder »Axiologie« bezeichnet) enthalten, um eine vollständige ethische Theorie zu sein. Dieser Bezug zum Guten wird im Konsequentialismus explizit im Richtigkeitskriterium hergestellt. Es muss jedoch noch geklärt werden, wie dieser Bezug zum Guten interpretiert werden muss und ob die Beziehung des Rechten zum Guten im Konsequentialismus von grundsätzlich anderer Art ist als in deontologischen Theorien.

Das außermoralisch Gute und das moralisch Gute

Manche Dinge sind schlecht für Menschen, unabhängig von moralischen Gesichtspunkten: Überschwemmungen, Erdbeben oder Vulkanausbrüche sind schlimm für Menschen, weil sie Tod, Schmerzen und Leid bringen. Um zu begründen, dass diese Dinge schlecht sind, benötigt man keine moralischen Überlegungen. Dass diese Dinge Übel sind, hat nichts mit moralisch richtigem oder falschem Handeln zu tun. Andere Dinge sind gut für Menschen, unabhängig von moralischen Gesichtspunkten, z. B. Gesundheit, Wohlbefinden, Glück, die Erfüllung unserer Wünsche, Freundschaften und Wissen. Man muss nicht auf moralische Überlegungen bzw. auf Vorstellungen des Rechten zurückgreifen, um diese Dinge als Güter anzuerkennen oder zu begründen. Güter dieser Art fassen wir zusammen als **das außermoralisch bzw. nicht-moralisch Gute**.

Vom nicht-moralisch (außermoralisch) Guten lässt sich das moralisch Gute unterscheiden. Beim moralisch Guten denkt man zuerst an moralisch gute Handlungen, Absichten, Motive, Charaktereigenschaften und Personen. Handlungen sind moralisch gut, wenn sie Handlungen aus Pflichtbewusstsein sind, d. h., wenn die handelnde Person aus Pflichtbewusstsein handelt – egal, was sie (nach bestem Wissen und Gewissen) für ihre Pflicht hält. »Moralisch gut« wird hier in einem formalen Sinn gebraucht, der keinen Bezug auf bestimmte Vorstellungen des Rechten nimmt: Um die Handlung einer Person als moralisch gut zu beurteilen, genügt es zu wissen, dass die Person die Handlung aus Pflichtbewusstsein ausgeführt hat. Man muss nicht wissen, ob die Handlung moralisch richtig war oder nach welchem Kriterium sich diese Frage entscheiden lässt. Ebenso kann man auch die moralische Güte von Absichten, Motiven und Personen rein formal betrachten: Absichten und Motive sind in diesem Sinn moralisch gut, wenn sie die Pflichterfüllung zum Gegenstand haben, Personen sind moralisch gut, wenn sie in der Regel moralisch gute Absichten und Motive haben und entsprechend handeln.

Neben diesem formalen Sinn kann man »moralisch gut« auch in einem materialen Sinn verwenden, der auf bestimmte Vorstellungen des Rechten Bezug nimmt. So lassen sich z. B. Charaktereigenschaften – wenn man vom Pflichtbewusstsein als Charaktereigenschaft absieht – nicht im formalen Sinn als moralisch gut bezeichnen. Um Charaktereigenschaften als moralisch gut auszuzeichnen, muss man bestimmte Vorstellungen des Rechten voraussetzen: Wenn man Wohlwollen,

Das außermoralisch Gute und das moralisch Gute

Zuverlässigkeit, Ehrlichkeit usw. zu moralisch guten Charaktereigenschaften und Grausamkeit, Habgier usw. zu moralisch schlechten Charaktereigenschaften zählt, dann deshalb, weil man wohltätige und ehrliche Handlungen für moralisch richtig und grausame und habgierige Handlungen für moralisch falsch hält. Ohne diese Vorstellungen des Rechten hätte man keinen Grund, zwischen moralisch guten und schlechten Charaktereigenschaften zu unterscheiden (und kein Kriterium zur Zuordnung der Charaktereigenschaften zur einen oder anderen Art). Während man also unabhängig von bestimmten Vorstellungen des Rechten bestimmen kann, welche Handlungen moralisch gut sind – nämlich diejenigen aus Pflichtbewusstsein –, kann man nur dann bestimmen, welche Charaktereigenschaften moralisch gut sind, wenn man auf Vorstellungen des Rechten zurückgreift. Auch von Handlungen, Absichten, Motiven und Personen lässt sich im materialen Sinn von »moralisch gut« sprechen, so z. B., wenn man Hilfsbereitschaft als moralisch gutes Motiv bezeichnet oder eine Person für moralisch gut hält, weil sie hilfsbereit, zuverlässig usw. ist. Eine Handlung ist im materialen Sinn moralisch gut, nicht weil sie aus Pflichtbewusstsein, sondern aus Hilfsbereitschaft, Wohlwollen, Mitgefühl etc. ausgeführt wurde. Auch richtige und supererogatorische Handlungen könnte man im materialen Sinn als moralisch gut bezeichnen: Die Vorstellungen des Rechten bestimmen, *welche* Handlungen richtig oder supererogatorisch sind.

Nicht nur Handlungen, Absichten, Motive, Charaktereigenschaften und Personen können moralisch gut sein. Man kann auch Zustände als moralisch gut bezeichnen, z. B. solche, in denen alle verfügbaren Güter gerecht verteilt sind und niemandes moralische und legale Rechte verletzt werden. Des Weiteren gehören zum moralisch Guten auch moralische Güter und Werte wie z. B. Fairness und Gerechtigkeit. Im Unterschied zu nicht-moralischen Gütern sind moralische Güter in der Regel keine persönlichen Güter, sondern strukturelle Güter (vgl. S. 90). Insgesamt zählen also zum moralisch Guten:

a) *Moralisch gute Handlungen:* (i) Handlungen aus Pflichtbewusstsein, (ii) Handlungen aus guten Absichten oder Motiven (z. B. aus Hilfsbereitschaft), (iii) moralisch richtige Handlungen (iv) intrinsisch gute Handlungen, (v) supererogatorische Handlungen
b) *Moralisch gute Absichten und Motive.*
c) *Moralisch gute Charaktereigenschaften.*
d) *Moralisch gute Personen:* Personen, die in der Regel moralisch gute und richtige Handlungen ausführen, moralisch gute Absichten und Motive haben und moralisch gute Charaktereigenschaften aufweisen.
e) *Moralische Werte* und *Güter.*
f) *Moralisch gute Zustände,* z. B. Zustände, die frei von Rechtsverletzungen sind und in denen die unter (e) genannten moralischen Werte verwirklicht sind.

Mit Ausnahme der Handlungen aus Pflichtbewusstsein muss man sich immer auf Vorstellungen des Rechten beziehen, um bestimmte Handlungen, Personen, Absichten, Motive, Werte, Güter und Zustände als moralisch gut bezeichnen zu können. Vorstellungen des moralisch Guten sind daher nicht unabhängig von Vorstellungen des Rechten, sondern ergeben sich aus diesen.

Die Bestimmung des Guten unabhängig und nicht unabhängig vom Rechten

Bei der Charakterisierung und Begründung des Konsequentialismus und der Abgrenzung zu deontologischen Theorien spielt es eine wichtige Rolle, ob das Gute unabhängig vom Rechten oder nicht unabhängig vom Rechten bestimmt wird. (In der Literatur wird meist von der *Definition* des Guten (un)abhängig vom Rechten gesprochen.)

Wie wir gesehen haben, kann man zwischen dem außermoralisch (bzw. nicht-moralisch) Guten und dem moralisch Guten unterscheiden. Das außermoralisch Gute wird unabhängig vom Rechten bestimmt, das moralisch Gute nicht unabhängig vom Rechten. Wenn also die Theorie des Guten einer ethischen Theorie auch moralische Güter enthält, wird in dieser ethischen Theorie das Gute nicht unabhängig vom Rechten bestimmt. Daraus folgt jedoch nicht, dass in einer Theorie des Guten, die nur außermoralische Güter und *keine* moralischen Güter enthält, das Gute *un*abhängig vom Rechten bestimmt wird. Die Beschränkung auf nicht-moralische Güter ist nicht hinreichend für die Bestimmung des Guten unabhängig vom Rechten. Auch in einer Theorie des Guten mit ausschließlich nicht-moralischen Gütern könnte die *Auswahl* dieser Güter von der Theorie des Rechten abhängen: Die Theorie des Rechten könnte bestimmen, welche nicht-moralischen Güter in die Theorie des Guten aufgenommen und welche (vermeintlichen) Güter als unzulässige Güter bzw. Vorstellungen des Guten aus der Theorie des Guten ausgeschlossen werden. Wenn die Theorie des Rechten auf diese Weise die Theorie des Guten mitbestimmt, wird das Gute nicht unabhängig vom Rechten bestimmt. Wir können somit Folgendes festhalten:

Bestimmung des Guten	
unabhängig vom Rechten	**nicht unabhängig vom Rechten**
Die Theorie des Guten enthält nur nicht-moralische Güter *und* die Auswahl dieser nicht-moralischen Güter hängt nicht von der Theorie des Rechten ab. D. h., die Theorie des Guten enthält nur nicht-moralische Güter *und* es gibt keine unzulässigen Güter bzw. Vorstellungen des Guten.	Die Theorie des Guten enthält moralische Güter. Oder: Es gibt unzulässige Güter bzw. Vorstellungen des Guten: Die Theorie des Rechten erklärt bestimmte Güter bzw. Vorstellungen des Guten für unvereinbar mit der Theorie des Rechten und schließt sie deshalb aus der Theorie des Guten aus.

An folgendem Beispiel lässt sich den Unterschied zwischen der Bestimmung des Guten unabhängig und nicht unabhängig vom Rechten verdeutlichen: Die Theorie des Guten des klassischen Utilitarismus enthält nur ein einziges Gut: Freude. Freude ist ein außermoralisches Gut. Zudem gibt es keine Arten der Freude, die von der Theorie des Rechten als unmoralisch und daher unzulässig ausgeschlossen werden: Jede Freude, auch z. B. die Freude am Leid anderer Menschen und die Freude des Vergewaltigers bei einer Vergewaltigung muss bei der Berechnung der besten Konsequenzen zu den Freuden hinzuaddiert werden. Dieses Merkmal des Utilitarismus widerspricht unserer herkömmlichen Moral, die solche Freuden als unmoralische Freuden nicht berücksichtigt. Würde man den Utilitarismus mit einer Theorie des Guten vertreten, in der unmoralische Arten der Freude ausgeschlossen sind, wäre in dieser Version des Utilitarismus das Gute nicht unabhängig vom Rechten definiert.

Gut-basierte Theorien und die Ableitung des Rechten aus dem Guten

Vom Konsequentialismus wird oft behauptet, dass er gut-basiert (»*good-based*«) sei und das Rechte aus dem Guten ableite.[21] Dass der Konsequentialismus gut-basiert ist, heißt, dass seine Grundprinzipien ausschließlich Prinzipien des Guten sind. Daraus folgt (i), dass die Prinzipien des Guten (da sie *Grund*prinzipien sind) nicht von fundamentaleren Prinzipien des Rechten abhängen können, und (ii), dass die Prinzipien des Rechten aus den Prinzipien des Guten (als den *einzigen* Grundprinzipien) abgeleitet werden. Aus der Gut-Basiertheit folgt damit auch, dass im Konsequentialismus das Rechte auf das Gute reduziert wird.

Die Rede von der Ableitung des Rechten aus dem Guten ist zweideutig, da mit dem Rechten die richtigen Handlungen oder die Prinzipien des Rechten bzw. das Richtigkeitskriterium gemeint sein können. Entsprechend muss man unterscheiden zwischen

(a) *Die Richtigkeit von Handlungen* wird aus dem Guten (also von der Güte der Konsequenzen) abgeleitet
und
(b) *Die Prinzipien des Rechten* werden aus dem Guten (also aus Prinzipien des Guten) abgeleitet.

Die beiden Interpretationen unterscheiden sich darin, dass sich die zweite auf *Prinzipien* des Rechten und deren *Begründung* bezieht, während sich die erste auf die Richtigkeit von *Handlungen* bezieht und vom *Inhalt* der Prinzipien des Rechten abhängt. (a) kann wahr sein, auch wenn (b) falsch ist. Genau dies trifft, wie wir sehen werden, auf den Konsequentialismus zu. Da (b) falsch ist, ist der Konsequentialismus keine gut-basierte Theorie.

Die Geltung von (a) im Konsequentialismus ist nicht kontrovers, da sie aus der Definition des Konsequentialismus als Theorie, in der die Richtigkeit von Handlungen nur von den Konsequenzen abhängt, folgt. Wenn daher mit der Ableitung des Rechten aus dem Guten nur gemeint ist, dass die Richtigkeit von Handlungen aus der Güte ihrer Konsequenzen abgeleitet wird, muss man zustimmen, sofern man sich über Folgendes klar ist: Die Richtigkeit von Handlungen kann nur deshalb aus der Güte ihrer Konsequenzen abgeleitet werden, weil man ein Prinzip des Rechten – das konsequentialistische Richtigkeitskriterium – voraussetzt, das diese Ableitung legitimiert:

(1) Eine Handlung ist moralisch richtig genau dann, wenn es keine andere verfügbare Handlung mit besseren Konsequenzen gibt.
(2) In der vorliegenden Situation gibt es keine Handlung mit besseren Konsequenzen als Handlung h.
(3) Also ist h die richtige Handlung.

Die Ableitung der richtigen Handlung h aus der Güte ihrer Konsequenzen ist nur möglich unter Voraussetzung des konsequentialistischen Prinzips des Rechten in (1). Die konsequentialistische Ableitung der Richtigkeit von Handlungen aus der Güte ihrer Konsequenzen folgt also letztlich aus einem Prinzip des Rechten und nicht aus einem Prinzip des Guten. In Deutung (a) ist der Konsequentialismus also nur in dem schwachen Sinn gut-basiert, dass die Richtigkeit von Handlungen auf der Güte ihrer Konsequenzen basiert. Daraus folgt aber nicht die stärkere Behauptung, dass das Richtigkeitskriterium selbst gut-basiert ist und aus dem Guten abgeleitet ist.

Die stärkere Deutung der Ableitung des Rechten aus dem Guten ist daher Deutung (b). Gegen diese sprechen folgende Gründe:
– Prinzipien des Guten sind mit unterschiedlichen Prinzipien des Rechten vereinbar. Daher lässt sich aus einem Prinzip des Guten kein bestimmtes Prinzip des Rechten ableiten. Eine Theorie des Guten bestimmt, welche Dinge intrinsische Güter sind, aber sie legt nicht fest, wie wir mit diesen intrinsischen Gütern umgehen sollen. Wir könnten das Gute maximieren, ein ausreichendes Niveau an Gutem erstreben, das Gute gleich verteilen, den am schlechtesten Gestellten Priorität bei der Verteilung einräumen usw. Theorien über den Umgang mit dem Guten sind Rationalitätstheorien oder Theorien des Rechten. Keine dieser Theorien ist von Theorien des Guten abhängig oder aus ihnen ableitbar. Es ist nicht möglich, ein Rationalitätsprinzip oder ein Prinzip des Rechten aus einer Theorie des Guten abzuleiten. Diese Prinzipien müssen unabhängig von Theorien des Guten begründet und anschließend auf Theorien des Guten angewendet werden. Wenn man der Auffassung ist, dass Wohlergehen das einzige intrinsische Gut ist, kann man daraus nicht schließen, dass Wohlergehen maximiert (oder gleich verteilt) werden soll, ohne ein Prinzip des Rechten vorauszusetzen. Man betrachte hierzu folgendes Beispiel:

(4) Wohlergehen ist das einzige intrinsisch wertvolle Gut. (Theorie des Guten)
(5) Das Rechte besteht in der Maximierung des Guten. (Theorie des Rechten)

(6) Also: Das Rechte besteht in der Maximierung von Wohlergehen. (Theorie des Rechten)

Zu behaupten, dass Prinzipien des Rechten aus Prinzipien des Guten abgeleitet werden können, heißt behaupten, dass (5) oder (6) aus (4) abgeleitet werden kann. Es ist jedoch offensichtlich, dass weder (5) noch (6) aus (4) folgt. (4) liefert keinerlei Grund zur Annahme von (5) oder (6). (5) ist ein ebenso fundamentales Prinzip wie (4). (4) ist ein fundamentales Prinzip des Guten, während (5) ein fundamentales Prinzip des Rechten ist. Jede ethische Theorie benötigt beide Arten von Prinzipien und keines ist aus dem anderen ableitbar. Anstatt zu behaupten, dass der Konsequentialismus gut-basiert ist, könnte man ebenso behaupten, er sei recht-basiert bzw. richtig-basiert: Das grundlegende Prinzip des Konsequentialismus besagt, dass das Rechte in der Maximierung des Guten besteht, und *dieses* Prinzip ist ein Prinzip des Rechten und kein Prinzip des Guten. Aber natürlich wäre die Argumentation gegen gut-basierte Theorien auch gegen recht-basierte Theorien anwendbar: Prinzipien des nicht-moralisch Guten können nicht aus Prinzipien des Rechten abgeleitet werden und daher kann keine Theorie in dem Sinn recht-basiert sein, dass Prinzipien des Rechten die einzigen fundamentalen Prinzipien sind (und Prinzipien des Guten daraus abgeleitet werden). Die einzig denkbare, aber unplausible, recht-basierte Theorie wäre eine Theorie, deren Prinzipien des Rechten keinerlei Bezug auf das nicht-moralisch Gute nehmen. Der Konsequentialismus ist also weder gut-basiert noch recht-basiert, da weder Prinzipien des Rechten aus Prinzipien des Guten noch Prinzipien des Guten aus Prinzipien des Rechten abgeleitet werden können.

Man vergleiche nun die folgende Modifikation des obigen Beispiels:

(4) Wohlergehen ist das einzige intrinsisch wertvolle Gut.
(5') Das Rechte besteht in der gleichen Verteilung des Guten.
(6') Also: Das Rechte besteht in der gleichen Verteilung von Wohlergehen.

Das Prinzip des Guten (4) kann sowohl mit (5) als auch mit (5') kombiniert werden. Obwohl diese Prinzipien des Rechten nicht beide wahr sein können, kann jedes von ihnen zusammen mit (4) vertreten werden. Es macht jedoch keinen Sinn, zu behaupten, dass zwei unvereinbare Prinzipien (5 und 5') beide aus (4) abgeleitet werden können. Der Gedanke, dass Prinzipien des Rechten aus Prinzipien des Guten *abgeleitet* werden können, muss, falls »abgeleitet« nicht in irgendeinem ungewöhnlichen Sinn verwendet wird, bedeuten, dass man auf eine nicht-willkürliche Weise aus Prinzipien des Guten Prinzipien des Rechten gewinnen kann. Eine solche Ableitung kann es jedoch nicht geben, da mit einem bestimmten Prinzip des Guten viele Prinzipien des Rechten vereinbar sind.

– Die utilitaristische Theorie des Guten (sowie die Theorie des Guten im Standard-Konsequentialismus) ist eine Theorie des nicht-moralisch Guten. Wie aber sollte eine Theorie des *nicht-moralisch Guten* bestimmen können, welches Prinzip des *Rechten* wahr ist? Wie könnte eine *moralische Theorie* (wie der Utilitarismus) aus einer *nicht-moralischen Theorie* abgeleitet werden?

– Wenn in gut-basierten Theorien Prinzipien des Rechten aus Prinzipien des Guten abgeleitet werden können, wie verhält es sich dann mit nicht-gut-basierten Theorien? Welche Eigenschaft gut-basierter Theorien, die in nicht-gut-basierten Theorien fehlt, erlaubt die Ableitung von Prinzipien des Rechten aus Prinzipien des Guten? Welches Argument, das Deontolog*innen übersehen, erlaubt diese Ableitung?

– Nicht alle Konsequentialist*innen, die sich über das konsequentialistische Richtigkeitskriterium einig sind, sind sich über die Prinzipien des Guten einig. Dies legt nahe, dass die Gründe, das konsequentialistische Richtigkeitskriterium zu vertreten, nicht von Prinzipien des Guten abhängen: Sie hängen nicht von substanziellen Prinzipien des Guten ab, da Vertreter*innen verschiedener substanzieller Prinzipien des Guten, das gleiche Richtigkeitskriterium akzeptieren. Das konsequentialistische Richtigkeitskriterium könnte daher allenfalls aus einer formalen Vorstellung des Guten, d. h. aus dem Begriff des Guten, abgeleitet werden. Dies würde aber die unplausible Folgerung nach sich ziehen, dass der *Begriff* des Guten impliziert, dass das Gute maximiert werden soll und dass Deontolog*innen den Begriff des Guten nicht verstehen.

– Die letzte und aufschlussreichste, allerdings an dieser Stelle nicht begründbare, Erwägung ist, dass tatsächlich noch kein(e) Utilitarist*in oder Konsequentialist*in ein Prinzip des Rechten aus Prinzipien des Guten abgeleitet hat.

Diese Erwägungen zeigen, dass Prinzipien des Rechten nicht aus Prinzipien des Guten abgeleitet werden können und es deshalb keine gut-basierten Theorien geben kann. Der Konsequentialismus kann sich also nicht darin von deontologischen Theorien unterscheiden, dass in ihm die Prinzipien des Guten die einzigen Grundprinzipien sind und die Prinzipien des Rechten daraus abgeleitet werden. Also wird im Konsequentialismus das Rechte nicht auf das Gute reduziert.

Ist im Konsequentialismus das Rechte *eine Funktion des Guten*? Aus den Argumenten der vorigen Abschnitte, folgt, dass das Rechte nicht in dem Sinn eine Funktion des Guten sein kann, dass wenn man die Prinzipien des Guten kennt, man auch die Prinzipien des Rechten kennt und weiß, welche Handlungen richtig oder falsch sind. Man kann jedoch in einem anderen Sinn davon sprechen, dass im Konsequentialismus das Rechte eine Funktion des Guten ist: Da gemäß dem Richtigkeitskriterium des Handlungskonsequentialismus eine Handlung nur dann richtig ist, wenn ihre Konsequenzen mindestens so gut sind wie die Konsequenzen der anderen verfügbaren Handlungen, weiß man, wenn man die Güte der Konsequenzen aller Handlungsoptionen kennt, welche Handlung richtig ist. In diesem Sinn ist also die Richtigkeit von Handlungen eine Funktion des Guten. Da aber das Richtigkeitskriterium, das selbst ein Prinzip des Rechten ist, festlegt, dass die Richtigkeit von Handlungen eine Funktion des Guten ist, kann man nicht behaupten, dass das Rechte eine Funktion des Guten ist.

Da sich das Richtigkeitskriterium des Konsequentialismus nur auf das Gute bezieht, könnte man den Konsequentialismus als *gut-orientiert* beschreiben, was aber etwas anderes ist als *gut-basiert*.

Hat im Konsequentialismus das Rechte nur instrumentellen Wert als Mittel zur Maximierung des Guten?

Im Laufe dieses Buches wurden dem Konsequentialismus deontologische Theorien gegenübergestellt. Dabei wurde als selbstverständlich unterstellt, dass es sich bei konsequentialistischen und deontologischen Theorien um Theorien gleicher Art handelt: Beide sind (bzw. enthalten) Theorien des Rechten, die Kriterien der moralischen Richtigkeit und Falschheit von Handlungen formulieren. Sie unterscheiden sich lediglich im Inhalt dieser Kriterien, drücken aber dasselbe Verständnis von Moral und moralischen Geboten aus. Es gibt jedoch Philosoph*innen, die der Ansicht sind, dass es sich bei konsequentialistischen und deontologischen Theorien um ganz unterschiedliche Arten von Theorien handelt: Konsequentialist*innen vertreten demnach nicht nur ein anderes Richtigkeitskriterium als Deontolog*innen und insbesondere Kantianer*innen, sondern sie haben ein anderes Verständnis der Moral bzw. von moralischen Geboten. Woran liegt dies? Dass im Konsequentialismus nur die Handlung mit den besten Konsequenzen richtig ist, wird gelegentlich so ausgedrückt, dass das Rechte als Maximierung des Guten definiert ist. Manche Philosoph*innen glauben, aus dieser Definition des Rechten als Maximierung des Guten folge, dass das Rechte *instrumentell* als (bestes) *Mittel* zur Maximierung des Guten interpretiert werden müsse und daher richtige Handlungen nur instrumentellen Wert haben können. Dies wiederum bedeute, dass es im Konsequentialismus nur hypothetische und keine kategorischen Imperative gebe. Wir werden sehen, dass diese Interpretation des Konsequentialismus unzutreffend ist und die Ursache dafür ist, einen fundamentalen Gegensatz zwischen deontologischen, speziell kantianischen Theorien und konsequentialistischen Theorien zu sehen, der tatsächlich nicht besteht.

Zunächst können wir festhalten, dass im Konsequentialismus das Rechte *nicht* als bestes Mittel zur Maximierung des Guten *definiert* ist. Wäre dies der Fall, würde folgende Definition des Rechten gelten:

(KI)   Eine Handlung ist richtig genau dann, wenn sie das beste Mittel zur Maximierung des Guten ist.

Die konsequentialistische Definition des Rechten lautet jedoch:

(K)   Eine Handlung ist richtig genau dann, wenn sie das Gute maximiert.

Die beiden Definitionen sind nicht äquivalent. Eine Handlung, die das beste Mittel zur Maximierung des Guten ist, muss nicht tatsächlich das Gute maximieren. Der Einsatz des besten Mittels garantiert nicht den Erfolg und kann in unglücklichen Umständen schlechtere Folgen haben als eine andere mögliche Handlung. Beispielsweise könnte eine Operation das beste Mittel sein, um das Leben einer Person zu verlängern. Falls die Person aber bei der Operation stirbt und sie ohne Operation noch längere Zeit ein gutes Leben hätte führen können, hat die Operation nicht das Gute maximiert, obwohl sie das beste Mittel zur Maximierung des Guten war. In diesem Fall war die Handlung richtig gemäß (KI), aber falsch gemäß (K). Umgekehrt muss eine Handlung, die tatsächlich das Gute maximiert, nicht das beste Mittel zur Maximierung des Guten sein. Wenn ich das Vermögen einer wohltätigen Stiftung verwalte und mit einem Großteil des Geldes Lotto spiele, könnte dies, wenn ich gewinne, das Gute (also das zu guten Zwecken zu verwendende Vermögen der Stiftung) maximieren, aber dessen ungeachtet ist Lottospielen nicht das beste Mittel zur Vermehrung des Vermögens. Im Falle des Gewinns wäre die Handlung daher falsch gemäß (KI), aber richtig gemäß (K). Die beiden Definitionen (KI) und (K) sind also nicht äquivalent, sondern formulieren unterschiedliche Kriterien der Richtigkeit von Handlungen. Die instrumentelle Definition des Rechten erweist sich also als unzutreffende Charakterisierung des Konsequentialismus. Im Konsequentialismus ist das Rechte bzw. richtiges Handeln nicht als bestes Mittel zur Maximierung des Guten *definiert:* Die *Maximierung des Guten,* nicht das *beste Mittel zur Maximierung des Guten* ist das Kriterium der Richtigkeit von Handlungen.

Man könnte (KI) so lesen, dass eine Handlung genau dann richtig ist, wenn sie den Erwartungsnutzen maximiert, sodass (KI) das Richtigkeitskriterium des Erwartungsnutzenkonsequentialismus bzw. subjektiven Konsequentialismus ist. Die instrumentelle Definition des Rechten würde dann aber nicht für alle konsequentialistischen Theorien gelten, sondern nur für eine bestimmte Art des Konsequentialismus. Sie bleibt daher keine zutreffende Charakterisierung des Konsequentialismus. Die instrumentelle Interpretation des Rechten kann deshalb, da sie für alle konsequentialistischen Theorien charakteristisch sein soll, lediglich bedeuten, dass das Rechte das beste Mittel zur Maximierung des Guten *ist,* nicht aber, dass es als bestes Mittel zur Maximierung des Guten *definiert* ist.

Wie kommt man auf die Idee, dass im Konsequentialismus das Rechte ein (bzw. das beste) Mittel zur Maximierung des Guten ist? Wahrscheinlich, weil man aufgrund der konsequentialistischen Definition des Rechten die folgenden Sätze für wahr hält:

(I1) Wenn das Rechte als Maximierung des Guten definiert ist, dann ist das Rechte ein (bzw. das beste) Mittel zur Maximierung des Guten.

(I2) Wenn das Rechte als Maximierung des Guten definiert ist, dann ist das Rechte *nur* ein Mittel zur Maximierung des Guten.

D. h.

(I3) Wenn das Rechte als Maximierung des Guten definiert ist, dann hat das Rechte *nur* instrumentellen Wert.

Diese Sätze sind jedoch alle falsch und damit ist auch die instrumentelle Interpretation des Rechten falsch.

Gegeben eine bestimmte Vorstellung des Guten (z. B. Glückseligkeit, Präferenzerfüllung etc.), ist es eine empirische Frage, was das beste Mittel zur Maximierung des Guten ist. Man kann sich die empirische Frage stellen, ob die Anwendung einer bestimmten Theorie des Rechten das beste Mittel zur Maximierung des Guten ist, ob also beispielsweise die Anwendung des Kategorischen Imperativs oder der

Regeln unserer herkömmlichen Moral das beste Mittel zur Maximierung des Guten ist. Sollte sich herausstellen, dass tatsächlich die Anwendung der Regeln unserer herkömmlichen Moral das Gute maximiert, könnten wir, wenn wir diese Regeln für die korrekte Theorie des Rechten halten, behaupten, dass das Rechte das beste Mittel zur Maximierung des Guten ist. Kantianer*innen, die den Kategorischen Imperativ für die korrekte Theorie des Rechten halten, müssten die empirische Behauptung, dass die Regeln unserer herkömmlichen Moral das beste Mittel zur Maximierung des Guten sind, akzeptieren und zugestehen, dass das, was ihrer Ansicht nach das Rechte ist, nämlich der Kategorische Imperativ, nicht das beste Mittel zur Maximierung des Guten ist. Der Zusammenhang zwischen den genannten Vorstellungen des Rechten und dem besten Mittel zur Maximierung des Guten ist ein kontingenter empirischer Zusammenhang. Im Inhalt dieser Theorien des Rechten taucht die Maximierung des Guten nicht auf: Weder der Kategorische Imperativ noch die Regeln der herkömmlichen Moral gebieten, das zu tun, was das Gute maximiert bzw. das beste Mittel dazu ist. Der Inhalt dieser Auffassungen des Rechten ist unabhängig von der Maximierung des Guten, und es könnte sich lediglich als empirische Tatsache herausstellen, dass eine dieser Auffassungen das beste Mittel zur Maximierung des Guten ist.

Angenommen, wir halten die Regeln der herkömmlichen Moral für die korrekte Theorie des Rechten und diese Theorie ist außerdem das beste Mittel zur Maximierung des Guten. Fragt jemand, was das beste Mittel zur Maximierung des Guten ist, könnten wir antworten: das Rechte. Auf die weitere Nachfrage, was das Rechte sei, würden wir antworten: die Anwendung der Regeln unserer herkömmlichen Moral. Damit wäre die Frage hinreichend beantwortet und die Fragesteller*innen wüssten prinzipiell – abgesehen von Schwierigkeiten bei der Anwendung der Regeln auf konkrete Situationen –, was sie tun müssten, um das Gute zu maximieren. Liegt einem etwas an der Maximierung des Guten, hätte das Rechte also als Mittel dazu einen instrumentellen Wert. Daraus folgt aber nicht, dass das Rechte *nur* instrumentell wertvoll ist.

Könnte sich auch herausstellen, dass die konsequentialistische Theorie des Rechten bzw. die Anwendung des konsequentialistischen Moralprinzips das beste Mittel zur Maximierung des Guten ist? Die konsequentialistische Theorie des Rechten besagt, dass das Rechte in der Maximierung des Guten besteht, d. h., dass eine Handlung genau dann richtig ist, wenn sie das Gute maximiert. Die Anwendung des konsequentialistischen Moralprinzips besteht also in der Maximierung des Guten. Wäre dies das beste Mittel zur Maximierung des Guten, ergäbe sich: Die Maximierung des Guten ist das beste Mittel zur Maximierung des Guten, also: x ist das beste Mittel zu x. Diese Aussage ist jedoch falsch: Das beste Mittel zu x ist nicht x selbst, sondern etwas anderes, mit dessen Hilfe x erreicht bzw. erzielt werden kann.

Angenommen, das Rechte besteht in der Maximierung des Guten und jemand fragt uns, was das beste Mittel zur Maximierung des Guten ist. Wie im obigen Beispiel antworten wir wieder: das Rechte. Auf die Nachfrage, was das Rechte sei, müssten wir nun antworten: die Maximierung des Guten. Mit dieser Antwort wäre den Fragesteller*innen aber nicht weitergeholfen, da wir uns in einem Zirkel bewegen und die Fragesteller*innen nicht wüssten, was sie tun müssten, um das Gute zu maximieren:

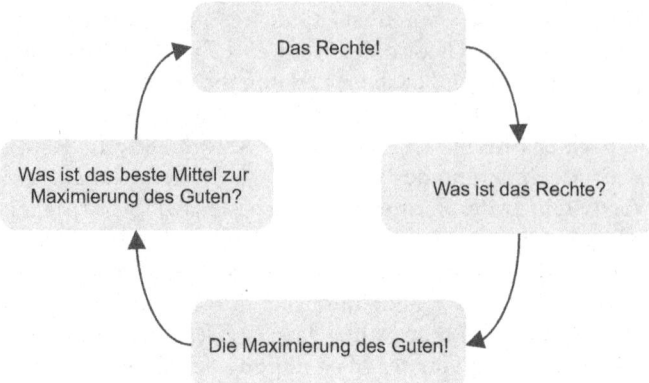

Vgl. dagegen die zirkelfreie Alternative:

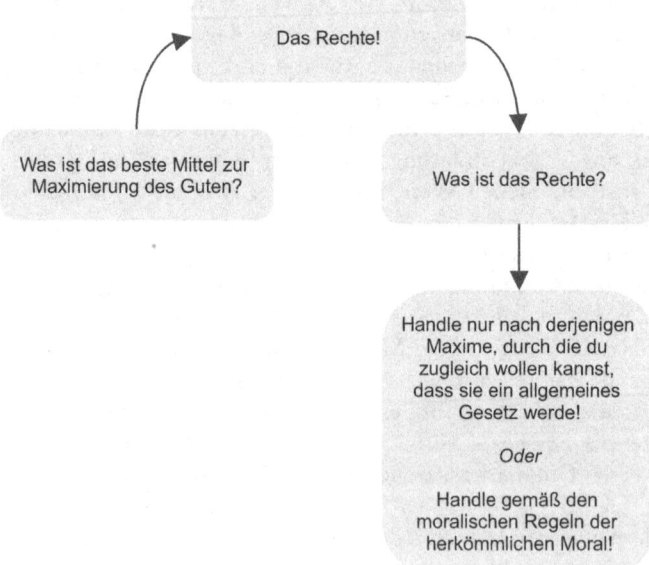

Während man bei der zirkelfreien Alternative am Ende weiß, wie man am besten das Gute maximiert, nämlich indem man gemäß dem Kategorischen Imperativ oder den Regeln der herkömmlichen Moral handelt, weiß man bei der instrumentellen Definition des Rechten nicht, was man tun muss, um das Gute zu maximieren.

Diese Argumente zeigen, dass das Rechte nur dann das beste Mittel zur Maximierung des Guten sein kann, wenn es *nicht* als Maximierung des Guten definiert ist. Nur wenn man über eine von der Maximierung des Guten unabhängige Definition des Rechten verfügt, lässt sich sinnvoll fragen, ob das so definierte Rechte das beste Mittel zur Maximierung des Guten ist. Somit ergibt sich das folgende Ergebnis:

Im Konsequentialismus *besteht* das Rechte in der Maximierung des Guten, aber es ist nicht das beste Mittel zur Maximierung des Guten. Wenn das Rechte in der Maximierung des Guten besteht, bzw. als Maximierung des Guten definiert ist, kann es nicht das beste Mittel zur Maximierung des Guten sein.

Tatsächlich wird auch kein(e) Konsequentialist*in auf die Frage, was das beste Mittel zur Maximierung des Guten ist, antworten: das Rechte. Stattdessen wird er/sie antworten, dass es von den jeweiligen Umständen abhängt, was das beste Mittel zur Maximierung des Guten ist, dass aber zum Beispiel in dieser Situation aufgrund des abnehmenden Grenznutzens der zu verteilenden Güter das beste Mittel zur Maximierung des Guten die Gleichverteilung dieser Güter ist. Die Antwort auf die Frage nach dem besten Mittel zur Maximierung des Guten lautet also nicht: das Rechte, sondern: die Gleichverteilung der Güter.

Die Annahme, dass gemäß dem Handlungskonsequentialismus eine moralisch richtige Handlung das beste verfügbare Mittel ist, um in der Situation, in der man sich gerade befindet, ein nicht-moralisches Gut hervorzubringen, kann also nicht richtig sein. Wenn man jemandem, der das Gute maximieren möchte und uns nach dem besten Mittel dazu fragt, zur Antwort gibt, er/sie solle moralisch richtig handeln, und dann weiter erläutert, dass moralisch richtiges Handeln darin besteht, das Gute zu maximieren, lässt man die ratsuchende Person ratlos zurück: Dieser Ratschlag gibt keinerlei Anhaltspunkt, welche der möglichen Handlungen das beste Mittel zur Maximierung des Guten ist.

Die bisherige Argumentation lässt sich anhand folgender Analogie verdeutlichen. Angenommen, ein Spiel enthält die Regel:

(R) Der das Spiel gewinnende Wurf ist der Wurf mit der höchsten Punktzahl, d. h. ein Wurf gewinnt das Spiel genau dann, wenn er der Wurf mit der höchsten Punktzahl ist.

Wendet man hierauf die Mittel-Zweck-Redeweise an, erhält man:

(R_1) Das beste Mittel zur Ausführung des gewinnenden Wurfes ist die Ausführung des Wurfes mit der höchsten Punktzahl, bzw. umgekehrt:

(R_2) Das beste Mittel zur Ausführung des Wurfes mit der höchsten Punktzahl ist die Ausführung des gewinnenden Wurfes.

Da die Regel (R) als Bikonditional formuliert ist und aus der Regel selbst kein Grund zu entnehmen ist, warum man nur (R_1) oder nur (R_2) annehmen sollte, müsste sowohl (R_1) als auch (R_2) gelten. Man muss daher, wenn man die Mittel-Zweck-Redeweise auf eine Richtung des Bikonditionals anwendet, sie auch auf die andere Richtung anwenden und entweder (R_1) und (R_2) akzeptieren oder die Mittel-Zweck-Redeweise aufgeben. Es wäre jedoch zirkulär, wenn man (R_1) zusammen mit (R_2) behaupten würde und also der Meinung wäre, dass das beste Mittel zur Ausführung des gewinnenden Wurfes die Ausführung des Wurfes mit der höchsten Punktzahl ist und das beste Mittel hierzu wiederum die Ausführung des gewinnenden Wurfes ist. Nicht nur zusammengenommen sind diese beiden Aussagen ungereimt, sondern jede für sich genommen ist es auch: Das beste Mittel zur Ausführung des Wurfes mit der höchsten Punktzahl könnte darin bestehen, eine ganz bestimmte Wurftechnik anzuwenden, es besteht aber nicht darin, den gewinnenden Wurf auszuführen. Der gewinnende Wurf ist kein Mittel zur Ausführung des Wurfes mit der höchsten Punktzahl, sondern *ist* die Ausführung des Wurfes mit der höchsten Punktzahl. Umgekehrt ist die Ausführung des Wurfes mit der höchsten Punktzahl kein Mittel zur Ausführung des gewinnenden Wurfes, sondern *ist* die Ausführung des gewinnenden Wurfes. Die Anwendung der Mittel-Zweck-Redeweise auf die Regel (R) ergibt also keinen Sinn.

Die gleichen Überlegungen treffen auf die konsequentialistische Definition des Rechten zu, wonach eine Handlung genau dann richtig ist, wenn sie das Gute maximiert. Ebenso wie bei der Spielregel müsste man hier zwei Mittel-Zweck-Beziehungen annehmen:

(K_1) Das beste Mittel zum richtigen Handeln ist die Maximierung des Guten.

(K_2) Das beste Mittel zur Maximierung des Guten ist richtiges Handeln.

Die Annahme von (K_1) zusammen mit (K_2) ergibt jedoch keinen Sinn. Die Maximierung des Guten ist nicht das beste Mittel zum richtigen Handeln, sondern *ist* richtiges Handeln. Umgekehrt ist richtiges Handeln nicht das beste Mittel zur Maximierung des Guten, sondern *ist* die Maximierung des Guten.

Aus der bisherigen Argumentation ergibt sich, dass man aus der konsequentialistischen Definition des Rechten nicht schließen kann, dass im Konsequentialismus das Rechte nur instrumentellen Wert hat. Etwas hat instrumentellen Wert, wenn es ein gutes Mittel zu einem (erwünschten) Zweck ist. Da das Rechte im Konsequentialismus kein Mittel zur Maximierung des Guten ist, lässt sich auch nicht behaupten, dass das Rechte instrumentellen Wert hat, insofern es der Maximierung des Guten dient.

Mit dem instrumentellen Wert des Rechten im Konsequentialismus ist nicht nur gemeint, dass das Rechte *auch* instrumentellen Wert hat, sondern, dass es *nur* instrumentellen Wert hat. Auch diese Auffassung kann nicht richtig sein, wenn das Rechte kein Mittel zur Maximierung des Guten ist. Hiermit ist nun die Falschheit der Sätze (I1) – (I3) und damit die Falschheit der instrumentellen Interpretation des Rechten im Konsequentialismus gezeigt.

Was würde es bedeuten, wenn im Konsequentialismus das Rechte *nur* instrumentellen Wert hätte, also *nur* wertvoll wäre, insofern es ein Mittel zur Maximierung des Guten ist? Da man ein Mittel nur dann wollen bzw. anwenden muss, wenn man den entsprechenden Zweck will, würde es bedeuten, dass man nur dann das Rechte tun, also richtig handeln müsste, wenn man das Gute maximieren wollte. Die instrumentelle Interpretation führt daher lediglich zu dem hypothetischen Imperativ: Wenn du das Gute maximieren willst, handle moralisch richtig! Dieser hypothetische Imperativ ist jedoch inhaltsleer, da er, wenn man die konsequentialistische Definition des Rechten einsetzt, vorschreibt, dass man das Gute maximieren soll, wenn man das Gute maximieren will. Konsequentialist*innen vertreten daher auch nicht diesen Imperativ, sondern dessen Umkehrung: Wenn du moralisch richtig handeln willst, maximiere das Gute! Dieser Imperativ ist nur sinnvoll, wenn die Maximierung des Guten ihrerseits nicht wieder durch richtiges Handeln bestimmt wird, sondern davon unabhängig, z. B. »Wenn du in der vorliegenden Situation das Gute maximieren willst, verteile die Güter gleichmäßig!« Konsequentialist*innen sind also nicht der Auffassung, dass man richtig handeln soll, wenn man das Gute maximieren will, sondern umgekehrt, dass man das Gute maximieren soll, wenn man richtig handeln will. Darüber hinaus sind die meisten Konsequentialist*innen der Ansicht, *dass* man richtig handeln und also das Gute maximieren soll. Dies wird besonders deutlich am Überforderungseinwand, der zu den Haupteinwänden gegen den Konsequentialismus zählt, da dieser Einwand nur sinnvoll ist, wenn das konsequentialistische Maximierungsgebot als kategorischer Imperativ verstanden wird.

Philosoph*innen, die den Konsequentialismus mit der instrumentellen Interpretation des Rechten verknüpfen, scheinen die folgenden beiden Fragen nicht auseinanderzuhalten:

1. Was ist das beste Mittel zur Maximierung des Guten?
2. Soll bzw. darf man immer das beste Mittel zur Maximierung des Guten anwenden?

Als Philosoph*innen wollen wir nicht in erster Linie wissen, was das beste Mittel zur Maximierung des Guten ist – da dies eine empirische und keine philosophische Frage ist –, sondern ob wir stets diejenige Handlung ausführen sollen bzw. dürfen, die das beste Mittel zur Maximierung des Guten ist. Wie alle anderen ethischen Theorien, beantwortet der Konsequentialismus nur die zweite Frage. Konsequentialist*innen behaupten also nicht, dass das Rechte das beste Mittel zur Maximierung des Guten ist, sondern, dass stets geboten ist, das beste Mittel zur Maximierung des Guten zu wählen: Was auch immer das beste Mittel zur Maximierung des Guten ist, es ist geboten, dieses Mittel anzuwenden. Hierin unterscheiden sie sich von Deontolog*innen, die der Meinung sind, dass man nicht immer das beste Mittel zur Maximierung des Guten anwenden darf.

75

Die instrumentelle Interpretation des Rechten entwirft also ein verzerrtes Bild des Konsequentialismus. Gemäß diesem Bild hätten Konsequentialist*innen nicht nur ein anderes Kriterium des Rechten oder eine andere Begründung dieses Kriteriums als Deontolog*innen, sondern sie hätten sogar einen anderen Begriff des Rechten (der mit kategorischen Imperativen nicht vereinbar ist).

Der Vorrang des Guten vor dem Rechten

Nach einer weitverbreiteten Redeweise hat im Konsequentialismus das Gute Vorrang vor dem Rechten. Dies gilt als wichtiges und aufschlussreiches Merkmal des Konsequentialismus und soll einen fundamentalen Unterschied zu deontologischen Theorien markieren, in denen umgekehrt das Rechte Vorrang vor dem Guten haben soll. Treffen diese Behauptungen zu, ist dies eine weitere Grundidee des Konsequentialismus und ein weiteres Unterscheidungskriterium zwischen Konsequentialismus und Deontologie. Leider ist es alles andere als klar, was mit dem Vorrang des Guten bzw. Rechten gemeint ist. Im Englischen wird diese Vorrangbeziehung ausgedrückt als »the good is prior to the right« oder als »priority of the good over the right«. Der englische Ausdruck »prior«, kann sowohl »zeitlich vorhergehend« als auch »wichtiger« bzw. »vorrangig« bedeuten. Tatsächlich muss man einige Interpretationen des Vorrangs des Guten so verstehen, dass vom zeitlichen Vorhergehen auf einen Vorrang geschlossen wird, wobei unklar bleibt, warum hier von einem, über das zeitliche Vorhergehen hinausgehenden, *Vorrang* gesprochen wird.

Was also ist damit gemeint, dass das Gute Vorrang vor dem Rechten hat? Sechs Interpretationen kommen infrage:

Erste Interpretation des Vorrangs des Guten: Da der Konsequentialismus das Rechte als die Maximierung des Guten bestimmt, muss das Wissen des Guten dem Wissen des Rechten vorhergehen.

Diese Interpretation ist nicht einleuchtend, denn:

(i) Es ist plausibler, dass man zuerst die Vorstellung des Rechten hat, wonach das Rechte in der Maximierung des Guten besteht – was immer das Gute sein mag und ohne schon zu wissen, worin das Gute besteht. Nur weil man von dieser Vorstellung des Rechten überzeugt ist bzw. nur weil man weiß, dass das Rechte in der Maximierung des Guten besteht, macht man sich daran, herauszufinden, was das Gute ist. (Tatsächlich beginnen Konsequentialist*innen und Utilitarist*innen ihre Abhandlungen oft mit dieser, ihrer Ansicht nach evidenten, Vorstellung des Rechten und gehen erst später näher auf das Gute ein.)

(ii) Die Überlegungen auf der Theorieebene in (i) lassen sich übertragen auf die Entscheidungsebene in konkreten Situationen: Um in einer konkreten Situation die moralisch richtige Entscheidung treffen zu können, muss ich das Richtigkeitskriterium kennen und, falls sich dieses auf das Gute bezieht, wissen, was in der konkreten Situation das Gute ist, also z. B. wie viel Freude und Leid meine möglichen Handlungen jeweils zur Folge haben würden. Insofern kann ich erst wissen, was ich in der konkreten Situation tun soll, wenn ich vorher herausgefunden habe, was das Gute in der Situation ist. Dies ist jedoch trivial und kein Indiz für eine Vorrangbeziehung. Jede ethische Theorie, in der die Konsequenzen der Handlung und damit das Gute eine Rolle bei der Bestimmung der richtigen Handlung spielen, benötigt das Wissen des Guten, um zu bestimmen, welche Handlung in einer konkreten Situation richtig ist. Auch eine in deontologischen Theorien enthaltene Pflicht zur Wohltätigkeit kann nur erfüllt werden, wenn man weiß, was das Gute ist, das mit wohltätigen Handlungen erreicht werden soll. Also ist auch in deontologischen Theorien Wissen um das Gute notwendig, um herauszufinden, welches die richtige Handlung ist. Es macht daher wenig Sinn, in dieser ersten Interpretation vom Vorrang des Guten vor dem Rechten zu sprechen. Das Rechte und das Gute sind zwei gleichberechtigte Komponenten, die beide notwendig sind, um zu wissen, was man in einer konkreten Situation tun soll. Wenn man unbedingt von einem Vorrang sprechen will, müsste man eher einen Vorrang des Rechten annehmen, da man nur, wenn das Rechte auf das Gute Bezug nimmt, wissen muss, was das Gute ist. In dieser Bedeutung hat das Rechte allerdings sowohl in deontologischen Theorien als auch im Konsequentialismus Vorrang vor dem Guten, und daher eignet sich die Vorrangbeziehung in dieser Bedeutung nicht als Unterscheidungskriterium.

Zweite Interpretation des Vorrangs des Guten: Das Gute muss dem Rechten *logisch* vorhergehen, da kein Kriterium richtiger Handlungen angegeben werden kann, ohne eine Vorstellung des Guten vorauszusetzen.

Diese Interpretation trifft nicht zu, da der Konsequentialismus (im Unterschied zum Utilitarismus) ausdrücklich so charakterisiert ist, dass sich sein Kriterium des Rechten nur allgemein auf *das Gute* bezieht, aber offenlässt, worin das Gute besteht. Verfechter*innen verschiedener Varianten des Konsequentialismus, die sich über die angemessene Theorie des Guten streiten, können alle dieses Kriterium richtiger Handlungen teilen. Es ist folglich möglich, ein Kriterium des Rechten zu formulieren, ohne eine bestimmte Vorstellung des Guten zugrunde zu legen. Natürlich muss dieses Kriterium mit einer Bestimmung des Guten inhaltlich ausgefüllt werden, und es kann nur zusammen mit einer bestimmten Vorstellung des Guten angewandt werden, um zu entscheiden, was man in einer konkreten Situation tun soll. Aber dies gilt für jede ethische Theorie und zeigt wieder nur, dass beide Komponenten einer ethischen Theorie notwendig sind zur Bestimmung richtiger Handlungen. Ein *Vorrang* des Guten vor dem Rechten lässt sich daraus nicht erschließen.

Dritte Interpretation des Vorrangs des Guten: Das Gute wird *vor* dem Rechten und daher unabhängig vom Rechten bestimmt in dem (schwachen) Sinn, dass das Gute nur nicht-moralische Güter und Werte enthält.

Diese Interpretation des Vorrangs des Guten entspricht einer häufigen Darstellungsweise des Vorgehens in konsequentialistischen Theorien: Konsequentialist*innen *beginnen* mit einer Theorie des Guten und bestimmen *anschließend* das Rechte als die Maximierung des Guten. Da die Theorie des Guten der Theorie des Rechten vorhergeht und folglich noch keine Vorstellungen des Rechten vorausgesetzt werden können, muss das Gute unabhängig vom Rechten bestimmt werden und kann deshalb nur als außermoralisch Gutes (das keine moralischen Güter und Werte enthält) bestimmt werden.

Gegen diese Interpretation des Vorrangs des Guten sprechen folgende zwei Gründe:

(i) Es ist nicht ersichtlich, inwiefern das zeitliche Vorhergehen einen *Vorrang* begründen sollte. Zu einer Vorrangigkeit kommt man nur, wenn man außerdem der Auffassung ist, dass im Konsequentialismus (aufgrund des zeitlichen Vorhergehens) das Rechte aus dem Guten abgeleitet wird. In diesem Fall wäre das Rechte abhängig vom Guten, was man als Vorrang des Guten interpretieren könnte. Der *eigentliche* Sinn des *Vorrangs* des Guten wäre dann aber nicht die Definition des Guten unabhängig vom Rechten, sondern die Ableitbarkeit des Rechten aus dem Guten. In *diesem* Sinn kann es aber keinen Vorrang des Guten geben, da, wie oben gezeigt wurde, das Rechte nicht aus dem Guten ableitbar ist.

(ii) Konsequentialist*innen müssen nicht mit der Definition des Guten beginnen. Sie können mit der Definition des Rechten als Maximierung des Guten beginnen und erst anschließend das Gute definieren. Weil man mit dieser Vorstellung des Rechten beginnt und sie auf das Gute Bezug nimmt, muss man anschließend herausfinden, was das zu maximierende Gute ist. Diese Interpretation zeigt erstens, dass das Bild des Konsequentialismus als Theorie, die mit dem Guten beginnt, nichts für sich hat und jedenfalls nicht plausibler ist als ein Bild, das ihn mit dem Rechten beginnen lässt, und zweitens, dass es völlig unerheblich ist, ob man mit einer Theorie des Rechten oder einer Theorie des Guten beginnt: Eine Theorie des nicht-moralisch Guten ist Teil jeder plausiblen ethischen Theorie. Sie ist logisch unabhängig von Theorien des Rechten und kann vor oder nach der Theorie des Rechten begründet werden. Ob eine ethische Theorie neben nicht-moralischen Gütern auch moralische Güter zulässt oder nicht, hängt nicht von der Reihenfolge der Begründung der Theorien des Guten und des Rechten ab, sondern einzig von der *Art* bzw. vom *Inhalt* der Theorie des Rechten. Wenn, wie beispielsweise im Utilitarismus, die Theorie des Rechten nur aus einem einzigen Prinzip – dem Maximierungsprinzip – besteht, kann die Theorie keine moralischen Güter enthalten, da sie sonst zirkulär wäre. Aber nichts – nicht der Beginn mit der Bestimmung des Guten und nicht die Theorie des nicht-moralisch Guten – zwingt uns zu einer Theorie mit nur einem einzigen Prinzip des Rechten. Wenn man stattdessen weitere Prinzipien des Rechten hinzunimmt oder statt des Maximierungsprinzips andere Prinzipien des Rechten vertritt, kann man, ohne zirkulär zu argumentieren, die Theorie des Guten durch moralische Güter erweitern. Inwiefern im Konsequentialismus das Gute *Vorrang* vor dem Rechten haben soll, bleibt also rätselhaft. Man könnte eher behaupten: *Wenn* etwas Vorrang hat, dann das Rechte, da es von der Theorie des Rechten abhängt, ob eine ethische Theorie nur nicht-moralische oder auch moralische Güter enthält.

Vierte Interpretation des Vorrangs des Guten: Das Rechte schränkt nicht *die Bestimmung des Guten* ein. Das heißt: Das Gute wird unabhängig vom Rechten bestimmt in dem oben definierten Sinn: Die Theorie des Guten enthält nur nicht-moralische Güter *und* die Auswahl dieser nicht-moralischen Güter hängt nicht von der Theorie des Rechten ab. Es gibt also keine (unmoralischen bzw. mit der Theorie des Rechten unvereinbaren) unzulässigen Güter und Vorstellungen des Guten. In dieser Interpretation, die in etwa Rawls' Auffassung vom Vorrang des Guten entspricht, könnte man dem Vorrang des Guten vielleicht einen Sinn abgewinnen. Theorien dieser Art werden als teleologische Theorien bezeichnet und deontologischen Theorien entgegengesetzt, die als Theorien verstanden werden, in denen das Gute nicht unabhängig vom Rechten definiert wird. Man gewinnt aber keine neue Einsicht, wenn man die Definition des Guten unabhängig vom Rechten als Vorrang des Guten bezeichnet und gerät zudem in die Schwierigkeit, dass diese Interpretation mit der sechsten Interpretation, die von allen die plausibelste ist, nicht vereinbar ist.

Fünfte Interpretation des Vorrangs des Guten: Das Rechte schränkt nicht *die Verfolgung des Guten* ein.

Diese Interpretation drückt nur aus, dass im Konsequentialismus die Maximierungserlaubnis gilt und es keine Restriktionen gibt, die in bestimmten Umständen die Maximierung des Guten verbieten. In deontologischen Theorien hätte das Rechte Vorrang vor dem Guten, weil deontologische Restriktionen die Verfolgung des Guten einschränken, indem sie in bestimmten Umständen die Maximierung des Guten verbieten. In dieser Interpretation ist der Vorrang des Guten bzw. Rechten nur Ausdruck unterschiedlicher *Vorstellungen des Rechten*. Dies als Vorrang des Guten bzw. Rechten zu bezeichnen ist nicht weiter erhellend, da es keine zusätzliche Einsicht in das Wesen des Konsequentialismus ausdrückt.

Sechste Interpretation des Vorrangs des Guten: Diese Interpretation beruft sich auf Kant, der als Begründer der Idee des Vorrangs des Rechten gilt. Nach ihm hat das Rechte Vorrang vor dem Guten, wenn das Rechte der Bestimmungsgrund des Willens ist. Umgekehrt hat das Gute Vorrang vor dem Rechten, wenn das Gute der Bestimmungsgrund des Willens ist.

In dieser Interpretation trifft es nicht zu, dass im Konsequentialismus das Gute Vorrang vor dem Rechten hat. Da, wie oben gezeigt wurde, der Konsequentialismus nicht beinhaltet, dass das Rechte ein abgeleiteter Begriff ist, der nur instrumentellen Wert hat, ist der Unterschied zwischen dem Konsequentialismus und deontologischen Theorien kein Unterschied hinsichtlich des Vorrangs der Rechten oder Guten. Beide Theorien verwenden die gleichen Begriffe des Rechten und des Guten, und es ist nicht notwendig, den Konsequentialismus aufzugeben, um einen autonomen, nicht-instrumentellen, Begriff des Rechten zu haben. Wenn das Rechte im Konsequentialismus nicht instrumentell als Mittel zur Maximierung des Guten definiert ist, hat auch der Konsequentialismus einen autonomen Begriff des Rechten und versteht das Gebot der Maximierung des Guten als einen kategorischen Imperativ. Wenn das Rechte im Konsequentialismus ein kategorischer Imperativ ist und nicht bloßes Mittel zur Maximierung des Guten, ist das Rechte und nicht das Gute der Bestimmungsgrund des Willens.

Damit lässt sich die Vorrangbeziehung zwischen dem Rechten und dem Guten in einem neuen Licht betrachten. In den Diskussionen der Vorrangbeziehung wird angenommen, dass sie einen grundlegenden Unterschied zwischen Konsequentialismus und Deontologie beschreibt. Tatsächlich hat aber sowohl in der Deontologie als auch im Konsequentialismus das Rechte Vorrang vor dem Guten in Kants Sinn, da beide Theorien behaupten, dass das Rechte ein kategorischer Imperativ ist, den wir befolgen sollen, unabhängig von unseren Neigungen und der Verfolgung unseres persönlichen Guten. Der Unterschied zwischen dem Vorrang des Rechten und dem Vorrang des Guten ist nicht der Unterschied zwischen Deontologie und Konsequentialismus, sondern der Unterschied zwischen der imperativen Auffassung der (modernen) Ethik und der attraktiven Auffassung der (antiken) Ethik,[22] oder, wie man auch sagen könnte, zwischen der Pflichtethik und der Tugendethik. Während in der Tugendethik das gute Leben im tugendhaften Leben besteht, öffnet der Vorrang des Rechten eine Kluft zwischen dem persönlichen Gut eines Handelnden und den Forderungen der Moral. Diese Kluft gibt es in der Deontologie und im Konsequentialismus (wo das zu maximierende Gute nicht das Gut der handelnden Person ist). Der Vorrang des Rechten bzw. Guten spielt also keine Rolle für die Unterscheidung zwischen Deontologie und Konsequentialismus, sondern allenfalls für die Abgrenzung der Tugendethik von deontologischen und konsequentialistischen Theorien.

Insgesamt folgt aus diesen Betrachtungen zum Vorrang des Guten, dass der angenommene Vorrang des Guten im Konsequentialismus entweder unplausibel oder trivial ist, oder nicht den Gegensatz zwischen Konsequentialismus und Deontologie markiert, sondern den (damit ursprünglich nicht intendierten) Gegensatz zwischen Konsequentialismus und Deontologie als Pflichtethiken auf der einen Seite und Tugendethik auf der anderen Seite.

Das Gute und der beste Zustand

Theorien des Guten und der beste Zustand vom (nicht-moralischen) persönlichen Standpunkt

Wir haben bisher von guten und schlechten Konsequenzen gesprochen und dabei unser Alltagsverständnis dieser Begriffe vorausgesetzt, haben jedoch nicht näher bestimmt, was im Konsequentialismus unter guten und schlechten Konsequenzen verstanden wird. Der Konsequentialismus ist jedoch erst eine vollständige Theorie, wenn wir hinreichend genau bestimmt haben, was wir unter guten und schlechten Konsequenzen verstehen. Um die Handlung mit den besten Konsequenzen anstreben zu können bzw. um beurteilen zu können, welche Handlung moralisch richtig ist, müssen wir wissen, was wir unter guten und schlechten bzw. besseren und schlechteren Konsequenzen einer Handlung verstehen. Ohne dieses Wissen sind das konsequentialistische Maximierungsgebot und das Richtigkeitskriterium unvollständig und nicht anwendbar. Wenn wir im Folgenden von guten Konsequenzen sprechen, beziehen wir uns auf gute Konsequenzen für Menschen. Inwieweit Konsequentialist*innen auch Konsequenzen für Tiere, Pflanzen und die Natur berücksichtigen (müssen), lassen wir offen.

Wenn wir von den besten Konsequenzen oder vom besten Zustand sprechen, müssen wir zwei Fragen unterscheiden:

1. Was sind die besten Konsequenzen bzw. was ist der beste Zustand für *einen* Menschen?
2. Was sind die besten Konsequenzen bzw. was ist der beste Zustand für *mehrere* Menschen?

Die zweite Frage kann man erst beantworten, nachdem man die erste Frage beantwortet hat. Jedoch legt die Antwort auf die erste Frage keine bestimmte Antwort auf die zweite fest. Da die Moral das Verhalten gegenüber anderen Menschen regelt, muss jede ethische Theorie (in der die Konsequenzen moralisch relevant sind) auch eine Antwort auf die zweite Frage finden.

Beginnen wir mit der ersten Frage: Was sind gute oder schlechte Konsequenzen für einen einzelnen Menschen, z. B. für mich? Welche mich betreffenden Konsequenzen einer Handlung betrachte ich als gut bzw. als schlecht? Etwas allgemeiner formuliert: Was ist das Gute für einen Menschen bzw. was ist ein gutes Leben für einen Menschen?

Diese Frage nach dem Guten für einen Menschen ist Gegenstand der *Werttheorie (Axiologie)* bzw. *Theorie des Guten*. Sie bestimmt, was das **intrinsisch Gute**, also das um seiner selbst willen (und nicht bloß als Mittel für andere Zwecke) Schätzens- und Erstrebenswerte ist. Eine häufig vertretene Theorie des Guten ist der **Welfarismus** (*welfarism*), dem zufolge Wohlbefinden (*well-being*) das einzige intrinsisch Gute ist. In ihrer Erklärung, was unter Wohlbefinden zu verstehen ist bzw. was unser Wohlbefinden ausmacht, unterscheiden sich die drei bekanntesten welfaristischen Theorien des Guten:

Dem **Hedonismus** zufolge ist Freude (*pleasure*) und die Vermeidung von Schmerzen bzw. Leid das einzige um seiner selbst willen Erstrebenswerte. Gemäß der **Wunsch- bzw. Präferenztheorie des Guten** besteht das Gute in der Erfüllung unserer Wünsche bzw. Präferenzen: Je mehr unserer Präferenzen erfüllt werden, desto besser verläuft unser Leben. Eine **objektive Listentheorie des Guten** (*objective list theory*) listet bestimmte objektive Güter auf, die notwendiger Bestandteil eines guten Lebens sind, z. B. Vergnügen (*enjoyment*), etwas mit seinem Leben erreichen (*accomplishment*), tiefe persönliche Beziehungen, Verständnis (*understanding*) über uns selbst und unseren Platz in der Welt sowie die Elemente einer charakteristisch menschlichen Existenz: Autonomie, die zum Handeln notwendigen Fähigkeiten sowie Freiheit.[23] Je mehr dieser Güter man in seinem Leben realisiert, desto besser verläuft das Leben.

Diese drei Theorien des Guten sind selbst keine konsequentialistischen Theorien, d. h. Theorien, die konsequentialistische Annahmen voraussetzen oder nur von Konsequentialist*innen vertreten werden können. Anders als sonst üblich wollen wir uns in diesem Buch nicht näher mit den verschiedenen Theorien des Guten sowie ihren Vor- und Nachteilen befassen. Eine Theorie des Guten ist zwar notwendiger Bestandteil jeder ethischen Theorie, aber es spielt für die folgende Argumentation keine Rolle, für welche Theorie des Guten man sich entscheidet.

Angenommen, wir haben uns für eine der erwähnten Theorien des Guten entschieden, z. B. für den Hedonismus, und wissen nun, dass nur Freude intrinsisch gut für einen Menschen ist. Um zu bestimmen, was gute bzw. die besten Konsequenzen einer Handlung für einen einzelnen Menschen sind, müssen wir noch wissen, was diesem Menschen Freude bereitet. Außerdem muss man noch weitere Fragen klären, z. B. ob in ferner Zukunft liegende Konsequenzen ebenso viel zählen wie unmittelbar eintretende Konsequenzen, ob es nur darauf ankommt, dass der Wert von Freude abzüglich Leid möglichst groß ist oder ob man der Leidvermeidung Priorität einräumt (sodass man lieber auf ein großes Gut verzichtet, als für dessen Erlangung Leid in Kauf zu nehmen), etc. Sind alle Fragen dieser Art geklärt, wissen wir, was wir unter guten Konsequenzen für einen einzelnen Menschen verstehen. Außerdem ist folgendes Prinzip plausibel:

Jmdb Je mehr von einem Gut (eventuell bis zu einem bestimmten Sättigungsgrad), desto besser.

Je mehr Freude ein Mensch empfindet, desto besser für den Menschen. Die beste Konsequenz bzw. der beste Zustand für einen Menschen ist daher der Zustand mit der größten Menge an Gutem, also im Hedonismus der Zustand mit der besten Lust-Leid-Bilanz, d. h. der Zustand, in dem die Summe von Freude abzüglich Leid am größten ist. Um die Formulierungen zu vereinfachen, sprechen wir im Folgenden statt vom Guten, der Güte der Konsequenzen oder der Güte eines Zustands vom Nutzen einer Handlung für eine oder mehrere Personen.

Zur Veranschaulichung (und nur dafür!) nehmen wir an, dass man in jedem Zustand (Z) den Nutzen für jede Person (P) feststellen und durch Zahlenwerte ausdrücken kann. Unter Nutzen können wir, wenn wir eine hedonistische Theorie des Guten annehmen, die Summe von Freude abzüglich Leid verstehen. Wir können dann, wenn wir verschiedene Handlungen und ihre Konsequenzen für drei Personen betrachten, beispielsweise zu folgender Nutzentabelle gelangen:

	Z_1	Z_2	Z_3	Z_4	Z_5
P_1	10	12	15	15	25
P_2	10	12	15	15	9
P_3	10	12	6	5	4
Σ	30	36	36	35	38

Beispiel einer Nutzentabelle

Mit der Theorie des Guten (zusammen mit empirischen Daten bzw. Vermutungen) kann jede Person Zustände gemäß *ihrem eigenen* Nutzen bewerten und in eine Rangordnung bringen, wobei (mit Jmdb) für jede Person derjenige Zustand der beste ist, in dem sie den größten Nutzen hat. Beispielsweise ist P_2's Rangordnung der Zustände: $Z_3, Z_4 > Z_2 > Z_1 > Z_5$.

	Z_3		Z_4		Z_2		Z_1		Z_5
	15		15		12		10		25
P_2	15	=	15	>	12	>	10	>	9
	6		5		12		10		4
Σ	36		35		36		30		38

Rangordnung der Zustände für P_2: $Z_3/Z_4 > Z_2 > Z_1 > Z_5$

Diese Bewertung der Zustände (d. h. ihre Ordnung vom besten zum schlechtesten Zustand) gemäß dem eigenen Nutzen jeder Person ist eine **Bewertung der Zustände vom persönlichen Standpunkt**: Die Bewertung eines Zustands und die Rangordnung der Zustände richten sich ausschließlich nach dem persönlichen Nutzen, unabhängig davon, wie groß der Nutzen für andere Personen ist.

Zu beachten ist, dass wir bei den Überlegungen, was die besten Konsequenzen für eine Person sind bzw. was der beste Zustand bzw. der Zustand mit dem größten Nutzen für eine Person ist, keinerlei moralische Überlegungen angestellt haben. Wir haben nicht gefragt, was moralisch betrachtet oder von einem moralischen Standpunkt aus die besten Konsequenzen sind. Auch sind die erwähnten Theorien des Guten selbst keine ethischen Theorien: Hedonismus, Präferenztheorie und objektive Listentheorie bestimmen, *ohne dabei auf moralische Erwägungen zurückzugreifen,* was um seiner selbst willen für Menschen schätzens- und erstrebenswert ist. Sie beantworten nicht die Frage, was von einem moralischen Standpunkt aus das Gute bzw. ein gutes Leben für einen Menschen ist. Es handelt sich um Theorien über das *gute Leben*, nicht um Theorien über das *moralisch gute Leben*. Hedonismus, Präferenztheorie und objektive Listentheorie sind daher **Theorien des nicht-moralisch bzw. außermoralisch Guten**. Die Bewertung der Zustände gemäß dem eigenen Nutzen einer Person ist daher eine **nicht-moralische Bewertung der Zustände vom persönlichen Standpunkt**. Die Theorien des Guten (evtl. mit einigen nicht-moralischen Zusatzannahmen) liefern uns also eine Antwort auf die erste Frage nach dem besten Zustand für einen Menschen (den wir als den **besten Zustand vom persönlichen Standpunkt** bezeichnen können).

Ethischer Egoismus

Wenn man der Meinung ist, dass die Frage nach dem besten Zustand für mehrere Menschen für die Moral keine Rolle spielt, vertritt man die Position des **ethischen Egoismus**. Ihm zufolge zählen nur unser eigener Nutzen und nur die Berücksichtigung der Konsequenzen für uns selbst, was in folgendem Moralprinzip ausgedrückt wird:

Ego   Jede Person soll das tun, was die besten Konsequenzen für sie selbst hat.

Das entsprechende Richtigkeitskriterium lautet:

RK_{Ego} Eine Handlung ist moralisch richtig genau dann, wenn es keine andere Handlung mit besseren Konsequenzen für die handelnde Person gibt.

In diesem Richtigkeitskriterium hängt die Richtigkeit nur von den Konsequenzen ab. Da der Konsequentialismus durch die Konsequenzendeterminiertheit definiert ist, ist auch der ethische Egoismus eine konsequentialistische Theorie. Allerdings muss man den Begriff der Moral sehr strapazieren, um den ethischen Egoismus als ethische Theorie zu bezeichnen, da sich Moral und Egoismus gegenseitig ausschließen. Moral ist gerade dazu da, dem Egoismus Einhalt zu gebieten. (Jedoch erfüllt der ethische Egoismus die Kriterien der Allgemeingültigkeit und Universalisierbarkeit und damit zwei notwendige Bedingungen, die ethische Theorien erfüllen müssen.) Jedenfalls gilt der Egoismus nicht als ernst zu nehmende Form des Konsequentialismus. Es ist eher so, dass er formal als konsequentialistische Theorie zählt, aber dem Geist des Konsequentialismus widerspricht. Wenn dem so ist, haben wir bis jetzt, das heißt, mit den definierenden Merkmalen des Konsequentialismus, den Geist des Konsequentialismus noch nicht erfasst! Es muss also noch eine neue moralische Annahme hinzugenommen werden, wenn man über den egoistischen Konsequentialismus hinausgehen möchte.

Das Besondere am ethischen Egoismus ist, dass er den vom nicht-moralisch persönlichen Standpunkt aus besten Zustand auch als den moralisch besten Zustand auszeichnet. Ein bester Zustand für mehrere Menschen spielt in dieser Theorie keine Rolle. Wir müssen also als weitere moralische Annahme hinzunehmen, dass es dem Konsequentialismus um den besten Zustand für mehrere Menschen (für alle von einer Handlung betroffenen Menschen) geht. Die Frage ist, mit welchem moralischen Prinzip man diese Annahme rechtfertigen kann. Folgende Begründungen kommen infrage:

- Es ist ein wesentlicher Bestandteil unseres Moralbegriffs, dass wir die Interessen bzw. das Wohlbefinden anderer Menschen berücksichtigen müssen.
- Wir sollen die Welt zum bestmöglichen Ort machen. Diese Idee führen alle Konsequentialist*innen als oberstes Ziel des Konsequentialismus an. Es kann aber nicht mit dem ethischen Egoismus erreicht werden, sondern nur wenn wir das Wohlbefinden aller Menschen berücksichtigen. Vielleicht ist diese Idee die bestechende Grundidee des Konsequentialismus und nicht die Maximierungserlaubnis oder Konsequenzendeterminiertheit.

Vom nicht-moralisch besten Zustand für einen Menschen zum nicht-moralisch besten Zustand für mehrere Menschen

Konsequentialist*innen benötigen also noch ein Kriterium dafür, was der beste Zustand für eine Mehrzahl von Menschen ist. Die Konsequenzen einer Handlung sind in der Regel für verschiedene Menschen unterschiedlich gut (bzw. schlecht), und der beste Zustand für mich ist selten und nur zufällig auch der beste Zustand für alle anderen in der Situation betroffenen Menschen. Jede der Personen P_1, P_2 und P_3 hat daher eine andere Rangordnung von der Handlung mit den schlechtesten Konsequenzen bis zur Handlung mit den besten Konsequenzen:

Rangordnung der Handlungen für P_1					
H1	H3	H2	H4	H6	H5

Rangordnung der Handlungen für P_2					
H5	H6	H1	H3	H2	H4

Rangordnung der Handlungen für P_3					
H5	H6	H2	H4	H1	H3

Handlung mit den schlechtesten Konsequenzen	$\rightarrow$	Handlung mit den besten Konsequenzen

Die besten Handlungen für verschiedene Personen

Wenn wir den besten Zustand für mehrere Menschen bestimmen wollen, genügt die Theorie des Guten nicht, da sie uns nur sagt, was das Gute für eine Person und der beste Zustand für eine Person vom persönlichen Standpunkt aus ist. Mit der Theorie des Guten wissen wir, welche Handlung für P_1, welche für P_2 und welche für P_3 die besten Konsequenzen hat, aber, sofern dies nicht für alle drei Menschen die gleiche Handlung ist, wissen wir nicht, welche Handlung insgesamt die besten Konsequenzen hat bzw. den insgesamt besten Zustand hervorbringt.

Wir müssen daher, wenn wir den besten Zustand für mehrere Menschen bestimmen wollen, den persönlichen Standpunkt verlassen und einen unparteiischen Standpunkt einnehmen. Typischerweise würde eine unbeteiligte Person P_4 diesen Standpunkt einnehmen. Wenn diese unbeteiligte Person die Zustände (von außen) betrachtet und sich – *ohne Rücksicht auf moralische Erwägungen* – fragt, welcher Zustand der beste ist, ist es für sie rational, anzunehmen, dass ein Zustand mit einem größeren Gesamtnutzen besser ist als ein Zustand mit einem geringeren Gesamtnutzen und dass der Zustand mit dem größten Gesamtnutzen der beste Zustand ist. Ohne Berücksichtigung moralischer Gesichtspunkte ist die Höhe des Nutzens der einzig relevante Gesichtspunkt zur Beurteilung von Zuständen. Entsprechend erhält man folgende Rangordnung der Zustände: $Z_5 > Z_2, Z_3 > Z_4, Z_1$.

	Z_5		Z_2		Z_3		Z_4		Z_1
	25		12		15		15		10
	9		12		15		15		10
	4		12		6		5		10
Σ	38	>	36		36	>	35	>	30

Rangordnung der Zustände nach dem Gesamtnutzen: $Z_5 > Z_2/Z_3 > Z_4 > Z_1$

Wir können diese Bewertung von Zuständen als **nicht-moralische Bewertung vom unparteiischen Standpunkt** bezeichnen und den besten Zustand als **besten Zustand vom unparteiischen nicht-moralischen Standpunkt**. In der Literatur wird diese Bestimmung des besten Zustands als *Sum-ranking* bezeichnet: Ein Zustand ist besser als ein anderer, wenn er eine größere Summe an Wohlbefinden (z. B. Freude) enthält.

Natürlich können auch die beteiligten Personen (P_1, P_2, P_3) von ihrem persönlichen Standpunkt abstrahieren und wie die unbeteiligte Person P_4 einen unpersönlichen bzw. unparteiischen Standpunkt einnehmen. Diese Bewertung der Zustände vom unparteiischen Standpunkt bleibt jedoch – ebenso wie die Bewertung vom persönlichen Standpunkt – eine nicht-moralische Bewertung: Die Zustände werden lediglich gemäß ihrem (nicht-moralischen) Gesamtnutzen bewertet und moralische Überlegungen spielen keine Rolle. Die Frage, welcher Zustand insgesamt den größten Nutzen bringt, ist ebenso eine nicht-moralische Frage wie die Frage, welcher Zustand einer bestimmten Person den größten Nutzen bringt. Die beiden Bewertungen unterscheiden sich nur in dem Standpunkt, von dem die Bewertung vorgenommen wird bzw. darin, ob ein Zustand als ganzer bewertet wird oder nur für eine Person.

Utilitarismus

An dieser Stelle können wir den Utilitarismus als spezielle Variante des Konsequentialismus einführen. Bei der Charakterisierung des Konsequentialismus haben wir nur von dem Guten (bzw. den besten Konsequenzen oder dem besten Zustand) gesprochen. Was das Gute ist, ist für die Definition des Konsequentialismus unerheblich. Eine Theorie, in der *das Gute* (ohne Restriktionen) maximiert bzw. der beste Zustand herbeigeführt werden soll, ist eine konsequentialistische Theorie, ganz gleich, wie man das Gute bzw. den besten Zustand näher bestimmt. Der Utilitarismus ist dagegen durch eine nähere Bestimmung des Guten bzw. des besten

Zustands definiert: Eine (konsequentialistische) Theorie ist eine utilitaristische Theorie, wenn *nur das außermoralisch Gute* maximiert werden soll:

Konsequentialismus: Das Rechte besteht in der Maximierung *des Guten*.

Utilitarismus: Das Rechte besteht in der Maximierung *des außermoralisch Guten*.

Aus dieser Charakterisierung des Utilitarismus kann man Folgendes herauslesen:

- Der beste Zustand aus utilitaristischer Sicht ist der beste Zustand vom unparteiischen nicht-moralischen Standpunkt, also der Zustand mit dem größten Gesamtnutzen.
- Im Utilitarismus ist das Gute unabhängig vom Rechten in dem oben (S. ###) definierten Sinn, weil das Gute nur nicht-moralische Güter enthält, es keine moralisch unzulässigen Güter gibt (und der beste Zustand keinen weiteren moralischen Anforderungen genügen muss).
- Da man ethische Theorien, die nur das außermoralisch Gute maximieren bzw. in denen das Gute unabhängig vom Rechten definiert wird, als teleologische Theorien bezeichnet, ist der Utilitarismus ein **teleologischer Konsequentialismus**.

Diese allgemeine Charakterisierung des Utilitarismus kann konkretisiert werden, indem wir das außermoralisch Gute näher bestimmen als Wohlbefinden (*wellbeing, welfare*). Charakteristisch für den Utilitarismus ist daher der oben (S. 82) erwähnte Welfarismus (*welfarism*). Leider wird dieser Begriff nicht einheitlich verwendet, sodass wir drei Interpretationen unterscheiden müssen:

Welfarismus 1:

Wohlbefinden ist das einzige intrinsisch Gute.

Gemäß dieser Auffassung gibt es nichts anderes intrinsisch Gutes. So sind beispielsweise das Schöne bzw. ästhetische Werte dieser Auffassung zufolge keine eigenständigen intrinsischen Güter, sondern nur wertvoll insofern sie zu unserem Wohlbefinden beitragen oder ein Mittel dazu sind.

Welfarismus 2:

Wohlbefinden ist das einzige *moralisch relevante* intrinsisch Gute.

Mit dieser Auffassung ist vereinbar, dass es noch andere Güter gibt, z. B. das Schöne bzw. ästhetische Werte, die intrinsisch gut sind unabhängig davon, ob sie zu unserem Wohlbefinden beitragen oder nicht. Der Welfarismus in dieser Interpretation bestreitet jedoch, dass diese Güter moralisch relevant sind, also in der Moral berücksichtigt werden müssen (außer indirekt, wenn sie auch zu unserem Wohlbefinden beitragen).

Utilitarist*innen vertreten den Welfarismus in beiden Interpretationen. Der Welfarismus 1 impliziert den Welfarismus 2 (außer man vertritt die (für Utilitarist*innen nicht infrage kommende Auffassung) dass das Gute keine moralische Relevanz hat). Die Umkehrung gilt nicht: Man kann den Welfarismus 2 ohne den Welfarismus 1 vertreten. Daher ist der Welfarismus 2 charakteristisch für den Utilitarismus. Oft wird der Welfarismus jedoch in einer stärkeren Interpretation vertreten:

Welfarismus 3:

Wohlbefinden ist das einzige moralisch relevante Gute und und deshalb geht es in der Moral nur um die Förderung bzw. Maximierung von Wohlbefinden.

In dieser Interpretation ist Wohlbefinden nicht nur moralisch relevant, sondern der Begriff des Wohlbefindens als Gut impliziert, dass man es fördern bzw. – wenn man das Prinzip »Je mehr von einem Gut, desto besser« akzeptiert – maximieren soll. Diese Auffassung folgt nicht aus den ersten beiden Interpretationen, wird aber von Utilitarist*innen häufig vertreten. Diese Auffassung von Welfarismus sollte aber vermieden werden, da sie Wohlbefinden und Maximierung begrifflich miteinander verknüpft und damit andere Weisen des Umgangs mit Wohlbefinden (z. B. gerechte Verteilung der Mittel zum Wohlbefinden) ohne Begründung ausschließt.

Der Utilitarismus lässt sich nun konkreter charakterisieren:

Utilitarismus: Das Rechte besteht in der Maximierung von Wohlbefinden.

Die hier gegebene Charakterisierung des Utilitarismus lässt sich auch als Kombination von drei Prinzipien darstellen:

Utilitarismus: Welfarismus 2 + Sum ranking + konsequentialistisches Richtigkeitskriterium.

Gemäß den drei oben (S. 81) eingeführten welfaristischen Theorien des Guten (Hedonismus, Präferenztheorie und objektive Listentheorie) kann man drei Varianten des Utilitarismus unterscheiden:

Glücksutilitarismus (bzw. **hedonistischer Utilitarismus**): Das Rechte besteht in der Maximierung von Freude.

Präferenzutilitarismus: Das Rechte besteht in der Maximierung der Präferenzerfüllung.

Objektiver (früher: **idealer**) **Utilitarismus**: Das Rechte besteht darin, die Realisierung bestimmter objektiver Güter zu maximieren.

Die Maximierung des außermoralisch Guten halten Utilitarist*innen für eine besonders attraktive Eigenschaft ihrer Theorie, da es ihrer Ansicht nach der einzige Sinn und Zweck der Moral sein kann, durch die Maximierung des außermoralisch Guten die Welt zu einem besseren Ort zu machen. Gemäß dieser Auffassung benötigen Utilitarist*innen nur eine einzige, ihrer Ansicht nach evidente, moralische Überzeugung (oder Intuition) – nämlich, dass das Rechte in der Maximierung des außermoralisch Guten besteht.

Gegner*innen des Utilitarismus halten die Maximierung des außermoralisch Guten für eine besonders unattraktive Eigenschaft des Utilitarismus und bestreiten, dass dies die Welt zu einem besseren Ort machen würde. Denn die als Summierung verstandene Maximierung nimmt keine Rücksicht auf die Verteilung des Guten und kann daher Verteilungsgerechtigkeit nicht berücksichtigen. Eine Welt, in der das Gute gerecht verteilt ist, selbst wenn der Gesamtnutzen deshalb geringer ist, halten diese Gegner*innen jedoch für die bessere Welt.

Von der nicht-moralischen Bewertung von Zuständen zur moralischen Bewertung von Zuständen

Da der Konsequentialismus ohne die Einschränkung auf das außermoralisch Gute definiert ist und nur die Maximierung des (nicht näher spezifizierten) Guten bzw. die Herbeiführung des besten Zustands gebietet, sind auch nicht-utilitaristische Varianten des Konsequentialismus denkbar, die neben dem Gesamtnutzen die Verteilung des Guten berücksichtigen. Da die Verteilung des Guten eine Konsequenz unserer Handlungen ist, lässt sich auch ein **distributionssensitiver Konsequentialismus** vertreten.

Wenn wir Zustände hinsichtlich ihrer Verteilungsgerechtigkeit beurteilen, nehmen wir eine moralische Beurteilung bzw. eine Beurteilung der Zustände vom moralischen Standpunkt vor. Verteilungsgerechtigkeit ist ein strukturelles Gut und unterscheidet sich von persönlichen Gütern wie Freude oder Glück darin, dass sie kein Gut ist, das den individuellen Nutzen von Personen erhöht. Wenn man, wie oben in den Tabellen, für jeden Zustand den Nutzen jeder Person bestimmt hat, ändert die Berücksichtigung der Verteilungsgerechtigkeit nichts an diesen Bewertungen: Der individuelle Nutzen jeder Person bleibt gleich, egal ob man den Zustand insgesamt als gerecht oder ungerecht bewertet. Ebenso bleibt der Gesamtnutzen in jedem Zustand gleich. Die Berücksichtigung von Verteilungsgerechtigkeit hat also keinerlei Einfluss auf die Nutzenwerte der Zustände. Die Berücksichtigung von Verteilungsgerechtigkeit ändert nicht die Nutzenwerte der Zustände, sondern die Rangordnung der Zustände: Die zunächst nach der Größe ihres Gesamtnutzens angeordneten Zustände werden (bei unveränderten Nutzenwerten) umgeordnet nach dem Grad ihrer Verteilungsgerechtigkeit. (Die Rangordnung nach dem höchsten Gesamtnutzen, $Z_5 > Z_2, Z_3 > Z_4 > Z_1$, wird also ersetzt durch die Rangordnung nach dem Grad der Verteilungsgerechtigkeit: $Z_2, Z_1 > Z_3 > Z_4 > Z_5$.)

Von der nicht-moralischen zur moralischen Bewertung von Zuständen

	Rangordnung der Zustände nach dem Gesamtnutzen							
	Z_5	>	Z_2		Z_3	>	Z_4	>	Z_1
	25		12		15		15		10
	9		12		15		15		10
	4		12		6		5		10
Σ	38		36		36		35		30
	Z_2		Z_1	>	Z_3	>	Z_4	>	Z_5
	12		10		15		15		25
	12		10		15		15		9
	12		10		6		5		4
Σ	36		30		36		35		38
	Rangordnung der Zustände nach dem Grad ihrer Verteilungsgerechtigkeit								

Umordnung der Zustände nach dem Grad ihrer Verteilungsgerechtigkeit

Warum ist die Bewertung von Zuständen hinsichtlich ihrer Verteilungsgerechtigkeit eine moralische Bewertung? Vom unparteiischen, aber nicht-moralischen Standpunkt aus betrachtet, ist der beste Zustand derjenige mit dem größten Gesamtnutzen. Es gibt daher keinen nicht-moralischen Grund, einen anderen Zustand dem Zustand mit dem größten Gesamtnutzen vorzuziehen. Da Verteilungsgerechtigkeit ohne Auswirkung auf den Nutzen der Zustände ist, kann es keinen nicht-moralischen Grund geben, die nach der Größe ihres Gesamtnutzens angeordneten Zustände nach dem Grad ihrer Verteilungsgerechtigkeit umzuordnen: Der nicht-moralisch beste Zustand bleibt derjenige mit dem größten Gesamtnutzen. Der gerechteste Zustand kann daher nur als der **moralisch beste Zustand** oder als der **beste Zustand vom moralischen Standpunkt** aus bezeichnet werden. Wenn man aber einen moralischen Grund benötigt, um den gerechteren Zustand dem Zustand mit dem größten Gesamtnutzen vorzuziehen, muss der moralische Gehalt dieser Form des Konsequentialismus über das Maximierungsgebot hinaus gehen. Der Gedanke, dass man das Gute maximieren soll, kann nicht die einzige moralische Überzeugung dieser Konsequentialist*innen sein.

Einwände gegen den direkten Handlungskonsequentialismus

Trotz der von Konsequentialist*innen behaupteten Evidenz der konsequentialistischen Grundideen gibt es zahlreiche Einwände gegen das Richtigkeitskriterium des Konsequentialismus. Diese Einwände lassen sich in interne und externe Einwände unterteilen. **Interne Einwände** greifen den Konsequentialismus nicht von außen, vom Standpunkt der herkömmlichen Moral aus an, sondern beanstanden, dass die Theorie praktisch nicht anwendbar ist oder formale Prinzipien (z. B. »Sollen impliziert Können«), die in jeder ethischen Theorie gelten, verletzt.

Externe Einwände greifen den Konsequentialismus vom Standpunkt unserer moralischen Intuitionen bzw. unserer herkömmlichen Moral an und halten ihm vor, dass er damit unvereinbar ist, denn:

(i) Er erlaubt zu viel, weil er Handlungen erlaubt und sogar gebietet, die gemäß unseren moralischen Intuitionen eindeutig moralisch falsch sind.
(ii) Er verlangt zu viel und überfordert die Menschen.

Dieser (behauptete) Widerspruch zu unseren moralischen Intuitionen ist der Grund für die bisweilen erbitterte Feindschaft gegenüber dem Konsequentialismus. Konsequentialist*innen halten die Unvereinbarkeit mit unseren moralischen Intuitionen für keinen legitimen Kritikpunkt, weil sie der herkömmlichen Moral bzw. unseren moralischen Intuitionen jegliche moralische Autorität absprechen. Dieser Ansicht zufolge können moralische Intuitionen nichts begründen und den Konsequentialismus nicht widerlegen, sondern wir können umgekehrt viele dieser Intuitionen konsequentialistisch begründen und wissenschaftlich erklären, warum wir sie haben. So umstritten die Rolle und der Status moralischer Intuitionen (in theoretischer Hinsicht) ist, so ist die Vereinbarkeit mit unseren moralischen Intuitionen dennoch für viele Philosoph*innen der entscheidende Gesichtspunkt in der Beurteilung ethischer Theorien. Deshalb ist es Konsequentialist*innen ein wichtiges Anliegen – selbst wenn sie offiziell nichts von moralischen Intuitionen halten –, nachzuweisen, dass der Konsequentialismus nicht die ihm vorgeworfenen kontraintuitiven Implikationen hat.

Das Richtigkeitskriterium ist nicht anwendbar: Wir können nie wissen, welche Handlung richtig ist

Der wichtigste interne Einwand gegen den Konsequentialismus lautet, dass sein Richtigkeitskriterium praktisch nicht anwendbar ist, weil wir niemals wissen können, welche Handlung moralisch richtig ist. Welchen Sinn hat ein Richtigkeitskriterium, wenn wir nicht herausfinden können, welche Handlung nach diesem Kriterium richtig ist? Wenn wir hinsichtlich der Richtigkeit der Handlungen völlig ahnungslos sind, können wir nicht wissen, was wir tun sollen. Eine ethische Theorie, die uns keine moralische Handlungsorientierung geben kann, ist praktisch bedeutungslos. Man könnte diesem Einwand begegnen, indem man sich auf die theoretische Funktion ethischer Theorien beschränkt: Das Richtigkeitskriterium sagt uns, was eine Handlung richtig oder falsch macht, und dies ist eine interessante grundsätzliche Erkenntnis, unabhängig davon, dass wir niemals in einem konkreten Fall herausfinden können, welche Handlung richtig ist. Hält man an der praktischen, handlungsleitenden Funktion ethischer Theorien fest, ist diese Replik nicht ausreichend.

Warum können wir nach diesem Einwand nicht wissen, welche Handlung richtig ist? Hierfür gibt es zwei Gründe:

1. **Unmöglichkeit des interpersonellen Nutzenvergleichs:** Wir können nur dann wissen, welche Handlung richtig ist, wenn wir wissen, welche Konsequenzen die verfügbaren Handlungsoptionen für das Wohlbefinden jeder betroffenen Person haben und wir das Wohlbefinden der Personen miteinander vergleichen können. Wir müssen zum Beispiel die Freude und das Leid einer Person mit der Freude und dem Leid anderer Personen vergleichen können oder die Stärke der (erfüllten und nicht erfüllten) Präferenzen der betroffenen Personen miteinander vergleichen können. Kritiker*innen wenden ein, dass dies prinzipiell unmöglich ist. Eine Replik auf diesen Einwand erinnert daran, dass wir das, was hier für unmöglich gehalten wird, im Alltag ständig tun, wenn wir überlegen, welche Folgen unsere Handlungen für andere Personen haben. Mit Empathie und empirischen Informationen führen wir diese Vergleiche mehr oder weniger gut durch und halten sie nicht für unmöglich. Außerdem würde dieser Einwand nicht nur den Konsequentialismus treffen, sondern jede ethische Theorie, in der die Handlungskonsequenzen moralisch relevant sind.

2. **Unvorhersehbarkeit zukünftiger Konsequenzen:** Niemand von uns kann *vor* einer Handlungsentscheidung wissen, welche der möglichen Handlungen die besten zu erwartenden Konsequenzen hat, denn: (i) Wir kennen nicht alle möglichen Handlungsoptionen. In Ethikbüchern müssen wir meistens entscheiden, welche von zwei Handlungen die besseren Konsequenzen hat. In der Realität gibt es jedoch sehr viel mehr Handlungsoptionen. (ii) Von den uns bekannten Handlungsoptionen kennen wir nicht alle Konsequenzen, die bei jeder dieser Optionen eintreten können und wir wissen nicht, mit welcher Wahrscheinlichkeit die Konsequenzen eintreten.

Nach einer Handlung können wir nicht wissen, welche tatsächlichen Konsequenzen unsere Handlung hat, da wir nicht wissen können, welche Konsequenzen sie in ferner Zukunft haben wird. Da wir auch nicht wissen können, welche Konsequenzen die anderen uns möglichen Handlungen in ferner Zukunft gehabt hätten, können wir nicht wissen, ob die tatsächlichen Konsequenzen unserer Handlung besser sind als die Konsequenzen der anderen uns möglichen Handlungen. Also können wir nicht wissen, ob unsere Handlung richtig oder falsch war.

Auch bei diesem Einwand können Konsequentialist*innen darauf verweisen, dass andere ethische Theorien in keiner besseren Position sind. In der moderaten Deontologie hängt die Richtigkeit von Handlungen auch von den Konsequenzen ab, sodass die Gutheit bzw. Schlechtheit der Konsequenzen die intrinsische Falschheit bzw. Richtigkeit von Handlungen überwiegen kann – allerdings nur, wenn z. B. das Ausführen einer intrinsisch falschen Handlung besonders schlimme Konsequenzen verhindert. Wenn die Handlungskonsequenzen unvorhersehbar sind, kann man niemals wissen, wann dieser Fall eintritt. Also können moderate Deontolog*innen niemals wissen, welche Handlung moralisch richtig ist: In einer Situation die Wahrheit zu sagen, könnte in ferner Zukunft sehr gute oder sehr schlimme Konsequenzen haben, ebenso könnte eine Lüge in ferner Zukunft sehr gute oder sehr schlimme Konsequenzen haben. Man kann daher nicht wissen, ob die intrinsisch richtige oder die intrinsisch falsche Handlung richtig ist. Der Verweis darauf, dass moderate Deontolog*innen im selben Boot sitzen, löst das Problem zwar nicht, entkräftet aber den Einwand, dass der Konsequentialismus hinsichtlich der Unvorhersehbarkeit der Konsequenzen mit einem unlösbaren Problem konfrontiert ist, von dem die moderate Deontologie nicht betroffen ist. Nur eine extrem absolutistische Theorie, in der die Handlungskonsequenzen keinerlei Rolle spielen, bleibt von dem Einwand der Unvorhersehbarkeit zukünftiger Konsequenzen verschont.

Die internen Einwände gegen den Konsequentialismus sind nicht nebensächlich, sondern weisen auf Schwierigkeiten hin, für die man eine Lösung benötigt. Dennoch sind es keine gewichtigen Einwände für den Vergleich zwischen Konsequentialismus und Deontologie, da sich Deontolog*innen mit den gleichen Einwänden konfrontiert sehen. Wichtiger in der Auseinandersetzung mit dem Konsequentialismus sind deshalb die externen Einwände, die ihm vorwerfen, dass er unseren moralischen Intuitionen bzw. der herkömmlichen Moral widerspricht und insofern kontraintuitiv ist.

Das Richtigkeitskriterium erlaubt zu viel

Da im Konsequentialismus die Richtigkeit von Handlungen nur von den Konsequenzen abhängt, haben alle anderen (auf S. 31f. erwähnten) deontologischen normativen Faktoren keinen Einfluss auf die Richtigkeit von Handlungen. Eine Handlung kann nur falsch sein, weil sie nicht die besten Konsequenzen hat. Dass sie ein Recht oder die Würde einer Person verletzt, kann eine Handlung nicht falsch machen. Es ist also ausgeschlossen, dass eine Handlung falsch ist, weil ein anderer deontologischer normativer Faktor gewichtiger ist als die Güte der Konsequenzen. Daraus folgt, dass der Konsequentialismus in Fällen, in denen in unserer herkömmlichen Moral die deontologischen normativen Faktoren gewichtiger sind als die Konsequenzen und daher eine Handlung falsch ist, obwohl sie besten Konsequenzen hat, die Handlung aus konsequentialistischer Sicht nicht falsch, sondern erlaubt (und geboten) ist. Aus diesem Grund wird dem Konsequentialismus vorgehalten, dass er zu viel erlaubt, da er Handlungen erlaubt, die in unserer herkömmlichen Moral eindeutig moralisch falsch sind. Er ist daher kontraintuitiv und mit der herkömmlichen Moral unvereinbar.

Im Detail umfasst dieser Vorwurf die im Folgenden aufgezählten Einwände. Die einzelnen Einwände sind keine voneinander unabhängigen Einwände, sondern unterschiedliche Formulierungen und Ausprägungen des Vorwurfs, dass der Konsequentialismus keine deontologischen normativen Faktoren beachtet und deshalb keine deontologischen Restriktionen kennt: Ohne Restriktionen ist alles erlaubt, was notwendig ist, um den besten Zustand herbeizuführen:

a) **Es gibt keine intrinsisch falschen Handlungen:** Der Konsequentialismus kennt keine intrinsisch falschen Handlungsweisen (wie z. B. das absichtliche Töten Unschuldiger sowie grausame und ungerechte Handlungen) und erlaubt solche Handlungsweisen schon zur Erzielung geringfügig besserer Konsequenzen. Die moderate Deontologie erlaubt solche intrinsisch falschen Handlungen nur zur Vermeidung sehr schlechter Konsequenzen.

b) **Es spielt keine Rolle, wie die besten Konsequenzen erzielt werden:** Der Konsequentialismus interessiert sich nur für Konsequenzen und Zustände: Es kommt darauf an, die besten Konsequenzen und Zustände zu erzielen – wie sie erzielt werden, mit welchen Mitteln und Handlungen, spielt keine Rolle. Wenn ein Zustand besser ist als ein anderer, spielt es keine Rolle, dass er nur durch Intrigen, Verrat und Lügen erreicht werden konnte.

c) **Der Zweck heiligt die Mittel:** Jedes Mittel ist recht, wenn es notwendig für das Erreichen des besten Zustands ist. Dies widerspricht der deontologischen Auffassung, dass bestimmte Mittel verboten sind, selbst wenn deshalb der Zweck nicht erreicht werden kann. Der Zweck heiligt nicht jedes Mittel.

d) **Die Würde der Menschen darf verletzt werden:** Der Konsequentialismus beachtet nicht, dass Menschen eine Würde haben und erlaubt, Menschen als bloße Mittel zum Zweck zu instrumentalisieren: Unschuldige Menschen dürfen bestraft und geopfert werden, wenn dies notwendig ist zur Rettung einer größeren Anzahl von Menschen. Auch Folter ist erlaubt, wenn sie das beste Mittel zur Rettung von Menschenleben ist.

e) **Die Achtung vor Personen ist bedeutungslos:** Der Konsequentialismus kennt keine Achtung vor Personen, die sich darin ausdrückt, dass bestimmte Arten der Behandlung von Personen moralisch ausgeschlossen sind.

f) **Die Autonomie der Personen darf verletzt werden:** Der Konsequentialismus respektiert nicht die Autonomie von Personen und erlaubt jede Form von paternalistischen Eingriffen in die persönliche Autonomie sowie die Autonomie verletzende Instrumentalisierungen von Personen.

g) **Die Rechte von Personen dürfen verletzt werden:** Personen habe keine moralischen Rechte, die nicht (oder nur in Notlagen) verletzt werden dürfen und sie vor bestimmten Behandlungen schützen.

h) **Die Getrenntheit der Personen wird nicht berücksichtigt:** Der Konsequentialismus berücksichtigt nicht die Getrenntheit der Personen, da er einigen Personen Lasten und Opfer aufbürdet, von denen andere Personen profitieren. Es ist klug, jetzt selbst Opfer in Kauf zu nehmen, um später selbst davon zu profitieren, aber es ist moralisch falsch, einer Person Opfer zuzumuten, damit andere Personen davon profitieren.

i) **Konsequentialist*innen sind erpressbar:** Was wir tun sollen, hängt in vielen Situationen davon ab, was andere Menschen beabsichtigen oder tun. Während Deontolog*innen bestimmte (intrinsisch falsche) Handlungen unter (fast) keinen Umständen ausführen würden, tun Konsequentialist*innen alles, um die besten Konsequenzen zu erzielen bzw. um schlimmere Konsequenzen abzuwenden. Damit sind sie erpressbar und werden zum Spielball von Verbrecher*innen: Ein(e) Konsequentialist*in müsste der terroristischen Forderung, die eigene Mutter öffentlich zu Tode zu quälen, nachkommen, wenn nur so abgewendet werden kann, dass die Terroristen eine große Stadt mit Nuklearwaffen vernichten[24].

j) **Unmoralische Interessen werden berücksichtigt:** Der Konsequentialismus lässt alle Freuden, Interessen, Wünsche und Präferenzen bei der Berechnung der besten Konsequenzen zu und beachtet nicht, dass bestimmte Freuden und Präferenzen (z. B. die sadistische Freude am Leid anderer) unmoralisch sind und nicht berücksichtigt werden dürfen.

k) **Aus vergangenen Handlungen resultierende Pflichten werden nicht berücksichtigt:** Der Konsequentialismus nimmt keine Rücksicht auf die moralische Bedeutung vergangener Handlungen und die daraus resultierenden speziellen Rechte und Pflichten (wie z. B. Dankbarkeit und das Einhalten von Versprechen und Verträgen). Es kann daher moralisch richtig sein, eine Summe Geld nicht seinem Gläubiger, sondern einer fremden Person zu geben, falls sie einen größeren Nutzen daraus zieht.

l) **Der Konsequentialismus berücksichtigt keine speziellen Rechte und Pflichten, die sich aus persönlichen Beziehungen ergeben:** Der Konsequentialismus ist völlig unparteiisch und kennt keine besonderen Beziehungen zwischen Personen und die daraus resultierenden speziellen Rechte und Pflichten (zwischen Freunden, Eltern und Kindern, etc.).

Mit diesen Vorwürfen malen Deontolog*innen ein abstoßendes Bild des Konsequentialismus: Zum Erreichen *geringfügig besserer Zustände* kann es moralisch richtig sein, Unschuldige zu verletzen und zu töten, grausame und ungerechte Handlungen auszuführen, seinen besten Freund im Stich zu lassen, zu belügen, zu betrügen, zu verraten, zu foltern oder zu töten, die Würde und Rechte von Personen zu verletzen und Personen als bloßes Mittel zum Zweck zu instrumentalisieren und zu opfern. Unterstützt werden diese Einwände durch fiktive Beispielfälle, in denen

Konsequentialist*innen unterstellt wird, sie müssten in diesen Fällen moralisch falsche Handlungen erlauben bzw. gebieten. Ein bekanntes Beispiel dieser Art ist der Transplantationsfall:[25] In einem Krankenhaus liegen fünf Patienten, deren Leben nur gerettet werden kann, wenn ihnen unterschiedliche Organe transplantiert werden. Zufällig ist gerade ein Mann (der weder Familie noch Freunde und Bekannte hat) zu einer Routineuntersuchung im Krankenhaus, der als Organspender für alle fünf Patienten geeignet ist. Konsequentialist*innen müssten behaupten, in dieser Situation sollen die Ärzte unauffällig den Tod des Mannes arrangieren, um mit dessen Organen das Leben der anderen fünf Patienten zu retten – denn ein Toter ist besser als fünf Tote. Konsequentialist*innen müssten in diesem Fall eine Handlung gebieten, die nach herkömmlicher Ansicht eindeutig moralisch falsch ist. Eine ethische Theorie mit solchen kontraintuitiven Implikationen, kann keine akzeptable ethische Theorie sein.

Das allen Gegenbeispielen zugrunde liegende Argumentationsschema lautet:

Argumentationsschema des Kontraintuitivitätseinwands gegen den Konsequentialismus

- In der Beispielsituation S müssen Konsequentialist*innen behaupten, dass Handlung H moralisch erlaubt bzw. geboten ist.
- Handlung H ist moralisch falsch (gemäß der herkömmlichen Moral bzw. gemäß unseren moralischen Intuitionen).
- → Also: Das konsequentialistische Richtigkeitskriterium kommt zu einem falschen (weil unseren Intuitionen bzw. der herkömmlichen Moral widersprechenden) Ergebnis.
- → Also: Der Konsequentialismus ist keine akzeptable ethische Theorie.

Die konsequentialistische Strategie, um solche Gegenbeispiele zu entkräften, wollen wir uns an dem Vorwurf, dass Konsequentialist*innen unter Umständen Sklaverei befürworten müssen, ansehen:[26] Angenommen, auf zwei unabhängig gewordenen Inseln hält die Insel A an der Sklaverei fest, reformiert sie aber so, dass grausame Strafen verboten sind, die Arbeitsbedingungen verbessert werden und die Sklaven entlohnt werden. Die Insel floriert und allen, auch den Sklaven, geht es ökonomisch gut. Auf der Insel B wird die Sklaverei abgeschafft, aber es gibt keinen ökonomischen Aufschwung und allen Menschen geht es schlechter als den Sklaven auf der Insel A. In dieser Situation müssten Konsequentialist*innen behaupten, dass die Sklaverei auf der Insel A erlaubt ist. Da Sklaverei jedoch gemäß der herkömmlichen Moral grundsätzlich moralisch falsch ist, hat der Konsequentialismus ein nicht akzeptables Richtigkeitskriterium und ist keine akzeptable Theorie.

Gegen dieses Beispiel argumentieren Konsequentialist*innen in zwei Schritten:

Erster Schritt: Die angenommenen Tatsachen werden nicht akzeptiert.

Die im Beispiel geschilderte Situation könnte aufgrund ökonomischer und sozialer Tatsachen sowie aufgrund von Tatsachen über die menschliche Natur nie eintreten. Also kann es keinen Fall geben, in dem die Sklaverei die besten Konsequenzen haben würde und Konsequentialist*innen die Sklaverei erlauben bzw. gebieten würden. Folglich kann es keinen Fall geben, in dem es hinsichtlich Sklaverei eine Meinungsverschiedenheit zwischen dem Konsequentialismus und unserer herkömmlichen Moral gibt.

Zweiter Schritt: Die angenommenen Tatsachen werden akzeptiert.

Wenn die Situation, so wie im Beispiel geschildert eintreten würde – was nur in einer von unserer Welt sehr verschiedenen Fantasiewelt passieren könnte –, müssten Konsequentialist*innen urteilen, dass es in dieser Situation falsch wäre, die Sklaverei abzuschaffen. Dies ist jedoch kein stichhaltiger Einwand gegen den Konsequentialismus, wie folgende Überlegungen zeigen:

(1) Wenn Menschen die Beispielsituation nur für sich betrachten und ihr Urteil nicht durch Assoziationen mit den in unserer Welt vorkommenden verabscheuungswürdigen Formen der Sklaverei getrübt wird, werden sie die Sklaverei auf Insel A für moralisch erlaubt halten. (Die Prinzipien, die Sklaverei verbieten, sind prima facie-Prinzipien, die Ausnahmen zulassen, und die Situation auf der Insel A ist eine dieser Ausnahmen.) Also gibt es keine Meinungsverschiedenheit zwischen dem Konsequentialismus und unserer herkömmlichen Moral hinsichtlich der Erlaubnis der Sklaverei in dem Beispiel.

(2) Wenn Menschen die konsequentialistische Auffassung, dass die Sklaverei in der Beispielsituation nicht abgeschafft werden soll, ablehnen, lässt sich dies durch die fantastische und ungewöhnliche Natur der Beispielsituation erklären: Menschen haben tief sitzende Moralprinzipien, die sie daran hindern, das Beispiel für sich zu betrachten, unbeeinflusst vom Wissen über Sklaverei in unserer Welt. Diese Moralprinzipien sind für die wirkliche Welt geschaffen und liefern darin richtige Antworten, liefern aber falsche Antworten in Fantasiewelten (wie im vorliegenden Beispiel). Trotzdem wären wir schlechtere Menschen, wenn wir diese Prinzipien nicht hätten, da wir versucht wären, Sklaverei in Fällen zu erlauben, in denen sie nicht die besten Konsequenzen hat.

Konsequentialist*innen vertreten daher folgende zwei Behauptungen:

- Es wäre falsch, in der Beispielsituation die Sklaverei abzuschaffen.
- Es ist dennoch gut, dass fast alle der Meinung sind, es sei richtig, in der Beispielsituation die Sklaverei abzuschaffen.

Es ist nicht paradox, diese beiden Behauptungen zugleich zu vertreten, denn bei der Frage, welche Moralprinzipien die Menschen haben sollten, spielen solche fantastischen Fälle keine Rolle. Die Menschen sollten diejenigen Prinzipien haben, mit denen sie in wirklichen Fällen am häufigsten die richtigen Entscheidungen treffen. Zu welchen Urteilen diese Prinzipien in fantastischen Fällen führen, ist gleichgültig. Es ist normal, dass wir, aufgrund unserer tief sitzenden moralischen Überzeugungen einerseits stark dazu tendieren, die Sklaverei auch in dem fantastischen Beispiel für falsch zu halten, andererseits aber zugeben, dass wir, wenn wir den Fall genau betrachten, nichts Falsches daran sehen können.

Ausgehend von diesem Beispiel können wir eine allgemeine konsequentialistische Strategie für den Umgang mit Gegenbeispielen formulieren:

Erster Schritt: Das Gegenbeispiel ist unrealistisch und kann sich in unserer Welt nie so zutragen. Es ist daher kein Beispiel, in dem eine intuitiv falsche Handlung die besten Konsequenzen hat. Also ist es kein Beispiel, in dem Konsequentialist*innen etwas erlauben, was wir für moralisch falsch halten. Folglich gibt es keinen Konflikt zwischen dem Konsequentialismus und unseren moralischen Überzeugungen.

Zweiter Schritt: Das Gegenbeispiel wird, so wie es beschrieben ist, akzeptiert, aber als Beispiel einer Fantasiewelt, in der sich alles so wie beschrieben zutragen könnte. Dann würden diejenigen dem konsequentialistischen Moralurteil zustimmen, denen es gelingt, das Beispiel unter diesen fantastischen Gegebenheiten nur für sich (frei von Assoziationen mit der realen Welt) zu betrachten. Also ist es kein Beispiel, in dem Konsequentialist*innen etwas erlauben, was wir für moralisch falsch halten. Folglich gibt es keinen Konflikt zwischen dem Konsequentialismus und unseren moralischen Überzeugungen. Diejenigen, denen es nicht gelingt, das Beispiel unter diesen fantastischen Gegebenheiten nur für sich zu betrachten, würden das konsequentialistische Moralurteil ablehnen. Dies ist aber kein Einwand gegen den Konsequentialismus, da es eine plausible Erklärung für die Ablehnung des konsequentialistischen Moralurteils gibt: Die Menschen urteilen aus tief sitzenden Moralprinzipien, die für die wirkliche Welt gedacht sind und dort zu richtigen Urteilen führen, in den Fantasiewelten, für die sie nicht gedacht sind, aber zu falschen Urteilen führen. Da wir in der wirklichen Welt leben, ist es gut, dass Menschen diese Prinzipien haben und entsprechend urteilen. Es macht nichts, wenn sie in Fantasiebeispielen zu falschen Urteilen gelangen. Also ist die Meinungsverschiedenheit zwischen diesen Menschen und den Konsequentialist*innen kein legitimer Einwand gegen den Konsequentialismus. Folglich kann das Gegenbeispiel nicht zeigen, dass Konsequentialist*innen Handlungen erlauben und gebieten, die mit unserer herkömmlichen Moral unvereinbar sind.

Das Richtigkeitskriterium erlaubt zu viel

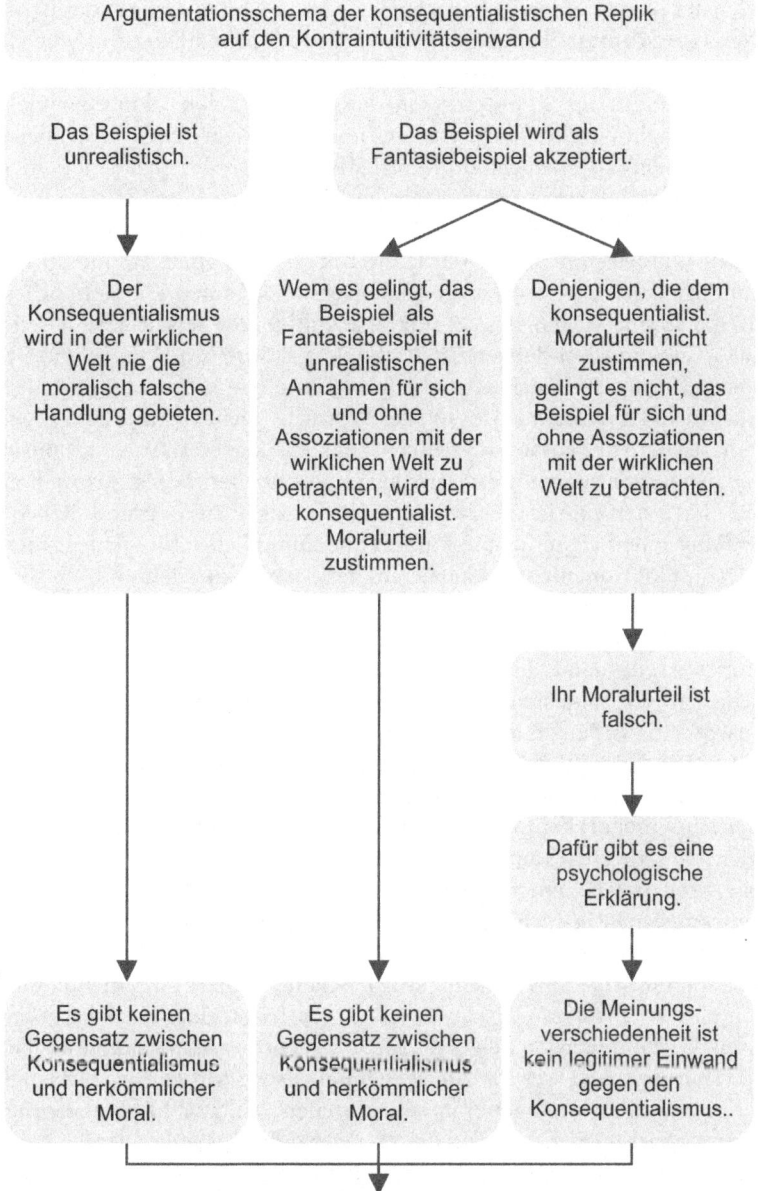

Einwände gegen den direkten Handlungskonsequentialismus

Kann diese konsequentialistische Strategie erfolgreich die zahlreichen mit Gegenbeispielen arbeitenden Einwände gegen den Konsequentialismus entkräften?

Der erste Schritt ist bei den meisten Gegenbeispielen berechtigt: Sie sind oft zu simpel konstruiert und ignorieren viele Unwägbarkeiten und nicht unmittelbar eintretende langfristige Konsequenzen der angeblich vom Konsequentialismus gebotenen Handlung. Die Frage ist, ob dieser Schritt bei allen Gegenbeispielen funktioniert oder ob es nicht doch realistische Gegenbeispiele gibt, in denen Konsequentialist*innen eine gemäß der herkömmlichen Moral falsche Handlung für richtig halten. Wenn es keine realistischen Gegenbeispiele gibt, werden Konsequentialist*innen in unserer Welt keine Handlungen erlauben, die mit unserer herkömmlichen Moral unvereinbar sind. Deontolog*innen könnten sich jedoch auf den Standpunkt stellen, dass es nur eine kontingente Tatsache ist, dass Konsequentialist*innen in den Beispielfällen das gleiche Moralurteil fällen wie Deontolog*innen. Wäre die Welt anders beschaffen, müssten sie andere Moralurteile fällen. Konsequentialist*innen sind also – so der Vorwurf – nicht *grundsätzlich* gegen z. B. Sklaverei, sondern nur aus kontingenten Gründen. Sklaverei ist aber grundsätzlich, unabhängig von kontingenten empirischen Gegebenheiten, falsch. Also halten Konsequentialist*innen eine grundsätzlich falsche Praxis nicht für grundsätzlich falsch und der Konsequentialismus ist mit unserer herkömmlichen Moral nicht vereinbar. Wenn Deontolog*innen darauf beharren, dass es darauf ankommt, ob Sklaverei grundsätzlich falsch ist, sollte das Konsequentialist*innen nicht beunruhigen, denn: Dass Sklaverei grundsätzlich (unabhängig von kontingenten empirischen Tatsachen) falsch ist, bedeutet, dass Sklaverei auch in den Fantasiebeispielen falsch ist. Den Schritt in die Fantasiewelt, der von Deontolog*innen verlangt wird, haben die Konsequentialist*innen aber im zweiten Schritt ihrer Argumentationsstrategie gemacht. Darin haben sie behauptet, dass auch Deontolog*innen, die das Beispiel unvoreingenommen und frei von Assoziationen mit der wirklichen Welt betrachten, zum gleichen Ergebnis kommen wie Konsequentialist*innen. Diejenigen, die nicht zum gleichen Ergebnis kommen, hätten es nicht geschafft, sich von ihren für die reale Welt geschaffenen Prinzipien zu lösen und hätten das Beispiel nicht unvoreingenommen betrachtet. Also haben Konsequentialist*innen gezeigt, dass Sklaverei *nicht* grundsätzlich falsch ist. Mit dem Pochen auf die Grundsatzfrage ist der deontologische Einwand endgültig gescheitert. Diese Argumentation gegen die deontologische Auffassung könnte jedoch ein Trugschluss sein! Zu behaupten, wer unvoreingenommen über das Fantasiebeispiel urteilt, teilt das konsequentialistische Moralurteil, und wer das konsequentialistische Moralurteil nicht teilt, hat es nicht geschafft, unvoreingenommen zu urteilen, kann als Immunisierungsstrategie interpretiert werden, die voraussetzt, was erst begründet werden soll: Dass unvoreingenommene Deontolog*innen zum selben Ergebnis kommen müssen wie Konsequentialist*innen, setzt voraus, dass das konsequentialistische Ergebnis das richtige Ergebnis ist. Die konsequentialistische Argumentation enthält kein Argument dafür, dass Deontolog*innen (bzw. gewöhnliche Menschen mit ihren moralischen Intuitionen) in dem Fantasiebeispiel so urteilen werden bzw. müssen wie Konsequentialist*innen. So interpretiert, setzt der zweite Schritt der konsequentialistischen Argumentationsstrategie voraus, was begründet werden soll und ist daher nutzlos gegen den deontologischen Einwand: Konsequentialist*innen haben nicht begründet, dass Deontolog*innen in Fantasiebeispielen das gleiche Moralurteil fällen wie Konsequentialist*innen, und haben deshalb nicht die deontologische Auffassung, dass Sklaverei grundsätzlich moralisch falsch ist, widerlegt. Wenn dies zutrifft, können sich Konsequentialist*innen nur mit dem ersten Schritt ihrer Argumentationsstrategie gegen Deontolog*innen verteidigen: Sie müssen hoffen, dass es kein reales Gegenbeispiel gibt, in dem eine intuitiv falsche Handlung, die besten Konsequenzen hat, und müssen darauf bestehen, dass dies zur Verteidigung des Konsequentialismus genügt und es nicht darauf ankommt, ob die Handlung grundsätzlich falsch ist.

Das Richtigkeitskriterium verlangt zu viel (Überforderungseinwand)

Wilhelm Buschs Satz »Das Gute – dieser Satz steht fest – ist stets das Böse, was man lässt!« trifft wahrscheinlich die Moralvorstellung vieler Menschen: Um ein moralisch tadelloses Leben zu führen, genügt es, dass wir anderen Menschen keinen Schaden zufügen, und dafür genügt es, die moralischen Verbote nicht zu verletzen, also nicht zu lügen, nicht zu stehlen, usw. Die Erfüllung dieser negativen Pflichten wird von jedem erwartet und erfordert meistens keine großen Anstrengungen. Natürlich sollen wir anderen Menschen helfen, wenn sie in Not sind, aber wie weit solche positiven Pflichten gehen, wie viel wir tun müssen, um ihnen zu genügen, darüber gehen die Meinungen auseinander. Nur eines steht fest: Wir sind nicht verpflichtet, ständig alles uns Mögliche zu tun, um anderen Menschen zu helfen.

Das genaue Gegenteil scheint aus dem Konsequentialismus zu folgen: Wir *sind* verpflichtet, ständig alles uns Mögliche zu tun, um anderen Menschen zu helfen. Damit entwerfen Konsequentialist*innen ein völlig anderes Bild der Moral: Nicht die negativen Pflichten machen den Kern der Moral aus, sondern die positiven Pflichten. (Während in der herkömmlichen Moral die negativen Pflichten ein stärkeres Gewicht haben als die positiven Pflichten und als Restriktionen die erlaubten Mittel bei der Erfüllung der positiven Pflichten einschränken – also die Maximierung des Guten verbieten –, haben im Konsequentialismus die positiven Pflichten stärkeres Gewicht und können, da es keine Restriktionen gibt, durch nichts eingeschränkt werden.) Im Konsequentialismus kommt es nicht bloß darauf an, anderen Menschen keinen Schaden zuzufügen, sondern darauf, das Gute anderer Menschen maximal zu fördern.

Dass wir verpflichtet sind, ständig alles uns Mögliche zu tun, um anderen Menschen zu helfen, scheint unmittelbar aus dem Richtigkeitskriterium bzw. dem Maximierungsgebot zu folgen. Danach ist nur die Herbeiführung des besten Zustands erlaubt bzw. geboten. Weniger gute Zustände herbeizuführen, obwohl wir den besten Zustand herbeiführen könnten, ist moralisch falsch und verboten. Daraus folgt als weiteres charakteristisches Merkmal des Konsequentialismus, dass es in ihm keine supererogatorischen Handlungen und keine Optionen (Prärogative) gibt:

Supererogatorische Handlungen sind moralisch lobenswerte Handlungen, die wir tun oder unterlassen dürfen, deren Unterlassung aber nicht tadelnswert ist. Sie gehen über die Pflicht hinaus, weil sie mit größeren Opfern verbunden sind als diejenigen Opfer, die wir für unsere Pflichterfüllung in Kauf nehmen müssen. Diese größeren Opfer sind so groß, dass sie von niemandem moralisch verlangt werden können.

Optionen (auch »**Prärogative**« und »**akteur-relative Prärogative**« genannt) erlauben uns, *nicht* den besten Zustand herbeizuführen. Zum Beispiel erlauben Optionen, dass wir unseren Hobbys nachgehen, auch wenn dies nicht die besten Konsequenzen hat und wir bessere Konsequenzen z. B. durch die Arbeit für die Nachbarschaftshilfe erzielen könnten.

Aufgrund der folgenden weiteren Merkmale des Konsequentialismus ist die Herbeiführung des besten Zustands mit sehr hohen Kosten für die handelnde Person verbunden:

Universalismus: Bei der Bestimmung des besten Zustands müssen wir die Konsequenzen für *alle* betroffenen Menschen berücksichtigen.

Unparteilichkeit: Die Konsequenzen für alle betroffenen Menschen zählen *gleich viel*. Wir dürfen die uns und uns nahestehenden Personen betreffenden Konsequenzen nicht stärker gewichten als die Konsequenzen für fremde und weit weg lebende Menschen. Wir dürfen also unsere eigenen Interessen nicht bevorzugen.

Aus der Konsequenzendeterminiertheit folgende Irrelevanz der Unterscheidung zwischen Tun und Unterlassen bzw. Zulassen: Da es nur auf die Konsequenzen bzw. auf Zustände ankommt, spielt es keine Rolle, ob sie das Resultat von Handlungen oder Unterlassungen sind. Wir sind für Unterlassungen im selben Maße moralisch verantwortlich wie für unsere Handlungen und sind somit für jedes Übel, das wir nicht lindern oder verhindern, obwohl wir es könnten, moralisch verantwortlich. Diese Implikation des Konsequentialismus wird als »**negative Verantwortung**« bezeichnet.[27]

Kosten für die handelnde Person

Welche Kosten der handelnden Person im Konsequentialismus auferlegt werden, wollen wir uns im Folgenden klarmachen:

Verletzung der Integrität der Person: Im Konsequentialismus sind wir nur kausale Rädchen im Getriebe der Maximierung des Guten. Was wir in jeder Situation tun dürfen, ist vollständig determiniert durch die gerade vorliegende Weltlage und unsere kausalen Möglichkeiten, sie zu verbessern. Dies hat zur Folge, dass wir unsere wichtigsten Interessen, Projekte, Pläne und Lebensziele, mit denen wir uns als Person identifizieren und die unserem Leben Sinn geben, jederzeit aufgeben müssen, wenn die äußere Situation es für unseren Einsatz zur Maximierung des Guten erfordert.[28]

Punktuell hohe absolute Kosten für die handelnde Person liegen vor, da das Maximierungsgebot von der handelnden Person verlangt, in bestimmten

Situationen ein großes Opfer in Kauf zu nehmen, z. B. die eigene Gesundheit, das eigene Leben, das Leben ihr nahestehender Personen, das Verfolgen eines wichtigen persönlichen Zieles usw. Man kann darüber streiten, ob es in unserer herkömmlichen Moral punktuell zu hohe absolute Kosten gibt. Ist es unter keinen Umständen geboten, das eigene Leben zu opfern, oder könnte selbst dieses große Opfer unsere Pflicht sein, wenn wir dadurch ein sehr großes Unheil verhindern und vielen Menschen (wie vielen? 100? 1000?) das Leben retten könnten? Vielleicht stimmt es nicht, dass der Konsequentialismus uns im Gegensatz zur herkömmlichen Moral zu hohe Kosten abverlangt. Vielleicht sind auch in der herkömmlichen Moral keine Kosten zu hoch, wenn der Nutzengewinn sehr groß ist. Der Verweis auf die von der handelnden Person verlangten punktuell hohen absoluten Kosten ist kein Einwand gegen den Konsequentialismus, wenn die herkömmliche Moral ebenso viel von der handelnden Person verlangt.

Selbst wenn hinsichtlich der absoluten Kosten der Konsequentialismus nicht mehr verlangen würde als die herkömmliche Moral, wäre der Vorwurf der zu hohen Kosten für die handelnde Person nicht entkräftet, da man dem Konsequentialismus darüber hinaus vorwerfen kann, dass er unverhältnismäßige Kosten von der handelnden Person verlangt:

Punktuell hohe unverhältnismäßige Kosten für die handelnde Person liegen vor, da das Maximierungsgebot die hohen Kosten von der handelnden Person nicht nur verlangt, wenn ihnen ein sehr großer Nutzen gegenübersteht, sondern schon dann, wenn der Nutzengewinn nur minimal (z. B. eine Nutzeneinheit) ist, wenn also der Gesamtnutzen durch das große Opfer der handelnden Person nur unwesentlich höher ist als ohne dieses Opfer. Man muss sein Leben nicht nur opfern, wenn dies notwendig ist, um das Leben tausender Menschen zu retten, sondern schon, um das Leben zweier Menschen zu retten und selbst, um das Leben eines Menschen zu retten, wenn dessen Leben minimal mehr zum Gesamtnutzen beiträgt (weil er, unter sonst gleichen Bedingungen, etwas glücklicher durchs Leben geht als die handelnde Person). Mit solchen Forderungen unterscheidet sich der Konsequentialismus deutlich von der herkömmlichen Moral.

Hohe iterative Kosten für die handelnde Person liegen vor, da das Maximierungsgebot verlangt, im täglichen Leben ständig Opfer zu erbringen: Ich möchte ins Kino gehen, überlege mir aber, dass der für den Eintritt auszugebende Betrag mehr Nutzen stiftet, wenn er für einen wohltätigen Zweck gespendet wird. Also ist der Kinobesuch verboten, ich bleibe zu Hause und überweise den Betrag an eine Hilfsorganisation. Diese Überlegung wiederholt sich bei jedem weiteren geplanten Kinobesuch, sodass ich nie ins Kino gehen darf. Gleiches gilt für die meisten unserer Ausgaben. Wir müssen unseren Lebensstandard signifikant senken und auf Luxusgüter, Vergnügungen etc. verzichten und stattdessen unser Geld und unsere Zeit für gute Zwecke opfern. Die iterativen Kosten könnten im absoluten Sinn zu hoch sein, falls man der Meinung ist, dass die Moral nicht von uns verlangen kann, unseren Lebensstil so drastisch einzuschränken. Sie könnten auch als unverhältnismäßig hoch betrachtet werden, da die Einbußen an Lebensqualität für die handelnde Person sehr groß sind, aber die Spenden (der einzelnen handelnden

Person) insgesamt kaum wahrnehmbar zur Minderung des Elends in der Welt beitragen. Auch hinsichtlich der iterativen Kosten gebietet der Konsequentialismus mehr als die herkömmliche Moral. Diese gebietet ebenfalls, Geld zu spenden, aber nicht in dem extremen Ausmaß wie der Konsequentialismus.

Die herkömmliche Moral würde viele der vom Konsequentialismus geforderten Handlungen als supererogatorische Handlungen auffassen, deren Unterlassung nicht moralisch falsch und nicht tadelnswert ist. Wo die Grenze zwischen gebotenen und supererogatorischen Handlungen liegt, ist nicht eindeutig festgelegt, aber *dass* es Handlungen gibt, die eindeutig supererogatorisch sind, scheint für viele Menschen offensichtlich zu sein. Gegen den Konsequentialismus kann man einwenden, dass er keinen Platz für supererogatorische Handlungen lässt und daher mit unseren gewöhnlichen Moralvorstellungen unvereinbar und somit kontraintuitiv ist. Dass der Konsequentialismus keinen Raum für supererogatorische Handlungen lässt, folgt aus dem Maximierungsgebot, dem zufolge nur die Handlung mit den besten Konsequenzen moralisch richtig und jede andere Handlung moralisch falsch ist.

Keine optionalen Handlungen: Eine weitere Implikation aus dem Maximierungsgebot ist, dass es keine optionalen Handlungen gibt: Jede Handlung ist entweder geboten oder verboten, es gibt keine Handlungen, bei denen es uns freisteht, ob wir sie ausführen oder unterlassen. Damit bestimmt der Konsequentialismus jeden Augenblick unseres Lebens und gesteht uns keinerlei moralfreien Raum zu. Dieses Merkmal können wir als **Moralismus** und eine Theorie mit diesem Merkmal als **moralistische Theorie** bezeichnen. Ihre Kosten für die handelnde Person bestehen in der unzumutbaren Einschränkung bzw. Einbuße der Entscheidungs- und Handlungsfreiheit und der Freiheit in der Gestaltung des eigenen Lebens. Der Moralismus kann folgende Formen annehmen:

Moralismus bei zwischenmenschlichen Handlungen: Unter zwischenmenschlichen Handlungen wollen wir Handlungen verstehen, die nicht nur Konsequenzen für die handelnde Person haben, sondern auch für andere Menschen, also alle Handlungen, von denen andere Menschen betroffen sind. Der Moralismus bei zwischenmenschlichen Handlungen hat zwei Aspekte:

a) **Keine optionalen zwischenmenschlichen Handlungen:** Jede noch so triviale zwischenmenschliche Handlung ist entweder geboten oder verboten. Es gibt keine optionalen zwischenmenschlichen Handlungen.

b) **Verbot des Rechtsverzichts bzw. des Verzichts auf persönliche Vorteile:** Wenn selbstbegünstigende zwischenmenschliche Handlungen, also Handlungen, von denen die handelnde Person profitiert, die besten Konsequenzen haben, ist es verboten, zugunsten anderer auf diese Vorteile zu verzichten. Als Folge daraus ist es verboten, zugunsten anderer auf sein Recht zu verzichten, wenn dies nicht die besten Konsequenzen hat.

Moralismus bei privaten Handlungen: Unter privaten Handlungen wollen wir Handlungen verstehen, die keine Konsequenzen für andere Menschen haben, von denen also niemand außer der handelnden Person betroffen ist. Aus dem Maximierungsgebot folgt auch, dass jede noch so triviale private Handlung entweder geboten oder verboten ist, sodass es selbst alleine in den eigenen vier Wänden keine optionalen Handlungen gibt und man immer die Handlung wählen muss, die die besten Konsequenzen für die handelnde Person hat: Selbst die Entscheidung, ein Buch zu lesen oder einen Film anzusehen, ist eine moralische Entscheidung!

Vom Standpunkt der herkömmlichen Moral erscheint eine Theorie mit diesen moralistischen Implikationen als absurd. In der Moral geht es um die Regulierung zwischenmenschlicher Beziehungen. Es geht um die Berücksichtigung anderer Menschen und ihrer Interessen. Nur Handlungen, die andere Menschen betreffen (zwischenmenschliche Handlungen), sind moralisch relevant und unterliegen moralischen Einschränkungen. Selbst wenn man Pflichten gegenüber sich selbst anerkennt, dann sicherlich nicht bei trivialen Alltagshandlungen. Vielleicht ist es irrational, wenn ich alleine zu Hause eine Handlung ausführe, die mir (bei gleichem Aufwand) weniger Freude bereitet als eine andere Handlung, aber sicherlich handle ich damit nicht moralisch falsch. Der Moralismus bei privaten Handlungen widerspricht also unserer herkömmlichen Moral. Das Gleiche gilt für den Moralismus bei zwischenmenschlichen Handlungen: Viele zwischenmenschliche Handlungen sind so unbedeutend, dass sie keiner moralischen Beurteilung unterliegen und selbst dann, wenn sie nicht die besten Konsequenzen haben, nicht als moralisch falsch gelten. Auch das Verbot des Rechtsverzichts bzw. des Verzichts auf einen eigenen Vorteil ergibt aus Sicht der herkömmlichen Moral keinen Sinn: Zweck der Moral ist in erster Linie der Schutz anderer Menschen vor Übervorteilung, aber es steht uns frei, zugunsten anderer auf eigene Vorteile zu verzichten. Eine moralistische Theorie ist inakzeptabel, weil sie mit unserer Vorstellung vom Sinn und Zweck der Moral nicht vereinbar ist. In einer Theorie mit diesem Merkmal stimmt etwas Grundsätzliches nicht. Da der Moralismus eine direkte Folge des Maximierungsgebots zu sein scheint, scheint der Moralismusvorwurf ein gewichtiger Einwand gegen den Konsequentialismus zu sein. Konsequentialist*innen könnten erwidern, dass das Maximierungsgebot theoretisch tatsächlich diese moralistischen Konsequenzen hat, dies aber, was die trivialen privaten und zwischenmenschlichen Handlungen in unserem täglichen Leben angeht, keine Rolle spielt, da wir auf lange Sicht eher die besten Konsequenzen herbeiführen, wenn wir nicht bei jeder einzelnen trivialen Handlung überlegen, ob es eine andere Handlung mit besseren Konsequenzen gibt. Diese Antwort wäre allerdings nicht auf nicht-triviale private Handlungen anwendbar, bei denen die handelnde Person eine Handlung ausführt, die wesentlich schlechtere Konsequenzen hat als eine andere Handlung, die sie ausführen könnte. Offen bleibt, wie Konsequentialist*innen auf den Vorwurf des Verbots des Rechtsverzichts reagieren könnten.

Für Konsequentialist*innen kommt noch eine andere Möglichkeit in Betracht, den Moralismuseinwand zurückzuweisen. Sie könnten argumentieren, dass der Moralismus allem Anschein zum Trotz keine Folge des Konsequentialismus ist: Das einzige Argument für den Moralismus des Konsequentialismus ist, dass er unmittelbar daraus folgt, dass das Maximierungsgebot keine optionalen Handlungen zulässt und jede Handlung, die nicht die besten Konsequenzen hat, moralisch falsch ist. Dieses Argument kann nur vorgebracht werden, wenn man das Maximierungsgebot wörtlich interpretiert und dabei vergisst, in welchen Kontext es eingebettet ist. Da wir den Konsequentialismus als *ethische Theorie* auffassen, müssen wir, wenn wir eine ethische Theorie konstruieren bzw. hinsichtlich ihrer Plausibilität beurteilen wollen, bestimmte Vorstellungen über die Moral voraussetzen. So haben wir beim Schluss von der Konsequenzendeterminiertheit auf die Maximierungserlaubnis vorausgesetzt, dass der teuflische Konsequentialismus mit unserer Moralvorstellung unvereinbar ist und nicht weiter berücksichtigt werden muss. Ebenso haben wir den Laissez-faire-Konsequentialismus als mit unserer Moralvorstellung unvereinbar ausgeschlossen, da er zu wenig fordert und die Grenze zum Verbotenen zu niedrig ansetzt. Auch der Überforderungseinwand gegen den Konsequentialismus setzt bestimmte, zugegebenermaßen sehr vage, Vorstellungen darüber voraus, was die Moral von uns verlangen kann. Ebenso beruht der hier erörterte Einwand, dass der Konsequentialismus keinen moralfreien Raum zulässt auf einer bestimmten Vorstellung über die Moral, derzufolge es einen moralfreien Raum geben müsse. Warum sollte diese Moralvorstellung mit dem Konsequentialismus nicht vereinbar sein? Konsequentialist*innen können, ohne sich zu widersprechen, der Meinung sein, dass die Moral nur ins Spiel kommt, wenn andere Menschen (oder Tiere) von den Handlungen einer Person betroffen sind. Gemäß dieser Moralvorstellung gibt es keine Pflichten gegenüber sich selbst, sondern nur Pflichten gegenüber anderen Menschen. Moralische Richtigkeitskriterien, Gebote und Verbote sind nur auf zwischenmenschliche Handlungen anwendbar, und es gibt keinen *moralischen* Grund zu der Annahme, dass wir bei privaten Handlungen die Handlung mit den besten Konsequenzen ausführen müssten. Ebenso können Konsequentialist*innen die herkömmliche Auffassung teilen, dass es Handlungen gibt, die aufgrund ihrer trivialen Konsequenzen nicht der moralischen Beurteilung und deshalb nicht dem konsequentialistischen Richtigkeitskriterium unterliegen. Aus dieser Sicht der Moral gibt es auch keinen Grund, einen Rechtsverzicht bzw. einen Verzicht auf einen eigenen Vorteil als moralisch falsch zu betrachten.

Diese Antwort auf den Moralismuseinwand entkräftet aber nur den Einwand, dass man selbst bei der Entscheidung, welchen Film man alleine zu Hause ansieht, moralisch falsch handelt, wenn man den Film wählt, der weniger Freude bereitet. Weiterhin bestehen bleibt der Einwand, dass man keinen Film ansehen darf und stattdessen anderen Menschen helfen soll, dass es also (abgesehen von trivialen Handlungen, wie zuerst den linken Schuh binden oder zuerst den rechten Schuh binden) keine privaten Handlungen gibt, da man stattdessen immer eine zwischenmenschliche Handlung mit besseren Konsequenzen ausführen kann. An dieser Stelle kann man allerdings fragen, ob nicht auch Deontolog*innen, die eine Pflicht zur Hilfeleistung anerkennen, mit dem gleichen Problem konfrontiert sind.

Wie bedeutsam ist der Überforderungseinwand für den Konsequentialismus? Da dieser Einwand nicht nur gegen den Konsequentialismus, sondern auch gegen deontologische Theorien vorgebracht werden kann, muss man zunächst fragen:

- Ist die Überforderung der moralischen Akteur*innen ein legitimer Einwand gegen eine ethische Theorie?

Hält man die Überforderung für einen legitimen Einwand, stellt sich als nächste Frage:

- Ist der Konsequentialismus in stärkerem Maß als andere ethische Theorien von dem Einwand betroffen oder sind alle ethischen Theorien *companions in guilt*?

Letzteres ist keine Entkräftung des Einwands, jedoch kein Grund, nur den Konsequentialismus aufgrund des Überforderungseinwands für eine inakzeptable Theorie zu halten. Aspekte des Überforderungseinwands, die nur den Konsequentialismus betreffen, sind die oben erwähnten hohen unverhältnismäßigen Kosten für die handelnde Person und der Moralismus (speziell bei privaten Handlungen). Wenn man den Überforderungseinwand für einen legitimen Einwand hält und der Konsequentialismus davon in stärkerem, vielleicht inakzeptablen Maß betroffen ist, bleibt als letzte entscheidende Frage:

- Kann der Konsequentialismus den Überforderungseinwand entkräften?

Diese Frage kann hier nicht ausführlich diskutiert und beantwortet werden. Folgende Repliken auf den Einwand wurden von Konsequentialist*innen vorgeschlagen:

- Akzeptanz: Man gesteht zu, dass der Konsequentialismus sehr viel fordert, aber angesichts des Elends in der Welt, muss man dies akzeptieren. Die Überforderung ist kein der Theorie inhärenter Fehler, sondern resultiert aus dem aktuellen Weltzustand mit einem unfairen Wirtschaftssystem und mangelnder Hilfsbereitschaft der Menschen und Staaten. (Diese Replik entkräftet nicht den Moralismusvorwurf.)
- Skalarer Konsequentialismus: Handlungen werden zwar gemäß der Gutheit ihrer Konsequenzen als bessere oder schlechtere Handlungen angeordnet, aber es gibt keine moralischen Forderungen und keine richtige Handlung. (Alastair Norcross)[29]
- Indirekter Handlungskonsequentialismus.
- Satisfizierender Konsequentialismus.
- Regelkonsequentialismus.
- Konsequentialisierung.

Die vier letzten Varianten des Konsequentialismus werden in den folgenden Kapiteln behandelt.

Satisfizierender Konsequentialismus

Zu Beginn des Buches sind wir von dem unhaltbaren Laissez-faire-Konsequentialismus direkt zum maximierenden Konsequentialismus übergegangen. Vielleicht ist es mit Blick auf die Kosten für die handelnde Person aber plausibler, nicht direkt zum maximierenden Konsequentialismus zu springen, sondern die Grenze zwischen verbotenen und erlaubten Handlungen irgendwo zwischen den beiden Extremen zu ziehen:

Verboten				Erlaubt	
				Geboten	Supererogatorisch
H_6	H_5	H_4	H_3	H_2	H_1
Schlechteste Konsequenzen				Hinreichend gute Konsequenzen	Beste Konsequenzen

Satisfizierender Konsequentialismus

Eine Handlung wäre demzufolge nicht nur erlaubt, wenn sie die besten Konsequenzen hat, sondern schon, wenn ihre Konsequenzen einen bestimmten Mindeststandard erfüllen und in diesem Sinn *gut genug* sind. Vielleicht ist es gut genug, wenn man 10 % seines Einkommens für wohltätige Zwecke spendet (obwohl es bessere Konsequenzen hätte, mehr Geld zu spenden). Geboten wäre die Ausführung einer Handlung, deren Konsequenzen gut genug sind. Innerhalb der Menge der Handlungen mit hinreichend guten Konsequenzen wäre jede Handlung erlaubt (auch die Handlung mit den besten Konsequenzen). Handlungen, deren Konsequenzen besser sind als gut genug, sind supererogatorische Handlungen. Diese Form des Konsequentialismus bezeichnet man als **satisfizierenden (satisficing) Konsequentialismus**. Sein Richtigkeitskriterium lautet in einer ersten, noch zu unbestimmten Formulierung:

SatO Eine Handlung ist moralisch richtig genau dann, wenn ihre Konsequenzen gut genug sind.
Eine Handlung ist moralisch falsch genau dann, wenn ihre Konsequenzen nicht gut genug sind.

Ob der satisfizierende Konsequentialismus als Alternative zum maximierenden Konsequentialismus infrage kommt, hängt davon ab, ob sich ein plausibles Kriterium für hinreichend gute Konsequenzen finden lässt, wobei ein solches Kriterium nur dann plausibel ist, wenn es (i) die handelnde Person nicht überfordert –

Satisfizierender Konsequentialismus

denn die Überforderung war der Grund, eine Alternative zum maximierenden Konsequentialismus zu suchen – und (ii) keine offensichtlich falschen Moralurteile impliziert. Die Schwierigkeiten, ein plausibles Kriterium zu finden, werden an den folgenden Vorschlägen für Richtigkeitskriterien des satisfizierenden Konsequentialismus deutlich.[30]

1. Absolute Version: Eine richtige Handlung muss mindestens einen bestimmten absoluten Nutzen n erreichen. Es spielt keine Rolle, ob es andere Handlungsalternativen mit besseren Konsequenzen gibt und wie viel besser diese Konsequenzen sind. Es zählt nur der absolute Nutzen, nicht der Nutzen verglichen mit dem Nutzen anderer Handlungsalternativen:

Sat1 Es gibt eine Zahl n, sodass gilt: Eine Handlung ist moralisch richtig genau dann, wenn
   (i)   ihr Nutzen mindestens n ist oder
   (ii) sie maximalen Nutzen hat.

2. Komparative Version: Im Unterschied zur vorigen Version kommt es in dieser Version nicht auf den absoluten Nutzen an, sondern darauf, wie weit der Nutzen vom Nutzen der Handlung mit den besten Konsequenzen entfernt ist: Eine richtige Handlung muss angemessen nah an der Handlung mit dem maximalen Nutzen sein. Was »angemessen nah« ist, kann auf unterschiedliche Weise präzisiert werden:

Sat2 Es gibt eine Bruchzahl n, sodass gilt: Eine Handlung ist moralisch richtig genau dann, wenn
   ihr Nutzen plus [(dem Nutzen der Handlung mit maximalem Nutzen minus dem Nutzen der Handlung mit minimalem Nutzen) mal n] mindestens so groß ist wie der Nutzen der Handlung mit maximalem Nutzen.

Zum Beispiel: Die Handlung mit maximalem Nutzen habe den Nutzen 20, die Handlung mit minimalem Nutzen habe den Nutzen 5. n sei 1/10:

$$x + [(20-5) \text{ mal } 1/10] \geq 20$$
$$x + 15/10 \geq 20$$
$$x + 1{,}5 \geq 20$$
$$x \geq 18{,}5$$

Die richtige Handlung muss also mindestens einen Nutzen von 18,5 haben. Bei $n = 1/5$ muss sie einen Nutzen von mindestens 17 und bei $n = 1/2$ einen Nutzen von mindestens 12,5 haben.

Eine andere Interpretation der angemessenen Nähe zur Handlung mit den besten Konsequenzen wäre:

Sat3 Es gibt eine Zahl n, sodass gilt: Eine Handlung ist moralisch richtig genau dann, wenn
   ihr Nutzen plus n mindestens so groß ist wie der Nutzen der Handlung mit maximalem Nutzen.

Zum Beispiel: Die Handlung mit dem maximalen Nutzen habe den Nutzen 20. n sei 10:

$$x + 10 \geq 20$$
$$x \geq 10.$$

Die richtige Handlung muss also mindestens einen Nutzen von 10 haben. Bei $n = 5$ muss sie einen Nutzen von mindestens 15 und bei $n = 2$ einen Nutzen von mindestens 18 haben.

3. Kombination der absoluten mit der komparativen Version:

Sat4 Es gibt eine Zahl n, sodass gilt: Eine Handlung ist moralisch richtig genau dann, wenn
  (i) ihr Nutzen mindestens n ist, oder
  (ii) ihr Nutzen kleiner als n ist, aber angemessen nah am Nutzen der Handlung mit maximalem Nutzen.

»Angemessen nah« in (ii) kann gemäß Sat2 oder Sat3 präzisiert werden.

In allen bisherigen Varianten hängt die Richtigkeit davon ab, wie viel Nutzen sie selbst hervorbringt, unabhängig davon, wie hoch das Nutzenniveau des Zustands der Welt (vor und nach der Handlung) ist. In den folgenden Kriterien hängt die Richtigkeit vom Nutzenniveau des Weltzustands ab.

4. Die richtige Handlung muss zu einem Zustand führen, der mindestens ein bestimmtes absolutes Nutzenniveau erreicht:

Sat5 Es gibt eine Zahl n, sodass gilt: Eine Handlung ist moralisch richtig genau dann, wenn
  (i) sie zu einem Zustand führt, der mindestens den Nutzen n hat, oder
  (ii) sie zum Zustand mit maximalem Nutzen führt.

Gemäß diesem Kriterium könnte eine Handlung richtig sein, die zu einem Zustand mit dem (Gesamt-)Nutzen n führt, in dem aber einzelne Menschen auf einem sehr niedrigen Nutzenniveau leben. Dieser Mangel wird im nächsten Kriterium behoben:

5. Die richtige Handlung muss zu einem Zustand führen, in dem jeder Mensch mindestens ein bestimmtes absolutes Nutzenniveau erreicht:

Sat6 Es gibt eine Zahl n, sodass gilt: Eine Handlung ist moralisch richtig genau dann, wenn
  (i) sie zu einem Zustand führt, in dem jeder Mensch mindestens den Nutzen n hat, oder
  (ii) sie zum Zustand mit maximalem Nutzen führt.

Alle diese Prinzipien sind unplausibel, da sie grundloses Töten, Schädigen bzw. Verschlechtern eines Zustands oder grundloses Verhindern eines besseren Zustands erlauben: Sat1 erlaubt das Verhindern von besseren Konsequenzen durch das Herbeiführen von schlechteren Konsequenzen, solange die schlechteren Konsequenzen mindestens den Nutzen n haben: Angenommen, n sei 20 und die Konsequenzen des untätigen Sitzens auf meinem Sofa hätten den Nutzen 100. Nach Sat1 wäre es erlaubt, dass ich diese Konsequenzen verhindere, indem ich aufstehe und eine Handlung ausführe, deren Konsequenzen nur den Nutzen 20 haben. Analog lässt sich auch gegen die anderen Prinzipien argumentieren. Sat5 erlaubt sogar das grundlose Töten von Menschen, solange der Nutzen des resultierenden Zustands nicht unter n sinkt. Sat6 verbietet zwar das grundlose Töten von Menschen, erlaubt aber das grundlose Schädigen von Menschen, wenn der Nutzen der Geschädigten nicht unter n sinkt. Außerdem wird es, wenn n einigermaßen groß ist, immer Menschen geben, deren Nutzen unter n liegt, und niemand wird es schaffen, alle Menschen auf mindestens n zu heben. Da Sat6 unter diesen Umständen das Satisfizieren verbietet und verlangt, den Zustand mit maximalem Nutzen herbeizuführen, fordert Sat6 ebenso viel von der handelnden Person wie der maximierende Konsequentialismus[31].

Ein Grund dafür, dass diese Satisfizierungsprinzipien unbefriedigend sind, ist, dass in keinem der Prinzipien die Kosten für die handelnde Person erwähnt werden. Sie erlauben daher das Herbeiführen eines schlechteren Zustands bzw. die Verhinderung eines besseren Zustands, obwohl es die handelnde Person nichts kosten würde, dafür zu sorgen, dass der bessere Zustand eintritt. Wenn die Überforderung der handelnden Person, also die Kosten für die handelnde Person, der Grund für das Vorziehen des satisfizierenden gegenüber dem maximierenden Konsequentialismus ist, verwundert es, dass die Kosten für die handelnde Person in den Satisfizierungsprinzipien keine Rolle spielen. Insofern ist der satisfizierende Konsequentialismus keine ehrliche Theorie, da es eine Diskrepanz zwischen der Motivation für die Theorie und der Ausformulierung der Theorie gibt: Man führt die Theorie ein, um die Kosten für die handelnde Person zu begrenzen, will diesen Faktor in der Theorie aber nicht beim Namen nennen. (Ein möglicher Grund dafür wird im nächsten Abschnitt diskutiert.) Das folgende Prinzip behebt diesen Mangel:[32]

Sat7 Es gibt eine Zahl n, sodass gilt: Eine Handlung H, ausgeführt von Person P, ist moralisch richtig genau dann, wenn
  (i) sie mindestens den Nutzen n hat und für jede Alternative zu H mit größerem Nutzen gilt: Würde P diese bessere alternative Handlung ausführen, wäre Ps Nutzen vergleichsweise signifikant niedriger als vor der Ausführung der alternativen Handlung, oder
  (ii) sie zum Zustand mit maximalem Nutzen führt.

Dieses Prinzip berücksichtigt die Kosten für die handelnde Person und verlangt ein angemessenes Verhältnis zwischen den Kosten für die handelnde Person und dem Nutzengewinn durch die Handlung mit den besten Konsequenzen: Für die Erlaubnis, nicht die Handlung mit den besten Konsequenzen auszuführen, genügt es nicht, dass die handelnde Person geringfügige Kosten hat und nach der Handlung mit den besten Konsequenzen einen geringfügig niedrigeren Nutzen hätte, sondern die Kosten für die handelnde Person müssen im Verhältnis zum Nutzengewinn der Handlung mit den besten Konsequenzen signifikant hoch sein. Ob dieses Prinzip nicht zu viel von der handelnden Person verlangt, hängt davon ab, was man als einen signifikanten Nutzenverlust der handelnden Person im Verhältnis zum Nutzengewinn der Handlung mit den besten Konsequenzen betrachtet. Ist z. B. der Verlust meines Lebens immer ein vergleichsweise signifikanter Nutzenverlust, unabhängig davon, wie viele Menschenleben ich durch mein Opfer retten könnte?

Auch wenn das letzte Satisfizierungsprinzip plausibler als die anderen ist, lässt sich gegen dieses und alle anderen Prinzipien einwenden, dass darin stets von einem Nutzen n die Rede ist, aber völlig unklar bleibt, was damit gemeint ist und wie dieses n frei von Willkür bestimmt werden kann. Sicherlich kann n kein situationsunabhängiger Wert sein, der einmal festgelegt für alle Situationen gilt. Er muss also in jeder Situation neu bestimmt werden, aber nach welchen Kriterien?

Zumutbarer Konsequentialismus

Eine Alternative zum satisfizierenden Konsequentialismus ist die Auffassung, dass eine Handlung nur dann geboten sein kann, wenn die Kosten für die handelnde Person der handelnden Person *zumutbar* sind. Wer (vii) (vgl. S. 45) für unplausibel hält, weil es der handelnden Person zu große Opfer zumutet, findet vielleicht folgenden Zusammenhang einleuchtender:

(viii) Wenn die Richtigkeit einer Handlung nur von den Konsequenzen abhängt, kann es niemals moralisch richtig sein, die Handlung mit den schlechteren Konsequenzen anstelle der Handlung mit den besseren Konsequenzen auszuführen, wenn die Kosten der Ausführung der Handlung mit den besseren Konsequenzen der handelnden Person zumutbar sind.

Gemäß dieser Auffassung wäre es geboten, diejenige der der handelnden Person zumutbaren Handlungen auszuführen, die die besten Konsequenzen hat. Dieses eingeschränkte Maximierungsgebot können wir als **Gebot der zumutbaren Maximierung** bezeichnen.

GZM Es ist stets moralisch geboten, diejenige für die handelnde Person zumutbare Handlung auszuführen, die die besten Konsequenzen hat.

Das **Richtigkeitskriterium des zumutbaren Konsequentialismus** lautet:

RKZK Eine Handlung ist moralisch richtig genau dann, wenn es keine der handelnden Person zumutbare Handlung mit besseren Konsequenzen gibt.

Eine Handlung ist moralisch falsch genau dann, wenn es eine der handelnden Person zumutbare Handlung mit besseren Konsequenzen gibt.

Verboten				Erlaubt	
				Geboten	Supererogatorisch
H_6	H_5	H_4	H_3	H_2	H_1
Schlechteste Konsequenzen				Noch zumutbare Konsequenzen	Beste (unzumutbare) Konsequenzen

Zumutbarer Konsequentialismus

Dieses Richtigkeitskriterium lässt offen, was der handelnden Person zumutbar ist, und ist insofern unbefriedigend. Was einer Person zumutbar ist, lässt sich nicht allgemein und präzise in einem Zumutbarkeitskriterium bestimmen, sondern wird oft im Ermessen der einzelnen Personen liegen. Dennoch gibt es bestimmte weitverbreitete Überzeugungen darüber, dass bestimmte Handlungen bzw. Opfer nicht zumutbar und deshalb nicht geboten sind — dies war schließlich der Anlass für den Einwand gegen das uneingeschränkte Maximierungsgebot des maximierenden Konsequentialismus. Zumutbarkeit ist zwar vage, aber dennoch kann man sich darüber verständigen, was zumutbar ist, während die für n einzusetzenden Werte im satisfizierenden Konsequentialismus willkürlich sind, da nicht klar ist, nach welchen Gesichtspunkten man sie auswählen soll.

Der zumutbare Konsequentialismus erlaubt der handelnden Person stets das zu tun, was die besten Konsequenzen hat, gebietet aber nicht mehr, als ihr zumutbar ist.[33] Da gegen den Konsequentialismus stets eingewandt wird, dass er zu viel von uns verlangt, ist — wenn man diesen Einwand für berechtigt hält — der zumutbare Konsequentialismus plausibler als der maximierende Konsequentialismus — es sei denn, man betrachtet ihn nicht mehr als konsequentialistische Theorie: Da mit der Zumutbarkeit ein neuer Faktor hinzukommt, scheint die Richtigkeit nicht nur von den Konsequenzen, sondern auch von der Zumutbarkeit für die handelnde Person abzuhängen. Damit wäre die Konsequenzendeterminiertheit, die wir als charakteristisches Merkmal des Konsequentialismus eingeführt haben, nicht mehr gegeben. Ist diese Überlegung zutreffend und deshalb der zumutbare Konsequentialismus keine Option, die Konsequentialist*innen offensteht? Im zumutbaren Konsequentialismus sind Handlungen erlaubt bzw. geboten, die im maximierenden Konsequentialismus verboten sind:

Maxim. Kons.	Verboten					Erlaubt/ Geboten
Zumutbarer Kons.	Verboten				Erlaubt/ Geboten	Erlaubt/ Supererogatorisch
	H_6	H_5	H_4	H_3	H_2	H_1
	Schlechteste Konsequenzen				Noch zumutbare Konsequenzen	Beste (aber unzumutbare) Konsequenzen

Maximierender vs. zumutbarer Konsequentialismus

Die Richtigkeit hängt also tatsächlich auch von der Zumutbarkeit ab. Dennoch ist es nicht offensichtlich, dass damit die Konsequenzendeterminiertheit verletzt ist und keine konsequentialistische Theorie mehr vorliegt. Um dies zu prüfen, stelle man sich zunächst die (unplausible) Position vor, dass Handlungen, die man handelnden Personen nicht zumuten kann, verboten sind. Unter dieser Annahme kann der Fall eintreten, dass es verboten ist, die Handlung mit den besten Konsequenzen auszuführen, weil sie unzumutbar ist. Somit gäbe es Restriktionen und die Richtigkeit hinge nicht nur von den Konsequenzen ab, sondern auch von der Zumutbarkeit für die handelnde Person. Diese Theorie wäre also nicht konsequentialistisch. Lässt sich beim zumutbaren Konsequentialismus analog argumentieren?

Um dies zu klären, müssen wir uns klarmachen, was es heißt, dass die Richtigkeit nur von den Konsequenzen bzw. nur von der Güte der Konsequenzen abhängt. Um zu entscheiden, welche Handlungen richtig sind, benötigen wir zuerst eine Rangordnung der Handlungen hinsichtlich der Güte ihrer Konsequenzen. Aus dieser Rangordnung folgt jedoch kein Richtigkeitskriterium! Wie wir gesehen haben, benötigen wir noch ein Kriterium, um irgendwo in dieser Rangordnung die Trennlinie zwischen verbotenen und erlaubten Handlungen zu ziehen. Dass die Richtigkeit nur von den Konsequenzen abhängt, bedeutet also:

- Es gibt eine Rangordnung der Handlungen von der schlechtesten zur besten Handlung, wobei das einzige Kriterium für diese Rangordnung die Güte der Konsequenzen einer Handlung ist.
- Es gibt ein Kriterium dafür, irgendwo in dieser Rangordnung eine Trennlinie zwischen verbotenen und erlaubten Handlungen zu ziehen, sodass alle Handlungen oberhalb dieser Trennlinie erlaubt sind und insbesondere die Handlung mit den besten Konsequenzen erlaubt ist. (Innerhalb des Erlaubten kann gegebenenfalls unterschieden werden zwischen dem Gebotenen, dem bloß Erlaubten und dem Supererogatorischen.)
- Es kann nicht der Fall sein, dass eine ranghöhere Handlung (mit besseren Konsequenzen) verboten und eine rangniedere Handlung (mit schlechteren Konsequenzen) erlaubt ist. Es kann also keinen zusätzlichen normativen Faktor geben, der eine bestimmte Handlung intrinsisch falsch macht und verbietet, sodass eine rangniedere Handlung mit schlechteren Konsequenzen erlaubt und die ranghöhere Handlung mit besseren Konsequenzen verboten ist. D. h., es kann keine deontologischen Restriktionen geben, und die Maximierungserlaubnis gilt.
- Es kann keine Diskontinuität geben, sodass eine Handlung erlaubt bzw. geboten ist und sowohl Handlungen mit schlechteren als auch Handlungen mit besseren Konsequenzen verboten sind.

Keine dieser Bedingungen wird verletzt, wenn man die Zumutbarkeit hinzunimmt und behauptet, dass es geboten ist, die zumutbare Handlung mit den besten Konsequenzen auszuführen. Der zumutbare Konsequentialismus ist daher eine konsequentialistische Theorie. Dafür spricht auch folgende Überlegung: Konsequentialist*innen akzeptieren folgendes Prinzip: Je besser die Konsequenzen einer Handlung, desto stärker der *moralische* Grund, sie auszuführen. Nur die Konsequenzen bestimmen also, wie stark der moralische Grund für eine Handlung ist. Insofern sind die Konsequenzen der einzige normative Faktor. Ist eine Handlung unzumutbar, gibt es einen *nicht-moralischen* Grund für die Unterlassung der Handlung. Die Unzumutbarkeit ist also kein neuer normativer bzw. moralischer Faktor und ändert nichts an dem moralischen Grund für die Handlung.

Das Hinzunehmen der Zumutbarkeit ändert nichts am Verhältnis zwischen Konsequentialismus und Deontologie (und verwandelt den Konsequentialismus nicht in eine deontologische Theorie). Da die Zumutbarkeit sowohl in konsequentialistischen als auch in deontologischen Theorien mitbestimmt, was geboten ist, kürzt sich dieser Faktor heraus und hat keinen Einfluss auf das Verhältnis, in dem die beiden Theorien zueinander stehen.

Unabhängig davon, ob man den zumutbaren Konsequentialismus als befriedigende Lösung des Überforderungsproblems ansieht, sollte man zur fairen Einschätzung des Konsequentialismus fragen, ob das Überforderungsproblem ein spezielles Problem des Konsequentialismus ist oder ob auch andere Theorien davon betroffen sind. Sind andere Theorien nicht betroffen, ist es für Konsequentialist*innen besonders wichtig, eine befriedigende Lösung für dieses Problem zu finden. Sind dagegen auch andere Theorien betroffen, können Konsequentialist*innen geltend machen, dass man zur Lösung dieses Problems von ihrer Theorie nicht mehr als von anderen Theorien erwarten darf.

Im Konsequentialismus ist das Einfordern großer Opfer von der handelnden Person eine Folge des Maximierungsgebots. Das Besondere an diesem Gebot ist, dass es im Konsequentialismus das einzige Grundprinzip ist und nicht durch deontologische Restriktionen eingeschränkt ist. Es könnte aber in deontologischen Theorien neben den Restriktionen, die das Lügen etc. verbieten, noch ein Maximierungsgebot geben, das nicht uneingeschränkt gilt, sondern durch jene Restriktionen eingeschränkt ist. Es würde lauten:

MG[Deon] Es ist stets moralisch geboten, die keine Restriktionen verletzende Handlung mit den besten Konsequenzen auszuführen.

Dieses Gebot verlangt von der handelnden Person große Opfer, die nur durch das Verbot, Restriktionen zu verletzen, gemildert werden. Die Intuition, die Konsequentialist*innen für bestechend halten – dass es nicht moralisch richtig sein kann, eine Handlung mit schlechteren Konsequenzen auszuführen, wenn man auch die Handlung mit besseren Konsequenzen ausführen kann –, können auch Deontolog*innen für bestechend halten, unter der Bedingung, dass sie durch das Verbot, Restriktionen zu verletzen, ergänzt wird. Wir können also zwei Intuitionen unterscheiden:

Konsequentialistische Intuition für das Maximierungsgebot:
Es kann niemals moralisch richtig sein, eine Handlung mit schlechteren Konsequenzen auszuführen, wenn man auch die Handlung mit den besseren Konsequenzen ausführen kann.

Deontologische Intuition für das durch Restriktionen eingeschränkte Maximierungsgebot:
Es kann niemals moralisch richtig sein, eine Handlung mit schlechteren Konsequenzen auszuführen, wenn man ohne Verletzung von Restriktionen auch die Handlung mit den besseren Konsequenzen ausführen kann.

Wenn sich Deontolog*innen am Konsequentialismus daran stören, dass es keine Restriktionen gibt, haben sie keinen Grund, das deontologische Maximierungsgebot abzulehnen. Wenn sie es akzeptieren, sehen sich auch Deontolog*innen mit dem Überforderungseinwand konfrontiert. Außerdem sollte man nicht vergessen, dass auch das Befolgen der deontologischen Verbote zu lügen etc. in manchen Situationen sehr viel von der handelnden Person verlangen kann. Es ist nicht immer leicht und ohne Kosten für die handelnde Person möglich, deontologische Verbote zu befolgen – weswegen Menschen oft versucht sind, sie nicht zu befolgen. Das Überforderungsproblem ist also kein Problem, das ausschließlich den Konsequentialismus betrifft, sondern ein Problem, mit dem jede ethische Theorie konfrontiert ist. Deontolog*innen könnten analog zum zumutbaren konsequentialistischen Maximierungsgebot ein deontologisches Gebot der zumutbaren Maximierung formulieren:

Konsequentialistische Maximierungsgebote (Ohne Restriktionen)	Deontologische Maximierungsgebote (Mit Restriktionen)
Konsequentialistisches Maximierungsgebot	**Deontologisches Maximierungsgebot**
Es ist stets moralisch geboten, die Handlung mit den besten Konsequenzen auszuführen.	Es ist stets moralisch geboten, die keine Restriktionen verletzende Handlung mit den besten Konsequenzen auszuführen.
Konsequentialistisches Gebot der zumutbaren Maximierung	**Deontologisches Gebot der zumutbaren Maximierung**
Es ist stets moralisch geboten, diejenige für die handelnde Person zumutbare Handlung auszuführen, die die besten Konsequenzen hat.	Es ist stets moralisch geboten, diejenige für die handelnde Person zumutbare und keine Restriktionen verletzende Handlung auszuführen, die die besten Konsequenzen hat.

Konsequentialistische und deontologische Maximierungsgebote

Indirekter Handlungskonsequentialismus

Wir erinnern uns, dass man im direkten Handlungskonsequentialismus bei jeder moralischen Entscheidung folgende Schritte durchlaufen muss:
1. Liste deine *Handlungsalternativen* auf.
2. Liste alle möglichen *Konsequenzen* der ersten Alternative auf.
3. Schreibe den *Wert* für jede Konsequenz der ersten Alternative auf.
4. Schreibe die *Eintrittswahrscheinlichkeit* für jede Konsequenz der ersten Alternative auf.
5. Multipliziere bei jeder Konsequenz der ersten Alternative den Wert der Konsequenz mit deren Eintrittswahrscheinlichkeit.
6. Addiere diese Produkte. Die Summe ist der *Erwartungsnutzen* der ersten Alternative.
7. Wiederhole die Schritte 2–6 für jede andere Alternative.
8. Bestimme die Handlung mit dem größten Erwartungsnutzen.
9. Führe diese Handlung aus.

Man kann sich nicht vorstellen, dass wir in der Lage wären, bei jeder moralischen Entscheidung (und im direkten Handlungskonsequentialismus bedeutet dies bei *jeder* Entscheidung zwischen verschiedenen Handlungsoptionen) diesen aufwendigen Prozess durchzugehen, da uns dies kognitiv und emotional überfordern würde. Aus den folgenden Gründen würde es die Welt nicht zum besten Ort machen, wenn wir alle jederzeit versuchen würden, dieses Entscheidungskriterium anzuwenden:[34]

Mangelndes Wissen:
- Wir können oft nicht überblicken, welche Handlungsalternativen uns offen stehen.
- Wir wissen oft nicht, welche Konsequenzen bei jeder Handlungsalternative eintreten können.
- Wir wissen oft nicht, mit welcher Wahrscheinlichkeit die Konsequenzen der verschiedenen Handlungsalternativen eintreten.
- Wir haben oft keine genauen Vorstellungen über den Wert der verschiedenen Konsequenzen.
- Uns fehlt oft die Zeit, genauere Informationen über die möglichen Handlungsalternativen, ihre wahrscheinlichen Konsequenzen und ihren Wert einzuholen.

Voreingenommenheit und mangelnde Unparteilichkeit:

- Wir sind in vielen Fällen voreingenommen und nicht in der Lage, die Handlungskonsequenzen unparteiisch einzuschätzen: Wir neigen dazu, bei Handlungen, die für uns oder uns nahestehende Personen vorteilhaft sind, die guten Konsequenzen für uns zu überschätzen und die schlechten Konsequenzen (und deren Eintrittswahrscheinlichkeit) für andere zu unterschätzen.

Unvereinbarkeit mit Freundschaften und anderen persönlichen Beziehungen:

- Persönliche Beziehungen sind ein wesentlicher Bestandteil eines guten Lebens und des zu maximierenden Guten. Ohne persönliche Beziehungen wäre die Welt nicht der vom Konsequentialismus angestrebte beste Ort. Konstitutiv für persönliche Beziehungen sind jedoch (i) eine gemäßigte Parteilichkeit, die uns erlaubt, uns nahestehende Personen (in einem bestimmten Maß) bevorzugt zu behandeln, und (ii) bestimmte Motive, die sich direkt auf die nahestehenden Personen beziehen und nicht auf die Maximierung des Guten: Wer jemandem etwas schenkt, sollte dies nicht tun, weil er das Gute maximieren möchte und das Geschenk eine Gelegenheit dazu bietet, sondern weil er der beschenkten Person eine Freude bereiten möchte. Die ständige Anwendung des Entscheidungskriteriums des direkten Handlungskonsequentialismus und die dabei geforderte Unparteilichkeit sind nicht vereinbar mit den für persönliche Beziehungen konstitutiven Motiven und Formen der Parteilichkeit.

Mangelnde Handlungsmotivation:

- Verglichen mit den moralischen Regeln der herkömmlichen Moral, die sich auf konkrete Handlungsweisen (nicht lügen, nicht stehlen etc.) beziehen, ist das Entscheidungskriterium des direkten Handlungskonsequentialismus zu abstrakt, um uns zu entsprechendem Handeln zu motivieren. Die geforderte Unparteilichkeit würde uns emotional überfordern und uns nicht zum Handeln gemäß dem Entscheidungskriterium motivieren.

Hohe Internalisierungskosten:

- Aufgrund der motivationalen Überforderung, nach einem sehr abstrakten Entscheidungskriterium zu handeln, das völlige Unparteilichkeit verlangt, ist es sehr schwer und mit hohem Aufwand verbunden, die Menschen dazu zu bringen (und die Kinder dazu zu erziehen), sich dieses Entscheidungskriterium zu eigen zu machen und stets danach zu handeln.

Mangelnde Erwartungssicherheit, Vertrauensverlust und Kooperationshindernis:

- Wenn jede(r) in jeder Situation gemäß dem Entscheidungskriterium des direkten Handlungskonsequentialismus überlegt, welche Handlung die besten Konsequenzen hat und anschließend entsprechend handelt, könnten wir unser gegenseitiges Verhalten nicht einschätzen, einander nicht mehr vertrauen und uns nicht darauf verlassen, dass andere ihre Abmachungen und Versprechen einhalten. Damit wären vorausschauendes Handeln und Kooperation kaum mehr möglich. Dies gilt nicht nur aufgrund der genannten menschlichen Unzulänglichkeiten, sondern wäre auch der Fall, wenn wir immer vollständig rational und informiert wären.[35]

Diese Gesichtspunkte zeigen, dass das Entscheidungskriterium des direkten Handlungskonsequentialismus kontraproduktiv ist und die Welt nicht zum bestmöglichen Ort macht. Damit ist offensichtlich, dass es mit der konsequentialistischen Grundidee, die Welt zum bestmöglichen Ort zu machen, nicht vereinbar ist und nicht als konsequentialistisch begründbares Entscheidungskriterium infrage kommt. Der direkte Handlungskonsequentialismus ist deshalb keine von Konsequentialist*innen vertretene Theorie.

Die Einwände gegen das Entscheidungskriterium des direkten Handlungskonsequentialismus sind empirische Einwände, die darauf hinauslaufen, dass es kein geeignetes Mittel dafür ist, die Welt zum besten Ort zu machen. Also ist es auch eine empirische Frage, welches Entscheidungskriterium sich konsequentialistisch rechtfertigen lässt: Welches Entscheidungskriterium ist das beste Mittel dazu, die Welt zum bestmöglichen Ort zu machen? Konsequentialist*innen sind sich einig, dass es ein **regelbasiertes Entscheidungskriterium** sein muss, also ein Kriterium, das in einer ersten Annäherung so lauten könnte:

IHK-EK$_1$: Handle (außer in außergewöhnlichen Situationen) in jeder Situation nach bestimmten (in der jeweiligen Situation einschlägigen) moralischen Regeln.

Um dieses Entscheidungskriterium anwenden zu können, muss natürlich noch bestimmt werden, nach *welchen* moralischen Regeln man handeln soll. Die gegebene Formulierung soll nur die allgemeine Form des Entscheidungskriteriums und den Unterschied zum Entscheidungskriterium des direkten Handlungskonsequentialismus deutlich machen. Anders als jenes verlangt dieses Entscheidungskriterium nicht, in jeder Situation die Handlung mit den besten Konsequenzen herauszufinden und auszuführen. Man soll vielmehr in fast allen Situationen – anstelle eines solchen Bewertens und Vergleichens aller möglichen Konsequenzen – nur die für die jeweilige Situation einschlägige moralische Regel anwenden. Die Frage, ob die Anwendung dieser Regel im konkreten Fall zu den besten Konsequenzen führt, soll man sich – von außergewöhnlichen Situationen abgesehen – nicht stellen. Einen Handlungskonsequentialismus mit einem solchen regelbasierten

Entscheidungskriterium bezeichnet man als *indirekten Handlungskonsequentialismus*. Er ist indirekt, da man bei moralischen Entscheidungen *nicht* das (als Gebot formulierte) Richtigkeitskriterium direkt als Handlungsanweisung bzw. Entscheidungskriterium anwenden soll, sondern sich stattdessen an moralische Regeln halten und auf diese Weise indirekt zur Maximierung des Guten beitragen soll.

Nach welchen Regeln soll man handeln? Aus der konsequentialistischen Grundidee scheint zu folgen, dass man nach denjenigen Regeln handeln soll, die die besten Konsequenzen haben. Allerdings haben die Regeln selbst keine Konsequenzen. Konsequenzen ergeben sich erst daraus, dass Menschen die Regeln befolgen oder akzeptieren und internalisieren. Daher muss man unterscheiden zwischen den Fragen:

Welcher Moralkodex (worunter ein System moralischer Regeln verstanden wird) hat die besten Konsequenzen, wenn die meisten Menschen ihn *befolgen*?

Welcher Moralkodex hat die besten Konsequenzen, wenn die meisten Menschen ihn *akzeptieren und internalisieren*?

Ohne hier näher auf diesen (praktisch relevanten) Unterschied einzugehen, entscheiden wir uns für die Folgen der Internalisierung und können damit eine verbesserte Version des Entscheidungskriteriums des indirekten Handlungskonsequentialismus formulieren:

IHK-EK$_2$: Von außergewöhnlichen Situationen abgesehen, handle in jeder Situation nach den Regeln desjenigen Moralkodex, dessen allgemeine Akzeptanz die besten Konsequenzen hat.

Da es schwierig bis unmöglich ist, zu bestimmen, welche Regeln diesem Kriterium genügen, begnügen sich die meisten Handlungskonsequentialist*innen mit folgendem Entscheidungskriterium:

IHK-EK$_3$: Von außergewöhnlichen Situationen abgesehen, handle in jeder Situation nach den altbewährten Regeln unserer herkömmlichen Moral.

Der indirekte Handlungskonsequentialismus unterscheidet sich also in praktischer Hinsicht kaum von unserer herkömmlichen Moral und von deontologischen Theorien. Diese Nähe zur herkömmlichen Moral hat eine wichtige und willkommene Nebenwirkung für Handlungskonsequentialist*innen: Da wir uns auch als Handlungskonsequentialist*innen im Alltag an die moralischen Regeln halten sollen und deshalb nicht anders handeln sollen, als es die herkömmliche Moral vorschreibt, kann man nicht mehr gegen den Konsequentialismus einwenden, dass Konsequentialist*innen häufig Handlungen ausführen, die wir für falsch halten, weil sie mit der herkömmlichen Moral unvereinbar sind. Damit weisen Konsequentialist*innen auf einen Schlag den in zahlreichen Varianten vorgebrachten Einwand, ihre Theorie sei kontraintuitiv, zurück. (Analog kann man argumentieren, dass der indirekte Handlungskonsequentialismus nicht mehr von uns fordert als die herkömmliche Moral und deshalb nicht dem Überforderungseinwand ausgesetzt ist.)

Man kann bezweifeln dass, diese Replik auf den Kontraintuitivitätseinwand erfolgreich ist. Denn wir haben es hier nur mit einem Entscheidungskriterium zu tun und nicht mit einem Richtigkeitskriterium. Die moralischen Regeln geben uns eine Handlungsanleitung, bestimmen aber nicht, welche Handlungen moralisch richtig oder falsch sind. Es kann deshalb der Fall eintreten, dass eine von uns ausgeführte Handlung moralisch falsch ist (weil sie nicht die besten Konsequenzen hat), obwohl wir eine moralische Regel befolgt haben, die wir gemäß dem Entscheidungskriterium befolgen sollten. Das heißt, wenn das Richtigkeitskriterium kontraintuitiv ist, bleibt es auch kontraintuitiv, selbst wenn das Entscheidungskriterium keine kontraintuitiven Handlungen erlaubt oder gebietet. Ein weiteres Problem in diesem Zusammenhang wird sichtbar, wenn wir uns genauer ansehen, von welcher Art die Regeln im indirekten Handlungskonsequentialismus sind.

Worüber sich alle einig sind, ist, dass diese Regeln keine bloßen Faustregeln sind. Faustregeln sind grobe Richtlinien, an die man sich halten kann, die aber selbst keinerlei normatives Gewicht haben und jederzeit (ohne schlechtes Gewissen) verletzt werden dürfen, wenn man glaubt, dadurch bessere Konsequenzen zu erzielen. Die Regeln im indirekten Handlungskonsequentialismus wurden eingeführt als Mittel zur Maximierung des Guten, da das Entscheidungskriterium des direkten Handlungskonsequentialismus nicht zur Maximierung des Guten beiträgt. Diese Funktion können die Regeln nur erfüllen, wenn sich die meisten Menschen die meiste Zeit an sie halten. Um dies sicherzustellen, können die Regeln keine bloßen Faustregeln sein, sondern müssen genuine moralische Regeln sein. Moralische Regeln haben ein normatives Gewicht, das bloßen Faustregeln abgeht: Eine Faustregel verletzt man schnell und ohne schlechtes Gewissen, eine internalisierte moralische Regel verletzt man dagegen nicht so leicht und oft nur mit schlechtem Gewissen. Man fühlt sich schuldig, wenn man eine moralische Regel verletzt und verurteilt die Regelverletzungen anderer Personen. Zudem verleiht das normative Gewicht moralischer Regeln diesen eine motivierende Kraft, die bloßen Faustregeln abgeht: Man ist eher motiviert, sich an moralische Regeln zu halten als an bloße Faustregeln.

Hier tritt das erwähnte zweite Problem auf: Da die Regeln moralische Regeln sind, und keine bloßen Faustregeln, schreiben sie uns vor, was wir tun *sollen*, d. h., was moralisch *geboten* ist. Dennoch kann der Fall eintreten, dass das, was uns moralisch *geboten* ist, moralisch *falsch* bzw. *nicht richtig* ist, was sich sprachlich widerspricht. Ein Ausweg aus dieser Schwierigkeit könnte die Unterscheidung zwischen der moralisch *richtigen* und der *rationalen* Handlung sein. Dies ist aber keine befriedigende Lösung, da uns das Entscheidungskriterium nicht sagt, welche Handlung rational ist, sondern welche Handlung wir ausführen sollen. Das Entscheidungskriterium formuliert ein moralisches Gebot und nicht lediglich ein Klugheitsgebot. Deshalb bleibt die Schwierigkeit bestehen, dass das Entscheidungskriterium eine Handlung gebietet, die gemäß dem Richtigkeitskriterium verboten ist.

Dass die Regeln im indirekten Handlungskonsequentialismus genuine moralische Regeln sind, bedeutet nicht, dass sie absolut gelten und unter keinen

Umständen verletzt werden dürfen. Wenn der voraussichtliche Nutzengewinn durch eine Regelverletzung sehr groß ist, das Risiko einer Fehleinschätzung der Nutzenbilanz sehr gering und die Verletzung sonst keine gravierenden nachteiligen Folgen hat, ist es erlaubt (bzw. geboten), die Regel um der Nutzenmaximierung willen zu verletzen.

Da auch die Regeln in deontologischen Theorien nicht absolut gelten (außer im eher selten vertretenen Absolutismus, in dem *einige* moralische Regeln absolut gelten), kann man fragen, worin sich der indirekte Handlungskonsequentialismus von deontologischen Theorien unterscheidet. In der Praxis wird es bei moralischen Alltagsentscheidungen keinen großen Unterschied zwischen beiden Theorien geben. In der angewandten Ethik jedoch, in der man (neue) moralische Regeln benötigt, die über die herkömmliche Moral hinausgehen, werden Konsequentialist*innen oft andere Regeln und Prinzipien vertreten als Deontolog*innen. In theoretischer Hinsicht gibt es jedoch einen großen Unterschied zwischen beiden Theorien, da sie moralische Regeln jeweils anders begründen.

Zu beachten ist, dass auch dem Richtigkeitskriterium des indirekten Handlungskonsequentialismus praktische Funktionen zukommen:

– Es ist die Grundlage für die Auswahl der Regeln des Entscheidungskriteriums. (Man könnte hier einwenden, dass nicht das Richtigkeitskriterium die Grundlage für die Auswahl der Regeln ist, sondern die konsequentialistische Grundidee, die Welt zum besten Ort zu machen: Nur Regeln, die bei allgemeiner Akzeptanz das beste Mittel dazu sind, werden in den Regelkodex des Entscheidungskriteriums aufgenommen.)
– Konflikte zwischen den Regeln des Entscheidungskriteriums lassen sich durch direkte Anwendung des Richtigkeitskriteriums lösen.
– In Fällen, in denen es keine einschlägigen Regeln des Entscheidungskriteriums gibt, können durch Anwendung des Richtigkeitskriteriums begründete Entscheidungen getroffen werden.

Ein weiteres Problem des indirekten Handlungskonsequentialismus betrifft die Frage, wie stabil die theoretische Trennung von Richtigkeitskriterium und Entscheidungskriterium in der Praxis ist: Das Entscheidungskriterium kann seine Funktion, das Gute zu maximieren, nur erfüllen, wenn die moralischen Regeln des Kriteriums an starke moralische Gefühle, Dispositionen usw. geknüpft sind. Wenn jedoch bekannt ist, dass die moralisch richtige Handlung durch das Richtigkeitskriterium und nicht durch das Entscheidungskriterium bestimmt wird, und die moralischen Regeln nur dazu dienen, die Wahrscheinlichkeit richtigen Handelns zu vergrößern, ist es zweifelhaft, ob die moralischen Regeln mit starken moralischen Gefühlen verknüpft sein können.

Zudem besteht die Gefahr, dass man, wenn man weiß, dass die Richtigkeit von Handlungen nur vom Richtigkeitskriterium abhängt, häufig versucht ist, statt sich an die Regeln des Entscheidungskriteriums zu halten, die Handlung mit besten Konsequenzen auszuführen. Wie stark diese Versuchung ist, hängt ab zum einen vom Selbstvertrauen und der Selbsteinschätzung der Person in Bezug darauf, ob sie sich für in der Lage hält, zuverlässig herauszufinden, welche Handlung die besten Konsequenzen hat, und zum anderen davon, wie tief verwurzelt die moralischen Regeln in der handelnden Person sind. Wenn viele Menschen sich häufig entscheiden, direkt zu berechnen, welche Handlung die besten Konsequenzen hat, führt dies (aufgrund der oben genannten Gründe) zu vielen Fehlentscheidungen und schwächt die allgemeine Akzeptanz der moralischen Regeln. Selbst wenn man die Berechnung, welche Handlung die besten Konsequenzen hat, korrekt durchführt, wird die Akzeptanz der Regeln geschwächt, wenn zu viele Menschen sie brechen, um jeweils die Handlung mit den besten Konsequenzen auszuführen – es sei denn, man kalkuliert diese regelschwächende Konsequenz bei der Berechnung der Handlung mit den besten Konsequenzen mit ein. Es ist jedoch unmöglich, bei jeder regelverletzenden Handlung herauszufinden, wie stark ihre regelschwächende Wirkung ist.

Da sich die Ausprägung der oben genannten psychologischen Faktoren von Person zu Person unterscheiden, werden, sobald mehrere Personen an einer moralischen Entscheidung beteiligt sind, wahrscheinlich Konflikte darüber auftreten, ob man die Entscheidung regelbasiert oder durch direkte Anwendung des Richtigkeitskriteriums treffen soll. Das könnte dazu führen, dass die Unterscheidung zwischen Richtigkeits- und Entscheidungskriterium umso instabiler wird, je mehr Personen an einer moralischen Entscheidung beteiligt sind. Aber selbst bei einer einzelnen Person könnte diese Unterscheidung instabil sein, denn sobald eine moralische Entscheidung mit schwerwiegenden Konsequenzen verbunden ist, wird vielleicht auch jede einzelne Person eher das Richtigkeitskriterium direkt anwenden, als sich auf die einfachen moralischen Regeln zu verlassen. Personen werden also nur relativ harmlose moralische Entscheidungen mithilfe der moralischen Regeln treffen, was deren Anwendung weiter einschränken und die regelschwächende Wirkung verstärken würde.

Zusammenfassend können wir die Unterschiede zwischen dem direkten und indirekten Handlungskonsequentialismus in folgenden Tabellen zusammenfassen:

	Direkter Handlungskonsequentialismus	Indirekter Handlungskonsequentialismus
Richtigkeitskriterium	\multicolumn{2}{l}{Eine Handlung ist moralisch richtig genau dann, wenn es keine andere (in dieser Situation mögliche) Handlung mit besseren Konsequenzen gibt.}
Entscheidungskriterium	Führe in jeder Situation nur diejenige Handlung aus, zu der es keine andere (in dieser Situation mögliche) Handlung mit besseren zu erwartenden Konsequenzen gibt.	Von außergewöhnlichen Situationen abgesehen, handle in jeder Situation nach moralischen Regeln (und zwar nach den Regeln desjenigen Moralkodex, dessen allgemeine Akzeptanz die besten Konsequenzen hat bzw. nach den altbewährten Regeln der herkömmlichen Moral).

Direkter Handlungskonsequentialismus	Indirekter Handlungskonsequentialismus
Richtigkeits- und Entscheidungskriterium fallen zusammen.	Richtigkeits- und Entscheidungskriterium unterscheiden sich.
Der direkte Handlungskonsequentialismus ist einstufig.	Der indirekte Handlungskonsequentialismus ist zweistufig: 1. Anhand eines konsequentialistischen Kriteriums werden die Regeln ausgewählt. 2. Die Regeln bestimmen, was man tun soll.
	Die Regeln bestimmen nur, was wir tun sollen, sie bestimmen nicht, welche Handlung moralisch richtig ist.
	Es kann der Fall eintreten, dass man trotz korrekter Befolgung einer moralischen Regel eine moralisch falsche Handlung ausführt.

Zuletzt sei noch darauf hingewiesen, dass wir zwei Gründe für die Unterscheidung zwischen Richtigkeits- und Entscheidungskriterium (und dementsprechend auch verschiedenartige Entscheidungskriterien) unterscheiden müssen:

1. Wenn gemäß dem Richtigkeitskriterium die Richtigkeit einer Handlung von den *tatsächlichen* Handlungskonsequenzen abhängt, kann dieses Kriterium kein Entscheidungskriterium sein, da man die tatsächlichen Handlungskonsequenzen vor der Ausführung einer Handlung nicht kennt. Man muss daher bei der Entscheidung auf die *zu erwartenden* Konsequenzen zurückgreifen. (Wenn sich das Richtigkeitskriterium selbst auf die zu erwartenden Konsequenzen bezieht, entfällt dieser Grund zur Trennung von Richtigkeits- und Entscheidungskriterium.)
2. Da die direkte Anwendung des Richtigkeitskriteriums als Entscheidungskriterium uns überfordert und nicht zur Maximierung des Guten führt, benötigen wir ein anderes Entscheidungskriterium, das ein besseres Mittel zur Maximierung des Guten ist.

Der erste Grund für die Unterscheidung zwischen Richtigkeits- und Entscheidungskriterium führt nicht zum indirekten Handlungskonsequentialismus, d. h. zu einem regelbasierten Entscheidungskriterium. Aus dem ersten Grund gelangt man zunächst zum Entscheidungskriterium des direkten Handlungskonsequentialismus und erst aufgrund der Unzulänglichkeiten dieses Entscheidungskriteriums kann man in einem zweiten Schritt zum Entscheidungskriterium des indirekten Handlungskonsequentialismus übergehen.

Regelkonsequentialismus

Im letzten Kapitel wurde deutlich, dass der direkte Handlungskonsequentialismus nicht dazu geeignet ist, die Welt zum besten Ort zu machen, und daher mit der konsequentialistischen Grundidee unvereinbar ist. Um die Welt zum besten Ort zu machen, muss man das handlungskonsequentialistische Richtigkeitskriterium mit einem regelbasierten Entscheidungskriterium verknüpfen. Es gibt also ein *konsequentialistisches Argument* für den indirekten Handlungskonsequentialismus. Allerdings ist das Resultat eine Theorie, in der Richtigkeitskriterium und Entscheidungskriterium auseinanderfallen und sich damit die oben erwähnten Schwierigkeiten ergeben. Auch wenn man diese Schwierigkeiten nicht für ernsthafte Einwände gegen den indirekten Handlungskonsequentialismus hält, kann man fragen, ob man nicht einen Schritt weiter gehen könnte: Warum soll man an dem handlungskonsequentialistischen Richtigkeitskriterium festhalten? Warum nimmt man nicht das regelbasierte Entscheidungskriterium auch als Richtigkeitskriterium? Würde man dies tun, würde man den (indirekten) Handlungskonsequentialismus zugunsten eines **Regelkonsequentialismus** aufgeben, für den folgendes (noch unspezifisch formuliertes) **regelkonsequentialistische Richtigkeitskriterium** charakteristisch ist:

RK-RK$_1$ Eine Handlung ist *moralisch richtig* genau dann, wenn die Regeln des regelkonsequentialistischen Moralkodex sie erlauben bzw. gebieten.

Aus den unterschiedlichen Richtigkeitskriterien ergeben sich unmittelbar folgende Unterschiede zwischen Handlungs- und Regelkonsequentialismus:

Handlungskonsequentialismus	Regelkonsequentialismus
Die Richtigkeit oder Falschheit von Handlungen hängt nur von den Konsequenzen der Handlungen ab.	Die Richtigkeit oder Falschheit von Handlungen hängt *nicht* (direkt) von den Konsequenzen der Handlungen ab, sondern: Die Richtigkeit oder Falschheit von Handlungen hängt nur von Regeln ab.
Das Kriterium der besten Konsequenzen wird direkt auf einzelne Handlungen angewandt.	Das Kriterium der besten Konsequenzen wird nicht auf Handlungen, sondern auf Regeln angewandt: Die Auswahl der Regeln hängt von ihren Konsequenzen ab.
Um herauszufinden, welche Handlung moralisch richtig ist, muss man direkt das handlungskonsequentialistische Richtigkeitskriterium anwenden.	Um herauszufinden, welche Handlung moralisch richtig ist, muss man die Regeln des regelkonsequentialistischen Moralkodex anwenden.
Der Handlungskonsequentialismus ist einstufig.	Der Regelkonsequentialismus ist zweistufig: 1. Anhand eines konsequentialistischen Kriteriums werden die Regeln ausgewählt. 2. Die auf der ersten Stufe ausgewählten Regeln legen fest, welche Handlungen moralisch richtig oder falsch sind.

Da in der Literatur nicht immer klar zwischen direktem Handlungskonsequentialismus, indirektem Handlungskonsequentialismus und Regelkonsequentialismus unterschieden wird, mögen noch zwei weitere Tabellen diese wichtige Unterscheidung verdeutlichen.

Indirekter Handlungskonsequentialismus versus Regelkonsequentialismus:

	Indirekter Handlungskonsequentialismus	Regelkonsequentialismus
Richtigkeitskriterium	Eine Handlung ist moralisch richtig genau dann, wenn es keine andere Handlung mit besseren Konsequenzen gibt.	Eine Handlung ist moralisch richtig genau dann, wenn die Regeln desjenigen Moralkodex, dessen allgemeine Akzeptanz die besten Konsequenzen hat sie erlauben bzw. gebieten.
Entscheidungskriterium	Von außergewöhnlichen Situationen abgesehen, handle in jeder Situation nach moralischen Regeln (und zwar nach den Regeln desjenigen Moralkodex, dessen allgemeine Akzeptanz die besten Konsequenzen hat bzw. nach den altbewährten Regeln der herkömmlichen Moral).	

Direkter versus indirekter Handlungskonsequentialismus versus Regelkonsequentialismus:

Direkter Handlungs-konsequentialismus	Indirekter Handlungskonsequentialismus	Regelkonsequentialismus
Die beiden Theorien haben das gleiche Richtigkeitskriterium, unterscheiden sich aber in ihrem Entscheidungskriterium.		
	Die beiden Theorien haben das gleiche Entscheidungskriterium, unterscheiden sich aber in ihrem Richtigkeitskriterium.	
Richtigkeits- und Entscheidungskriterium fallen zusammen.	Richtigkeits- und Entscheidungskriterium unterscheiden sich.	Richtigkeits- und Entscheidungskriterium fallen zusammen.
	Die Regeln bestimmen nur, was wir tun sollen, sie bestimmen nicht, welche Handlung richtig ist.	Die Regeln bestimmen, welche Handlung richtig ist.
	Es kann der Fall eintreten, dass die korrekte Befolgung einer moralischen Regel zu einer falschen Handlung führt.	Der Fall, dass die korrekte Befolgung einer moralischen Regel zu einer falschen Handlung führt, kann nicht eintreten.

Gibt es, so wie es ein konsequentialistisches Argument vom direkten zum indirekten Handlungskonsequentialismus gibt, auch ein konsequentialistisches Argument vom direkten oder indirekten Handlungskonsequentialismus zum Regelkonsequentialismus? Ein solches Argument könnte lauten:[36]

1. Das oberste Ziel der Moral besteht darin, die Welt zum besten Ort zu machen.
2. Die beste ethische Theorie ist diejenige, die die Welt zum besten Ort macht.
3. Die allgemeine Akzeptanz bestimmter moralischer Regeln macht die Welt zum besten Ort.
4. Also macht die Akzeptanz des Regelkonsequentialismus die Welt zum besten Ort.
5. Also ist der Regelkonsequentialismus die beste ethische Theorie.

Dieses Argument ist nicht überzeugend, da aus den Prämissen 1–3 nicht die Konklusion 5 folgt. Aus den Prämissen folgt nur:

- Das konsequentialistische *Entscheidungskriterium*, d. h. das zu den besten Konsequenzen führende Entscheidungskriterium, muss regelbasiert sein.
- Daher ist das Entscheidungskriterium des direkten Handlungskonsequentialismus aus konsequentialistischer Sicht nicht zu rechtfertigen.

Aus dem Argument folgt *nicht*, dass das *Richtigkeitskriterium* in der Übereinstimmung mit bestimmten Regeln bestehen muss. Es folgt also *nicht* die regelkonsequentialistische Behauptung, dass eine Handlung genau dann *richtig* ist, wenn sie von den Regeln, deren allgemeine Akzeptanz zu den besten Konsequenzen führt, erlaubt wird. Da sowohl der Regelkonsequentialismus als auch der indirekte Handlungskonsequentialismus ein regelbasiertes Entscheidungskriterium haben, folgt aus dem Argument nur, dass man anstatt eines direkten Handlungskonsequentialismus einen indirekten Handlungskonsequentialismus *oder* einen Regelkonsequentialismus vertreten soll. Es folgt jedoch nicht, dass der Regelkonsequentialismus dem indirekten Handlungskonsequentialismus vorzuziehen ist. Dies könnte nur dann folgen, wenn man die oben erwähnten Probleme des indirekten Handlungskonsequentialismus für schwerwiegende Einwände hält. Aber selbst dann könnte man gegen das Argument einwenden, dass es die theoretische Frage, welche ethische Theorie korrekt ist, mit der praktischen Frage, welche ethische Theorie die besten Konsequenzen hat, verwechselt.

Es ist daher noch eine andere Begründung für einen Regelkonsequentialismus versucht worden, die explizit keine konsequentialistische Begründung sein möchte, sondern als sogenanntes Überlegungsgleichgewichtsargument die Theorie nur damit rechtfertigt, dass sie ein oberstes Moralprinzip formuliert, das besser als andere (z. B. handlungskonsequentialistische) Theorien unsere wohlüberlegten Moralurteile erklären und begründen kann. Dieses oberste Moralprinzip bzw. Richtigkeitskriterium lautet:

RK-RK$_2$ »Eine Handlung ist falsch genau dann, wenn sie von dem Regelkodex verboten wird, dessen Internalisierung durch die überwältigende Mehrheit von allen überall in jeder neuen Generation den größten Erwartungswert hinsichtlich des Wohlergehens (mit einem gewissen Vorrang der am schlechtesten Gestellten) hat.

Die Berechnung des Erwartungswerts eines Kodex berücksichtigt alle Kosten der Internalisierung des Kodex. Wenn zwei oder mehr Kodizes, die besser als alle anderen Kodizes sind, den gleichen Erwartungswert haben, bestimmt der Kodex, der der konventionellen Moral am nächsten kommt, welche Handlungen falsch sind.«[37]

Diese Variante des Regelkonsequentialismus ist mit unserer herkömmlichen Moral vereinbar und kann die moralischen Regeln der herkömmlichen Moral begründen. Sie ist aber nicht mehr als konsequentialistische Theorie klassifizierbar (was kein Einwand gegen die Plausibilität der Theorie ist):

- Sie ist nicht mit der Maximierungserlaubnis vereinbar.
- Sie ist nicht mit der Konsequenzendeterminiertheit vereinbar. (Selbst wenn man die Konsequenzendeterminiertheit so weit interpretiert, dass sie erfüllt wird, wenn die Auswahl der moralischen Regeln nur von den Konsequenzen (der Akzeptanz) der Regeln abhängt, gilt sie in dieser Theorie nicht, da ein Auswahlkriterium der Regeln ist, dass sie nicht kontraintuitiv sind.)

Noch einen Schritt weiter in der Annäherung an die herkömmliche Moral bzw. an deontologische Theorien geht das im folgenden Kapitel vorgestellte Projekt der Konsequentialisierung.

Konsequentialisierung

Einen neuen Versuch, eine konsequentialistische Theorie zu konstruieren, die intuitiv plausibel ist und mit unserer herkömmlichen Moral übereinstimmt, verfolgt das Projekt der Konsequentialisierung, das beansprucht, jede halbwegs plausible ethische Theorie in eine deontisch äquivalente konsequentialistische Theorie überführen zu können. Sollte dies tatsächlich möglich sein, kann man die intuitiv plausibelste deontologische Theorie konsequentialisieren und erhält eine konsequentialistische Theorie, die ebenso plausibel ist, weil aus ihr dieselben Moralurteile folgen.[38]

Ausgangspunkt des Projektes ist, dass selbst einige Konsequentialist*innen zugestehen, dass der Konsequentialismus äußerst kontraintuitive Konsequenzen hat, weil er

- abscheuliche Handlungen erlaubt und gebietet, wenn sie nur *minimal* bessere Konsequenzen haben als andere mögliche Handlungen,
- die größten Opfer von uns verlangt, wenn sie nur *minimal* bessere Konsequenzen haben als andere mögliche Handlungen.

Obwohl das Entscheidungskriterium des indirekten Handlungskonsequentialismus so gut wie nie solche abscheulichen Handlungen und großen Opfer verlangen würde, entkräftet dies nicht den Kontraintuitivitätseinwand, da diese Handlungen dennoch gemäß dem Richtigkeitskriterium moralisch richtig sind. Hier scheint man in einer Pattsituation gefangen zu sein, in der weitere Argumente nicht weiterführen und es nur zwei unbefriedigende Möglichkeiten zu geben scheint:

- Man akzeptiert die kontraintuitiven Implikationen der *Theorie*, in der Gewissheit, dass sie in der *Praxis* keine Rolle spielen, oder
- man hält allein die theoretische Möglichkeit, dass solche Handlungen moralisch richtig sind, für einen hinreichenden Grund zur Ablehnung des Konsequentialismus.

Selbst wenn Konsequentialist*innen kontraintuitive Implikationen zugeben, sträuben sie sich aus zwei Gründen, den Konsequentialismus zugunsten einer deontologischen Theorie aufzugeben: Sie müssten erstens die bestechende Idee des Konsequentialismus aufgeben und zweitens eine aus konsequentialistischer Sicht paradoxe Theorie akzeptieren.

Als bestechende Idee des Konsequentialismus gilt vielen die Maximierungserlaubnis: Es ist immer erlaubt, die Handlung mit den besten Konsequenzen auszuführen bzw., anders formuliert: Es ist niemals falsch, das Gute zu maximieren und den besten Zustand herbeizuführen. Charakteristisch für die Deontologie ist die

Ablehnung der Maximierungserlaubnis und das Akzeptieren von deontologischen Restriktionen. Die wesentliche Eigenschaft dieser Restriktionen, die wir auf S. 42 als definierendes Merkmal der Deontologie eingeführt haben, ist ihre **Akteur-Relativität**: Ein Gebot bzw. Verbot ist akteur-relativ, wenn es einen pronominalen Rückbezug auf die handelnde Person enthält. Was damit gemeint ist, lässt sich anhand eines Beispiels erläutern: Während im traditionellen Konsequentialismus das akteur-neutrale Gebot »Du sollst dafür sorgen, dass möglichst wenig Menschen getötet werden« gilt, vertreten Deontolog*innen das akteur-relative Gebot »Du sollst dafür sorgen, dass *Du selbst* nicht tötest«. Während akteur-neutrale Gebote mit der Maximierung des Guten allen das gleiche Ziel vorschreiben, richten sich akteur-relative Verbote und Pflichten an einzelne Personen, jeweils für sich das Ziel zu verfolgen, diese Verbote nicht zu verletzen oder diesen Pflichten nachzukommen. Im Fall eines akteur-relativen Gebots ist die handelnde Person selbst und ihre spezifische Beziehung zu den Handlungen, die sie begeht, moralisch relevant. Der traditionelle Konsequentialismus, dem es um eine akteur-unabhängige Bewertung der Zustände in der Welt geht, kann diese für viele intuitiv so nahe liegende moralische Dimension – dass wir selbst aktiv nichts Schlechtes tun und uns um unsere Nächsten kümmern sollen – nicht berücksichtigen. Ihm geht es lediglich um die Bewertung der Konsequenzen, unabhängig davon, in welcher spezifischen Beziehung wir dazu als handelnde Personen stehen.

Da es bei akteur-neutralen Ge- und Verboten darauf ankommt, die Anzahl der Tötungen, Lügen, Versprechensbrüche, Rechtsverletzungen, Würdeverletzungen etc. zu minimieren, gebieten sie, dass man selbst z. B. eine Person tötet, wenn man nur dadurch die Tötung von noch mehr Personen verhindern kann. Akteur-relative Restriktionen verbieten solche minimierenden Verletzungen des Tötungsverbots. Sie darf man (in einer nicht-absolutistischen Deontologie bis zu einem bestimmten Schwellenwert) nicht verletzen, selbst wenn ihre (einmalige) Verletzung die Zahl der Verletzungen desselben Ge- oder Verbots minimieren würde. Dies halten Konsequentialist*innen für paradox: Wenn eine Handlung moralisch verwerflich ist, ist es dann nicht rational, die Zahl dieser verwerflichen Handlungen zu minimieren? Wie kann man behaupten, eine Handlung sei moralisch verwerflich und gleichzeitig die Ausführung vieler solcher Handlungen durch andere zulassen, obwohl man dies verhindern könnte, indem man selbst nur *eine* solche verwerfliche Handlung ausführt? Wie kann ich, wenn das absichtliche Töten von Personen moralisch verwerflich ist, zulassen, dass jemand mehrere dieser verwerflichen Handlungen ausführt, wenn ich dies verhindern und damit die Zahl dieser verwerflichen Handlungen verringern könnte, indem ich selbst nur eine Handlung dieser Art ausführe und den Mörder töte? Auch Pflichten der Parteilichkeit scheinen ein solches Paradox zu generieren: Man darf das Gebot, sich um seine Kinder zu kümmern, nicht verletzen, selbst wenn eine (einmalige) Verletzung dieses Gebots die Zahl der Verletzungen desselben Gebots durch andere minimieren würde.

Obwohl akteur-relative Gebote und Verbote für den paradoxen Charakter der Deontologie verantwortlich sind, sind sie es, die die Vereinbarkeit der Deontologie mit unseren moralischen Intuitionen garantieren. Akteur-neutrale Gebote dagegen sind dafür verantwortlich, dass der Konsequentialismus nicht mit unseren moralischen Intuitionen vereinbar ist, da sie Handlungen gebieten, die wir intuitiv für moralisch falsch halten. Andererseits sind akteur-neutrale Gebote mit der bestechenden Idee des Konsequentialismus vereinbar, während akteur-relative Verbote damit unvereinbar sind: Akteur-relative Verbote verbieten manchmal die Maximierung des Guten, akteur-neutrale Gebote erlauben und gebieten immer die Maximierung des Guten. Es scheint daher nur die Wahl zu bleiben zwischen einer an der bestechenden Idee festhaltenden akteur-neutralen Theorie, die kontraintuitiv ist, und einer zu unseren Intuitionen passenden akteur-relativen Theorie, die die bestechende Idee ablehnen muss und paradox ist.

Einen Ausweg aus dieser scheinbar aussichtslosen Situation verspricht die Methode der **Konsequentialisierung**, welche eine ethische Theorie ermöglichen soll, die

- die bestechende Idee des Konsequentialismus bewahrt,
- das Paradox der Deontologie vermeidet, und
- intuitiv plausibel ist, da sie mit der herkömmlichen Moral bzw. deontologischen Theorien deontisch äquivalent ist, also zu denselben Moralurteilen gelangt wie diese.

Letzteres wird ausgedrückt in der **deontischen Äquivalenzthese:**[39]

Zu jeder halbwegs plausiblen deontologischen Theorie gibt es eine entsprechende konsequentialistische Theorie, die zu ihr deontisch äquivalent ist, d. h. beide Theorien sind extensional äquivalent hinsichtlich ihrer deontischen Urteile über Handlungen.

Wie ist diese bisher übersehene scheinbar ideale Kombination aus konsequentialstischer Struktur und deontologischem Inhalt möglich? Sie ist möglich, weil aus der bestechenden Idee des Konsequentialismus nur die Akteur-Neutralität der konsequentialistischen *Theorie des Rechten* folgt und bisher übersehen wurde, dass man die akteur-neutrale Theorie des Rechten mit einer *akteur-relativen Theorie des Guten,* also mit akteur-relativen Werten, verbinden kann. Zu diesem Zweck werden die akteur-relativen deontologischen Ge- und Verbote zu akteur-relativen *Werten* uminterpretiert, sodass sie nicht mehr als Ge- und Verbote zur Theorie des Rechten, sondern als Werte zur Theorie des Guten gehören. Damit liegt keine Unvereinbarkeit mehr zwischen verschiedenen Theorien des Rechten vor: Die bestechende Idee des Konsequentialismus ist Bestandteil der konsequentialistischen Theorie des Rechten und die deontologischen Intuitionen sind Bestandteil der akteur-relativen konsequentialistischen Theorie des Guten. In einem zweiten Schritt kann man die akteur-relativen Werte so in einer Rangfolge anordnen, dass aus der (konsequentialistisch gebotenen) Maximierung der akteur-relativen Werte folgt, dass dieselben Handlungen erlaubt, verboten bzw. geboten sind, die auch gemäß den ursprünglichen deontologischen Ge- und Verboten erlaubt, verboten bzw. geboten sind. Dies lässt sich gemäß folgendem **Rezept der Konsequentialisierung** bewerkstelligen:[40]

Konsequentialisierung

1. Nimm, was immer für Überlegungen Deontolog*innen für relevant halten, um den deontischen Status einer Handlung zu bestimmen.
2. Betrachte diese Überlegungen als relevant für die Festlegung der Rangordnung der Konsequenzen, sodass sich folgende Rangordnung ergibt:

- Für eine Handlung, die die deontologische Theorie erlaubt: Bestreite, dass es irgendeine Handlung mit besseren Konsequenzen gibt.
- Für eine Handlung, die die deontologische Theorie verbietet: Behaupte, dass es eine andere Handlung mit besseren Konsequenzen gibt.
- Für eine Handlung, die die deontologische Theorie gebietet: Behaupte, dass es keine andere Handlung mit besseren Konsequenzen gibt.

An folgendem Beispiel lässt sich das Rezept der Konsequentialisierung veranschaulichen. In der ersten Situation ist es gemäß dem üblichen akteur-neutralen Konsequentialismus geboten, dass Cora Carl tötet – was aber gemäß unserer herkömmlichen (deontologischen) Moral kontraintuitiv ist. Die Konsequentialisierung ermöglicht, das konsequentialistische Richtigkeitskriterium anzuwenden und dennoch das mit unserer moralischen Intuition übereinstimmende Moralurteil abzuleiten:

	Situation 1	Situation 2
	Wenn Cora Carl tötet, verhindert sie, dass Dora zwei Menschen tötet.	Wenn Cora Carl tötet, verhindert sie, dass Dora 100 Kinder tötet.
Moralische Intuition	Es ist moralisch verboten, dass Cora Carl tötet.	Es ist moralisch geboten, dass Cora Carl tötet.
Erster Schritt der Konsequentialisierung: Übersetze die moralische Intuition über die Richtigkeit von Handlungen in eine entsprechende Rangordnung der Konsequenzen vom Standpunkt der handelnden Person.	Dass Cora Carl getötet hat (und Dora nicht zwei Menschen getötet hat), ist (von Coras Standpunkt) eine schlechtere Konsequenz als dass Cora Carl *nicht* getötet hat (und Dora zwei Menschen getötet hat).	Dass Cora Carl *nicht* getötet hat (und Dora 100 Kinder getötet hat), ist (von Coras Standpunkt) eine schlechtere Konsequenz als dass Cora Carl getötet hat (und Dora nicht 100 Kinder getötet hat)

Zweiter Schritt der Konsequentialisierung: Wende das konsequentialistische Richtigkeitskriterium (RK) auf diese Rangordnung an.	Dass Cora Carl tötet, ist (von Coras Standpunkt) *nicht* die Handlung mit der besten Konsequenz.	Dass Cora Carl *nicht* tötet, ist (von Coras Standpunkt) *nicht* die Handlung mit der besten Konsequenz.
RK: Eine Handlung ist moralisch richtig genau dann, wenn es vom Standpunkt der handelnden Person keine andere Handlung mit besseren Konsequenzen gibt.	Also gilt: Es ist moralisch verboten, dass Cora Carl tötet.	Also gilt: Es ist moralisch geboten, dass Cora Carl tötet.

Man kann somit durch Anwendung des Rezepts zur Konsequentialisierung in jeder Situation genau die gewünschten Moralurteile erhalten, die mit den Intuitionen der herkömmlichen Moral bzw. der Deontologie übereinstimmen – ohne Paradox und mit Maximierung.

Ist das die erfolgreiche Synthese von Deontologie und Konsequentialismus und das Happy End einer ewigen Debatte? Es gibt einige Gründe, dies zu bezweifeln.

Zunächst können wir festhalten, dass die Debatte wahrscheinlich nicht enden, sondern unter anderem Namen fortgeführt werden wird. Es gibt sicher viele »klassische« Konsequentialist*innen, die die deontologischen Intuitionen der herkömmlichen Moral nicht teilen und daher keinen Grund sehen, sich auf das Projekt der Konsequentialisierung einzulassen.

Andere Konsequentialist*innen verfolgen vielleicht eine andere, weniger weitgehende Annäherung an die Deontologie, die als »**konsequentialistischer Staubsauger**« bezeichnet wurde.[41] Bei dieser Strategie erweitern Konsequentialist*innen ihre Theorie des Guten und saugen beliebige, von Deontolog*innen geschätzte Werte, in ihre Theorie des Guten ein, beharren jedoch – im Gegensatz zur Konsequentialisierung – darauf, dass die Theorie des Guten akteur-neutral bleibt. Konkret heißt dies beispielsweise, dass diese Konsequentialist*innen Würde als Wert in ihre Theorie des Guten aufnehmen und fordern, Würdeverletzungen zu minimieren. Diese Forderung impliziert, dass ich selbst die Würde einer Person verletzen muss, wenn dies die einzige Möglichkeit ist, andere Würdeverletzungen zu verhindern und insgesamt die Würdeverletzungen zu minimieren. Da Deontolog*innen solche minimierenden Verletzungen ablehnen, führt die Anwendung des konsequentialistischen Staubsaugers trotz der Aufnahme deontologischer Werte zu Moralurteilen, die sich von deontologischen Moralurteilen signifikant unterscheiden.

Selbst wenn Konsequentialist*innen dem Projekt der Konsequentialisierung nicht grundsätzlich ablehnend gegenüberstehen, sprechen einige Gründe dafür, dass es nicht das Versprechen, eine ideale ethische Theorie zu konstruieren, erfüllen kann.

Konsequentialisierer*innen müssen neben der Akteur-Neutralität des Guten noch weitere Eigenschaften des klassischen Konsequentialismus aufgeben, was die

Frage aufwirft, ob sie nicht zu viele attraktive Eigenschaften des Konsequentialismus aufgeben müssen und ob die aus der Konsequentialisierung resultierende Theorie – im Folgenden als »**KonsDeon**« (für »konsequentialisierte Deontologie«) bezeichnet – plausibel und gut begründet ist. Die Konsequenzendeterminiertheit, Maximierungserlaubnis und das Maximierungsgebot wird von Konsequentialisierer*innen übernommen. Folgende weitere Eigenschaften des klassischen Konsequentialismus geben sie dagegen auf:

(i) Sie geben die Bestimmung des Rechten unabhängig vom Guten und damit den in diesem Sinn interpretierten Vorrang des Guten vor dem Rechten (S. 78f.) auf. Dies bedeutet, dass Konsequentialisierer*innen gegenüber der Deontologie nicht mehr damit punkten können, dass sie nur auf eine einzige Intuition in der Begründung des konsequentialistischen Richtigkeitskriteriums rekurrieren (welche im klassischen Konsequentialismus darin besteht, dass das Rechte in der Maximierung des von der Moral unabhängigen Guten besteht).

(ii) Sie müssen die intuitionsfreie Anwendung des konsequentialistischen Richtigkeits- bzw. Entscheidungskriteriums aufgeben: Dem klassischen Konsequentialismus zufolge muss man nur die (weitgehend) empirische Frage beantworten, welche Konsequenzen die verfügbaren Handlungsoptionen haben. Man muss sich nicht, um herauszufinden, welche Handlungen richtig oder falsch sind, auf (oft umstrittene) verschiedene moralische Intuitionen berufen und diese (wiederum intuitiv) gegeneinander abwägen.

(iii) Außerdem geben Konsequentialisierer*innen die Idee auf, dass der Konsequentialismus allen Personen dasselbe Ziel vorschreibt, das darin besteht, das akteur-neutrale Gute zu befördern und entsprechend die Welt zu verbessern.

Um Raum für die deontologischen Intuitionen zu schaffen, opfern Konsequentialisierer*innen die sparsamen Voraussetzungen des klassischen Konsequentialismus – *eine* Intuition, *ein* Ziel für alle und *klare* Anwendung. Dies sind jedoch nicht die größten Schwächen der Konsequentialisierung.

Das Rezept der Konsequentialisierung verlangt, deontologische Ge- und Verbote in akteur-relative Werte zu übersetzen, und jede deontologisch ge- oder verbotene Handlung aufgrund ihrer akteur-relativen Konsequenzen in einer Rangfolge von Konsequenzen bzw. Zuständen anzuordnen, sodass die Befolgung des Gebots bzw. Verbots bessere Konsequenzen hat als jede andere Handlungsalternative. Die Festlegung und Begründung dieser Rangordnung bleibt jedoch willkürlich, denn:

Konsequentialisierer*innen behaupten, dass jede halbwegs plausible deontologische Theorie konsequentialisiert werden kann. Sie liefern aber kein Kriterium dafür, *welche* deontologischen Intuitionen und welche deontologischen Theorien konsequentialisiert werden sollen bzw. welche Moralurteile in Werturteile übersetzt und in die Theorie des Guten von KonsDeon übernommen werden sollen. (Man kann nicht voraussetzen, dass alle Deontolog*innen die gleichen Intuitionen teilen und dies deshalb keine Rolle spielt.)

Dies bedeutet, dass der moralische Gehalt von KonsDeon vollständig von der deontologischen Theorie (bzw. von unseren vortheoretischen moralischen Überzeugungen) übernommen wird und KonsDeon selbst keinerlei moralischen

Gehalt beisteuert. Konsequentialisierer*innen können uns keine Hilfe anbieten bei der Frage, welche deontologische Theorie wir konsequentialisieren sollen, um eine plausible Moraltheorie zu erhalten. Diese moralische Beliebigkeit und der fehlende moralische Gehalt von KonsDeon mangels einer plausiblen Theorie des Guten wird nicht nur offenbar bei der Frage, welche Moralurteile als Werturteile in KonsDeon aufgenommen werden sollen. Sie zeigt sich auch bei der Frage, wie die Rangordnung dieser Werturteile (bzw. die Rangordnung der Zustände) festgelegt wird, da es auch hierfür kein Kriterium gibt, sondern die Rangordnung unseren moralischen Intuitionen überlassen bleibt. Konsequentialisierer*innen können daher keinerlei Vorteile gegenüber der überzeugendsten deontologischen Theorie verbuchen, handeln sich aber sämtliche Nachteile, die Konsequentialist*innen gerne als Argument gegen die Deontologie vorbringen, ein:

Aufgrund des Fehlens einer akteur-relativen Theorie des Guten fehlt den akteur-relativen Werten jeder systematische Zusammenhang. Der gegen die Deontologie erhobene Vorwurf eines unzusammenhängenden Haufens von Pflichten trifft deshalb ebenfalls auf KonsDeon in Form eines unzusammenhängenden Haufens von akteur-relativen Werten zu. Die akteur-relativen Werte werden mit den gleichen moralischen Intuitionen begründet, auf die sich moderate Deontolog*innen zur Begründung deontologischer Verbote bzw. intrinsisch falscher Handlungen berufen. Die von Konsequentialist*innen oft bemängelte Unbegründbarkeit und Beliebigkeit solcher deontologischen Intuitionen überträgt sich unmittelbar auf KonsDeon bzw. auf die in die Theorie des Guten von KonsDeon aufgenommenen Werte.

Ebenso überträgt sich das der Deontologie zum Vorwurf gemachte Fehlen eines Kriteriums zur Abwägung und Gewichtung verschiedener Gebote und Verbote auf KonsDeon in Form des Fehlens eines Kriteriums zur Abwägung und Gewichtung unterschiedlicher Werte zur Bestimmung des besten Zustands. Angewandt auf das oben erwähnte Beispiel, liefert KonsDeon ebenso wenig wie die Deontologie ein Kriterium dafür, wo der Schwellenwert liegt, ab dem Cora (wie in der zweiten Situation) Carl töten darf.

All diese Nachteile von KonsDeon resultieren daraus, dass es keine plausible akteur-relative Theorie des Guten gibt, die die Theorie des Guten des klassischen Konsequentialismus ersetzen könnte. Da die deontologischen moralischen Intuitionen in KonsDeon als akteur-relative Werte repräsentiert werden sollen, ist eine plausible Werttheorie bzw. Theorie des Guten entscheidender Bestandteil von KonsDeon und notwendig für das Gelingen der Konsequentialisierung. Ohne eine plausible Theorie des Guten bleibt KonsDeon nur eine theoretische Möglichkeit, gegen die sich dieselben Einwände erheben lassen, wie sie gemeinhin gegen deontologische Theorien erhoben werden. Aus der Sicht der *Deontologie* kann man diese Nachteile von KonsDeon vielleicht hinnehmen, wenn man damit zufrieden ist, dass den deontologischen Intuitionen nun nicht mehr der Makel des Paradoxes anhaftet.

In einem Buch zum Konsequentialismus interessiert uns jedoch, ob die Konsequentialisierung bzw. KonsDeon eine plausible Weiterentwicklung des Konsequentialismus ist, die den Vorwurf, der Konsequentialismus sei kontraintuitiv, erfolgreich entkräften kann. Dies wäre nur dann der Fall, wenn in KonsDeon die bestechende Idee des Konsequentialismus bewahrt bliebe. Ist das Konsequentialisierungsprojekt in dieser Hinsicht erfolgreich?

Gemäß der bestechenden Idee des Konsequentialismus ist es immer erlaubt (und geboten), *das Gute* zu maximieren bzw. *den* besten Zustand herbeizuführen, wobei das Gute bzw. der beste Zustand akteur-neutral charakterisiert ist. In KonsDeon gibt es aber nicht mehr *das Gute* und *den besten Zustand*, sondern aufgrund der Akteur-Relativität des Guten nur noch das *Gute vom Standpunkt der handelnden Person*, das *Gute vom Standpunkt der Betroffenen* und das *Gute vom Standpunkt der Beobachter*innen*.

Das Gute vom Standpunkt der Beobachter*innen entspricht dem akteur-neutralen Guten des klassischen Konsequentialismus, ist aber in KonsDeon im Gegensatz zum klassischen Konsequentialismus nicht mehr der beste Zustand, den wir herbeiführen sollen. Im Gegenteil! Um die kontraintuitiven Implikationen des klassischen Konsequentialismus zu vermeiden, muss in allen Fällen, in denen die Herbeiführung des akteur-neutralen besten Zustands (also des besten Zustands vom Standpunkt der Beobachter*innen) unseren moralischen Intuitionen widerspricht, (i) garantiert sein, dass der akteur-neutrale beste Zustand nicht der beste Zustand vom Standpunkt der handelnden Person ist und (ii) es der handelnden Person moralisch verboten ist, den Zustand herbeizuführen, der zwar vom akteur-neutralen Standpunkt der Beobachter*innen der beste Zustand ist, vom Standpunkt der handelnden Person aber nicht der beste Zustand ist. Nur wenn es der handelnden Person verboten ist, den besten Zustand vom Standpunkt der Beobachter*innen herbeizuführen, ist im Einklang mit der deontologischen Intuition garantiert, dass z. B. die handelnde Person nicht foltern darf, um Menschenleben zu retten. Da es also der handelnden Person verboten ist, den akteur-neutralen besten Zustand herbeizuführen, wenn dieser Zustand von ihrem Standpunkt aus nicht der beste Zustand ist, muss die bestechende Idee des Konsequentialismus aufgegeben werden, wonach es immer erlaubt (bzw. geboten) ist, *das* Gute bzw. den akteur-neutral bestimmten besten Zustand herbeizuführen.

Da die Idee Konsequentialisierung noch verhältnismäßig neu ist und nicht alle Argumente hier vorgestellt werden konnten, wäre es voreilig, ein abschließendes Urteil zu fällen. Aber es entsteht der Eindruck, dass diese neueste Annäherung des Konsequentialismus an die Deontologie zu weit geht und mit der Aufgabe der bestechenden Idee des Konsequentialismus am Ende auch den Konsequentialismus aufgeben muss.

Was spricht für den Konsequentialismus?

Dieses Kapitel formuliert einige Gedanken zur Begründung des Konsequentialismus und soll kein Resümee und keine abschließende Beurteilung des Konsequentialismus sein. Eine Verteidigung oder Kritik des Konsequentialismus war nicht das Ziel dieses Buches. Es wäre unseriös, am Ende einer kurzen Einführung, in der nicht alle Themen behandelt und bei den behandelten Themen nicht alle wichtigen Argumente berücksichtigt wurden, ein abschließendes Urteil über den Konsequentialismus zu fällen.

In den bisherigen Kapiteln ging es nur darum, den Konsequentialismus zu verstehen, zu sehen, mit welchen Einwänden er konfrontiert ist und einige Varianten des Konsequentialismus vorzustellen. Noch nicht explizit zur Sprache kam die Frage, warum wir uns für den Konsequentialismus als ethische Theorie entscheiden sollten. Warum sollten wir Konsequentialist*innen sein und nicht eher Deontolog*innen? Was spricht für den Konsequentialismus? Worin genau liegt seine Anziehungskraft? Gibt es überzeugende Argumente für ihn?

Seltsamerweise steht die Frage nach der Begründung des Konsequentialismus nicht im Mittelpunkt der Debatte zwischen Konsequentialismus und Deontologie. Konsequentialist*innen sind oft mehr damit beschäftigt, die zahlreichen Einwände gegen ihre Theorie zu entkräften, als Argumente für sie zu formulieren. Ein Grund dafür liegt vielleicht in der Annahme, der Konsequentialismus basiere auf einem bzw. wenigen einfachen unmittelbar einleuchtenden und kaum zu bestreitenden Grundgedanken, sodass sich jede weitere Begründung erübrige. In Schwierigkeiten gerät der Konsequentialismus nur, weil diese intuitiv plausiblen Grundgedanken unplausible Implikationen zu haben scheinen. Daher scheint zur Verteidigung des Konsequentialismus der Nachweis zu genügen, dass er bei sorgfältiger und wohlwollender Betrachtung nicht die ihm unterstellten kontraintuitiven Implikationen hat und es daher keinen Grund gibt, ihn wegen seiner vermeintlichen Kontraintuitivität abzulehnen. Dennoch ist ein Argument für den Konsequentialismus notwendig, um die Theorie zu begründen und andere davon zu überzeugen. Die Entkräftung von Einwänden gegen die Theorie ist noch kein Argument für die Theorie. Selbst wenn Konsequentialist*innen überzeugend begründen könnten, dass ihre Theorie keine kontraintuitiven Implikationen hat und uns nicht überfordert, gäbe uns das alleine keinen Grund, Konsequentialist*in zu werden – zumindest solange nicht, wie deontologische Theorien ebenfalls nicht kontraintuitiv sind und uns nicht überfordern. Dies soll nicht bedeuten, dass die Entkräftung von Einwänden nicht wichtig wäre. Im Gegenteil, es ist eine notwendige Bedingung für die Akzeptanz einer Theorie, dass sie zumindest die schwerwiegendsten Einwände entkräften kann. Aber dies ist nicht hinreichend für das Akzeptieren einer Theorie, wenn wir keinen Grund haben, der für sie spricht. Wenn der Konsequentialismus gegen Einwände verteidigt wird, dann deshalb, weil es etwas gibt, das ihn attraktiv macht und das man nicht aufgeben will. Wir können daher annehmen, dass es bestimmte – eine oder mehrere – evidente, bestechende Intuitionen, Überzeugungen bzw. Grundideen gibt, die konstitutiv für konsequentialistische Theorien sind bzw. die eine konsequentialistische Theorie implizieren oder zumindest nahelegen. Diese Grundideen könnten bestimmte Ideen sein a) über das Gute, b) über das Rechte, c) über Rationalität, d) über den Sinn und Zweck der Moral oder e) über die notwendigen Bedingungen des moralischen Argumentierens bzw. über die Implikationen des moralischen Standpunkts. Diese Grundideen und die darauf aufbauenden Argumente können wir als **direkte Argumente für den Konsequentialismus** bezeichnen. Neben den direkten Argumenten gibt es **indirekte Argumente für den Konsequentialismus**, die den Konsequentialismus als die im Vergleich zu anderen ethischen Theorien beste Theorie aufweisen. Solche Argumente wären:

- Alle bekannten Einwände gegen den Konsequentialismus können entkräftet werden.
- Gegen konkurrierende ethische Theorien sprechen bisher nicht entkräftete Einwände, die so stark sind, dass die Theorien inakzeptabel sind.
- Es gibt keine (ebenso) überzeugenden direkten Argumente für konkurrierende ethische Theorien.
- Der Konsequentialismus bietet die im Vergleich zu anderen Theorien beste Systematisierung und Begründung unserer herkömmlichen Moral.
- Der Konsequentialismus erfüllt besser als andere ethische Theorien bestimmte Adäquatheitskriterien für moralische Theorien.

Die beste Begründung für eine ethische Theorie ist die Kombination aus überzeugenden direkten und überzeugenden indirekten Argumenten. Gibt es für konkurrierende ethische Theorien gleichermaßen überzeugende direkte Argumente, kommt den indirekten Argumenten umso größere Bedeutung zu. Sollten also deontologische Theorien ebenso auf unmittelbar einleuchtenden Grundideen basieren wie der Konsequentialismus, wird der Streit um die beste ethische Theorie mit den indirekten Argumenten entschieden. Wie lauten die direkten Argumente für den Konsequentialismus? Mit welchen direkten Argumenten könnte man den Konsequentialismus begründen bzw. ist versucht worden, ihn zu begründen?

Man könnte den Konsequentialismus begründen, indem man den Utilitarismus begründet. Da der Utilitarismus eine konsequentialistische Theorie ist, hätte man mit einer überzeugenden Begründung des Utilitarismus auch eine überzeugende Begründung des Konsequentialismus. Da die historisch erste Form des Konsequentialismus der Utilitarismus war und sich der Konsequentialismus erst später als Abstraktion vom Utilitarismus als eigenständige Theorie herausgebildet hat, waren die ersten Argumente für den Konsequentialismus Argumente für den Utilitarismus. Man könnte auch der Meinung sein, dass nicht der Utilitarismus im oben definierten Sinn plausibel ist, sondern die allgemeinere Idee, dass man das Gute maximieren soll. Das Maximierungsgebot ist aber kein definierendes

Merkmal des Konsequentialismus und wird nicht von allen Konsequentialist*innen akzeptiert. Stattdessen könnte man fragen, ob es eine andere Grundidee gibt, die allen Varianten des Konsequentialismus zugrunde liegt, und diese begründen. Oder man begründet direkt die definierenden Merkmale des Konsequentialismus, also die Konsequenzendeterminiertheit und die Maximierungserlaubnis.

Wir können in dieser Einführung nicht alle bisher vorgeschlagenen Begründungen vorstellen und beurteilen, insbesondere nicht alle Begründungen des Utilitarismus. Aber es ist auffällig, dass zur Begründung des Konsequentialismus in der Literatur häufig nur darauf hingewiesen wird, dass bestimmte Grundideen des Konsequentialismus evident sind oder der Konsequentialismus aus anderen evidenten Ideen in wenigen Schritten abgeleitet werden kann. Konsequentialist*innen sprechen in diesem Zusammenhang oft von der (schon erwähnten) bestechenden Idee (*compelling idea*) des Konsequentialismus. Erstaunlicherweise sind sie sich nicht darüber einig, was die bestechende Idee des Konsequentialismus ist. Als attraktive Grundgedanken des Konsequentialismus wurden (u. a.) folgende vorgeschlagen:

- Es kann niemals moralisch richtig sein, die Handlung mit den schlechteren Konsequenzen auszuführen. (Maximierungsgebot)
- Die Richtigkeit von Handlungen hängt nur von den Konsequenzen ab. (Konsequenzendeterminiertheit)
- Es kann es niemals moralisch falsch sein, die Handlung mit den besten Konsequenzen auszuführen. (Maximierungserlaubnis)
- Man soll das Übel minimieren, das Gute maximieren und die Welt zu einem besseren bzw. zum bestmöglichen Ort machen.
- In der Moral geht es nur darum, das Gute zu maximieren.
- Die Richtigkeit von Handlungen wird vollständig durch das Gute determiniert.
- Das Gute hat Vorrang vor dem Rechten.

Maximierungsgebot

Beginnen wir mit dem Maximierungsgebot, wonach man stets die Handlung mit den besten Konsequenzen ausführen soll. Folgende Formulierungen des Maximierungsgebots drücken den für viele bestechenden, schwer zu bestreitenden Gedanken noch deutlicher aus:

> Es kann niemals moralisch richtig sein, eine Handlung mit schlechteren Konsequenzen einer Handlung mit besseren Konsequenzen vorzuziehen.
> Es kann niemals moralisch richtig sein, die Handlung mit schlechteren Konsequenzen anstelle der Handlung mit besseren Konsequenzen auszuführen.

Das Maximierungsgebot ist das Prinzip des maximierenden Handlungskonsequentialismus, der am häufigsten vertretenen konsequentialistischen Theorie. Dennoch ist es das umstrittenste der hier diskutierten Prinzipien, das selbst von manchen Konsequentialist*innen mit der Begründung abgelehnt wird, dass es zu viel verlangt. Da es nicht in allen Varianten des Konsequentialismus akzeptiert wird, kann es nicht als grundlegende Idee des Konsequentialismus aufgefasst werden.

Konsequenzendeterminiertheit

Kaum jemand bezweifelt, dass die Richtigkeit von Handlungen auch von ihren Konsequenzen abhängt. Auch in deontologischen Theorien hängt die Richtigkeit von den Konsequenzen ab. Aber warum sollte man annehmen, dass für die Richtigkeit von Handlungen *nur* die Konsequenzen moralisch relevant sind und deshalb die Richtigkeit *nur* von den Konsequenzen abhängt? Ist diese Annahme evident (unmittelbar einleuchtend) und bedarf keiner Begründung? Ist sie die bestechende Idee des Konsequentialismus?

Gegen die Evidenz der Annahme spricht, dass sie nicht unseren alltagsmoralischen Intuitionen entspricht. Wie wir zu Beginn des Buches sahen, akzeptieren wir viele andere normative Faktoren als Grund für die Richtigkeit oder Falschheit von Handlungen und messen diesen Faktoren ein so starkes Gewicht bei, dass wir Handlungen für richtig halten, obwohl sie nicht die besten Konsequenzen haben bzw. Handlungen für falsch halten, obwohl sie die besten Konsequenzen haben. Unseren alltäglichen moralischen Urteilen entspricht die Konsequenzendeterminiertheit nicht und deshalb ist es wenig überzeugend, zu behaupten, dass sie evident sei und keiner weiteren Begründung bedürfe. Gegner*innen des Konsequentialismus würden die Evidenzbehauptung zurückweisen mit dem Hinweis, dass man an den zahlreichen deontologischen normativen Faktoren sehen könne, dass es evident ist, dass die Richtigkeit *nicht nur* von den Konsequenzen abhängt. Als (für sich) bestechende Idee des Konsequentialismus kommt die Konsequenzendeterminiertheit nicht infrage. (Auch die klassischen Utilitaristen haben nicht explizit die Konsequenzendeterminiertheit vertreten und für evident gehalten. Sie gingen von anderen Annahmen aus, die die Konsequenzendeterminiertheit lediglich implizieren.)

Gibt es dennoch Gründe für Konsequenzendeterminiertheit? Geben uns vielleicht die folgenden Argumente einen guten Grund, die Konsequenzendeterminiertheit zu akzeptieren?

1. Die Konsequenzen von Handlungen sind dasjenige, was die Menschen betrifft, was Auswirkungen auf ihr Leben hat. Die Konsequenzen von Handlungen sind das, was für die betroffenen Menschen gut oder schlecht ist, was sie wünschen oder vermeiden möchten. Deshalb sind allein die Konsequenzen von Handlungen moralisch relevant. Dieses Argument wird Gegner*innen des Konsequentialismus nicht überzeugen. Das Argument begründet lediglich, dass die Gutheit und Schlechtheit der Konsequenzen ein wichtiger normativer Faktor ist. Daraus folgt nicht, dass es keine anderen normativen Faktoren gibt. Auch wenn es (für Konsequentialist*innen wie für Deontolog*innen) evident ist, dass die Handlungskonsequenzen moralisch relevant sind, muss es nicht evident sein,

dass *nur* die Handlungskonsequenzen moralisch relevant sind. Ausgehend von der gemeinsamen Annahme, dass die Handlungskonsequenzen moralisch relevant sind, muss man sowohl die Behauptung, dass *nur* die Konsequenzen moralisch relevant sind als auch die Behauptung, dass noch andere Faktoren moralisch relevant sind, begründen. Die Beweislast liegt nicht nur auf der deontologischen Annahme, dass nicht nur die Konsequenzen moralisch relevant sind. Die Tatsache, dass die Konsequenzen von Handlungen moralisch relevant sind, macht nicht die konsequentialistische Annahme, dass *nur* die Konsequenzen moralisch relevant sind, plausibler als die deontologische Annahme, dass nicht nur die Konsequenzen moralisch relevant sind.

2. Den Menschen ist nicht gleichgültig, was in der Welt passiert. Im Gegenteil, einiges, was passiert, halten sie für gut, einiges für schlecht. Wäre es den Menschen gleichgültig, was in der Welt passiert, bedürfte es keiner Regulierung menschlichen Handelns und Moralprinzipien wären unnötig. Da Moralprinzipien zur Regelung menschlichen Handelns also notwendig sind, weil es den Menschen nicht gleichgültig ist, was in der Welt passiert[42], sollten die Moralprinzipien genau das regeln, was den Menschen nicht gleichgültig ist, und das sind die Konsequenzen von Handlungen.

3. Ein ähnliches Argument ist das Folgende[43]:

(1) Wenn eine Person handelt, hat dies zur Folge, dass viele Ereignisse eintreten, die nicht eingetreten wären, wenn sie nicht gehandelt hätte. Wenn eine Person handelt, verläuft die Welt also anders, als wenn sie nicht gehandelt hätte.

(2) Ob eine Person auf eine bestimmte Weise handeln soll, kann daher nur entschieden werden, indem man vergleicht, wie die Welt sein würde, wenn sie auf diese Weise handelt und wie die Welt sein würde, wenn sie nicht oder auf eine andere Weise handelt. (Wie sonst sollte man dies entscheiden?)

(3) Dieser Vergleich kann sich nur darauf beziehen, ob die Welt, wie sie sein würde, wenn die Person auf eine bestimmte Weise handelte, besser oder schlechter ist als die Welt, wie sie sein würde, wenn die Person auf andere Weise handelte. (Auf was sollte der Vergleich sich sonst beziehen?)

(4) Daher soll eine Person nur dann auf eine bestimmte Weise handeln, wenn die Welt besser wäre, wenn sie so handelte, als wenn sie auf eine andere (ihr offenstehende) Weise handeln würde. (Umgekehrt soll eine Person nur dann nicht auf eine bestimmte Weise handeln, wenn die Welt schlechter wäre, wenn sie so handelte, als wenn sie auf eine andere (ihr offenstehende) Weise handelt.)

Auch dieses Argument kann die Konsequenzendeterminiertheit nicht begründen. Denn das »nur« in (2) folgt nicht aus (1) und scheint den Konsequentialismus schon als richtig vorauszusetzen. Man könnte ebenso gut folgendes nicht-konsequentialistisches Argument vorbringen:

(1) Wenn eine Person handelt, hat dies zur Folge, dass viele Ereignisse eintreten, die nicht eingetreten wären, wenn sie nicht gehandelt hätte. Wenn eine Person handelt, verläuft die Welt also anders, als wenn sie nicht gehandelt hätte.

(2_1) Daher ist der Vergleich, wie die Welt sein würde, wenn die Person auf diese Weise handelte und wie die Welt sein würde, wenn sie nicht oder auf eine andere Weise handelte, moralisch relevant, d. h. ein Faktor, von dem es abhängt, ob eine Handlung moralisch richtig oder falsch ist.

(2_2) Ob eine Person auf eine bestimmte Weise handeln soll, kann daher nur entschieden werden, wenn neben der intrinsischen Falschheit bzw. Richtigkeit der Handlungsweise auch verglichen wird, wie die Welt sein würde, wenn sie auf diese Weise handelte und wie die Welt sein würde, wenn sie nicht oder auf eine andere Weise handelte.

(3) Dieser Vergleich kann sich nur darauf beziehen, ob die Welt, wie sie sein würde, wenn die Person auf eine bestimmte Weise handelte, besser oder schlechter ist als die Welt, wie sie sein würde, wenn die Person auf andere Weise handelte.

(4_1) Daher soll eine Person nur dann auf eine bestimmte Weise handeln, wenn (i) die Welt besser wäre, wenn sie so handelte, als wenn sie auf eine andere (ihr offenstehende) Weise handelte und (ii) die Handlungsweise selbst nicht intrinsisch falsch ist bzw. die intrinsische Falschheit weniger schwer wiegt als die Verbesserung der Welt.

Diese Argumente gehen von plausiblen Annahmen aus, die unbestritten sind. Sie machen plausibel, dass die Konsequenzen ein moralisch relevanter Faktor sind und deshalb die Richtigkeit nicht unabhängig von den Konsequenzen sein kann. Warum sie der einzige moralisch relevante Faktor sein sollen und die Richtigkeit nur von den Konsequenzen abhängen soll, wird aus diesen Argumenten nicht ersichtlich. Man kann die Prämissen der Argumente akzeptieren und dennoch behaupten, dass es auch darauf ankommt, mit welchen Mitteln man die guten Konsequenzen anstrebt. Die Konklusion, dass es nur auf die Konsequenzen ankommt, folgt daher nicht.

Die Konsequenzendeterminiertheit kommt somit nicht als bestechende Idee, als unmittelbar einleuchtende Ausgangsbasis für die Begründung des Konsequentialismus infrage: Wer nicht schon Konsequentialist*in ist, wird nicht durch die Konsequenzendeterminiertheit vom Konsequentialismus überzeugt werden. Die Konsequenzendeterminiertheit ist nicht die Grundidee des Konsequentialismus im Sinn einer grundlegenden Idee, von der man ausgeht, um den Konsequentialismus plausibel zu machen. Wenn die Konsequenzendeterminiertheit nicht als Ausgangsbasis zur Begründung des Konsequentialismus geeignet ist, muss man andere Argumente für den Konsequentialismus finden. Die Konsequenzendeterminiertheit müsste, da sie die definierende Eigenschaft des Konsequentialismus ist, eine Folgerung aus diesen anderen Argumenten bzw. Grundgedanken sein und wäre als solche auch begründet.

Maximierungserlaubnis

Ist die Maximierungserlaubnis, die zweite definierende Eigenschaft des Konsequentialismus besser geeignet, um uns vom Konsequentialismus zu überzeugen? In der Tat sind viele Konsequentialist*innen der Ansicht, dass die Attraktivität des Konsequentialismus hauptsächlich auf diesem Gedanken beruht, der unmittelbar einleuchtend zu sein scheint:

> Es kann niemals moralisch falsch sein, eine Handlung mit besseren Konsequenzen einer Handlung mit schlechteren Konsequenzen vorzuziehen.
> Es kann niemals moralisch falsch sein, die Handlung mit besseren Konsequenzen anstelle der Handlung mit schlechteren Konsequenzen auszuführen.

Wie schon erwähnt, halten viele diesen Gedanken für die bestechende Idee des Konsequentialismus, die, als Frage formuliert, eine bloß rhetorische Frage zu sein scheint: Wie könnte es jemals moralisch falsch sein, eine Handlung mit besseren Konsequenzen einer Handlung mit schlechteren Konsequenzen vorzuziehen? Für diejenigen, die sich nicht vorstellen können, dass und warum es jemals falsch sein könnte, eine Handlung mit besseren Konsequenzen einer Handlung mit schlechteren Konsequenzen vorzuziehen, liefert diese moralische Intuition die Grundlage des Konsequentialismus.

Selbst manche Gegner*innen des Konsequentialismus (z. B. Philippa Foot) gestehen zu, dass die Maximierungserlaubnis etwas Bestechendes an sich hat.[44] Dennoch kann man bestreiten, dass an der bestechenden Idee etwas Bestechendes ist: Man kann sich sehr wohl vorstellen, dass und warum es jemals falsch sein könnte, eine Handlung mit besseren Konsequenzen einer Handlung mit schlechteren Konsequenzen vorzuziehen: dann nämlich, wenn die Handlung mit den besseren Konsequenzen eine intrinsisch falsche Handlung ist. Alle Einwände gegen den Konsequentialismus, die ihm vorwerfen, er sei kontraintuitiv, weil er Handlungen erlaube, die moralisch falsch sind, zeugen davon, dass viele die Maximierungserlaubnis für keine bestechende Idee halten.

Bestechend ist zweifellos:

> Wenn die Richtigkeit nur von den Konsequenzen abhängt, ist es immer erlaubt, die Handlung mit den besten Konsequenzen auszuführen.

Fraglich ist aber, ob auch Folgendes bestechend ist:

> Es ist immer erlaubt, die Handlung mit den besten Konsequenzen auszuführen.

Deontolog*innen würden allenfalls Folgendes für bestechend halten:

> Es ist immer erlaubt, die Handlung mit den besten Konsequenzen auszuführen, wenn die Handlung mit den besten Konsequenzen keine intrinsisch falsche Handlung ist (bzw. wenn diese Handlung keine Restriktionen verletzt).

Wenn sich mit der deontologischen und der konsequentialistischen Intuition nur zwei unversöhnliche Intuitionen gegenüberstehen, wird sich kein Anhänger der einen Intuition von der anderen Intuition beeindruckt zeigen. Die Begründung des Konsequentialismus muss sich dann auf die indirekten Argumente für den Konsequentialismus stützen. So könnten Konsequentialist*innen z. B. einwenden, dass sie sich unter der intrinsischen Falschheit von Handlungsweisen nichts Vernünftiges vorstellen können und Deontolog*innen nicht befriedigend erklären können, was eine Handlungsweise intrinsisch falsch macht.

Vielleicht ist die Maximierungserlaubnis – ebenso wie die Konsequenzendeterminiertheit – an sich nicht bestechend, sondern nur, wenn man einen anderen Grundgedanken voraussetzt, den, der eventuell schon der Konsequenzendeterminiertheit zugrunde liegt: Man soll die Welt zu einem besseren bzw. zum besten Ort machen. Wie kann es jemals falsch sein, etwas zu tun, dass die Welt zu einem besseren Ort macht?

Die Welt zu einem besseren bzw. zum bestmöglichen Ort machen

Konsequentialist*innen betonen oft, dass sie die Welt zu einem besseren Ort machen wollen (bzw. sollen) und dass dies der einzig vernünftige Sinn und Zweck der Moral ist. Diese Idee klingt bestechend. Schließlich ist die Moral für die Menschen da, was nur bedeuten kann, dass sie dafür da ist, die Welt zu einem besseren Ort für die Menschen zu machen. Wer könnte etwas dagegen haben, die Welt zu einem besseren Ort zu machen? Auch Deontolog*innen würden sich dieser Idee sicher anschließen. Sie könnten dies allerdings nicht, wenn diese Idee den Konsequentialismus implizieren würde. Die entscheidende Frage ist daher: Ist dies eine genuin konsequentialistische Idee? Folgt aus der Idee, die Welt zu einem besseren Ort zu machen der Konsequentialismus? Folgt also die Konsequenzendeterminiertheit und die Maximierungserlaubnis? Wenn nicht, können Konsequentialist*innen ihre Theorie nicht mit dieser Idee begründen. Wenn ja, können Deontolog*innen diese bestechende Idee nicht akzeptieren. Allerdings ist diese Idee nur deshalb so bestechend, weil sie gänzlich unbestimmt ist und offenlässt, worin eine bessere Welt besteht.

Konsequentialist*innen könnten wie folgt von dieser Idee auf den Konsequentialismus schließen: In der Moral geht es nur darum, die Welt zu einem besseren Ort zu machen und dafür zu sorgen, dass unser Leben besser verläuft. Es geht also nur darum, das Übel zu minimieren und das Gute zu maximieren. Da die Maximierung des Guten bzw. die Minimierung des Übels Konsequenzen von Handlungen sind, geht es in der Moral nur um die Maximierung der guten und Minimierung der schlechten Konsequenzen. Die Richtigkeit von Handlungen kann daher nur von den Konsequenzen abhängen.

Dieses Argument setzt voraus, dass die Welt nur zu einem besseren Ort wird, wenn das außermoralisch Gute maximiert wird. Deontolog*innen bestreiten dies. Streitpunkt ist also nicht die Idee, die Welt zu einem besseren Ort zu machen, sondern, was man sich unter einer besseren Welt vorstellt. Deontolog*innen behaupten, dass das Akzeptieren ihrer Theorie die Welt zu einem besseren Ort machen würde. Sie sind der Meinung, dass die Welt nur dann zu einem besseren Ort wird, wenn alle wissen, dass bestimmte Handlungsweisen wie die Instrumentalisierung von Menschen, Foltern etc. unter (fast) keinen Umständen moralisch erlaubt sind. Deontolog*innen haben also eine andere Vorstellung von einer besseren Welt und sind der Meinung, dass bestimmte (unmoralische) Mittel das Ziel, die Welt zu einem besseren Ort zu machen, vereiteln, weil allein durch die Tatsache der Anwendung dieser Mittel die Welt unmöglich zu einem besseren Ort werden kann.

Dies bedeutet, dass aus deontologischer Sicht das Gute nicht unabhängig vom Rechten bestimmt werden kann. Eine Welt, in der schlechte Mittel angewandt werden und Restriktionen verletzt werden, ist aus ihrer Sicht, keine bessere Welt, selbst wenn das außermoralisch Gute dabei maximiert wird. (Deontolog*innen können sich dabei auf den oben erwähnten von Konsequentialist*innen vertretenen weiten Konsequenzenbegriff berufen, wonach jede Handlung eine Konsequenz ihrer selbst ist, sodass die Welt, in der ein Versprechen gebrochen wurde, eine andere – schlechtere – Welt ist als eine, in der kein Versprechen gebrochen wurde (selbst wenn das außermoralisch Gute in beiden Welten gleich bleibt).) Nur wenn das Gute unabhängig vom Rechten definiert ist, kann man mit der Idee, die Welt zum besseren Ort zu machen, den Konsequentialismus begründen. Also läuft der Streit auf die Frage hinaus, ob es plausibler ist, das Gute unabhängig oder nicht unabhängig vom Rechten zu definieren. Hier stehen sich zwei vielleicht nicht weiter begründbare Intuitionen entgegen.

Deontolog*innen sind jedoch mit einem schwerwiegenden Problem konfrontiert, dem oben (S. 140) erwähnten Paradox der Deontologie, wonach deontologische Restriktionen sich nicht begründen lassen, weil sie irrational sind. Wenn sich dieser Einwand nicht ausräumen lässt, müssen sie die Maximierungserlaubnis und damit den Konsequentialismus akzeptieren. Sie könnten aber dennoch darauf bestehen, dass das Gute nicht unabhängig vom Rechten definiert wird, und dass deshalb zu einer besseren Welt bestimmte moralische Werte und Güter gehören, die Konsequentialist*innen mit ihrem konsequentialistischen Staubsauger aufsaugen müssen. Diese Werte müssen gefördert und ihre Verletzung minimiert werden. Dies bedeutet, dass man mit der Idee, die Welt zu einem besseren Ort zu machen, auch einen deontologischen Konsequentialismus begründen kann, in dem das Gute nicht unabhängig vom Rechten ist. Die im vorigen Absatz gestellte Frage, ob – mit anderen Worten – ein deontologischer oder ein teleologischer Konsequentialismus plausibler ist, bleibt also bestehen.

Zusammenfassend können wir Folgendes festhalten: Falls Deontolog*innen das Paradox der Deontologie entkräften und Restriktionen begründen können, kann man aus der Idee, die Welt zu einem besseren Ort zu machen, nicht auf den Konsequentialismus schließen. Da die Idee, die Welt zu einem besseren Ort zu machen, nicht näher bestimmt ist, können auch Deontolog*innen diese Idee akzeptieren. Falls Deontolog*innen das Paradox der Deontologie nicht entkräften können, muss man sich zwischen einem teleologischen und einem deontologischen Konsequentialismus entscheiden. Ergänzend kann hinzugefügt werden, dass das

Konsequentialisierungsprojekt, das als ideale ethische Theorie angepriesen wurde, keine akzeptable Option ist, da es (zwar die deontologischen Intuitionen über Restriktionen auffangen kann, aber) die bestechende Idee aufgibt, die Welt zu einem besseren Ort zu machen.

Zuletzt sei noch auf eine Schwierigkeit hingewiesen, die man mit der konsequentialistischen Berufung auf das Ziel, die Welt zu einem besseren Ort zu machen, haben könnte: *Dass* man die Welt zu einem besseren Ort machen soll, ist eine moralische Aussage, *wie* man die Welt zu einem besseren Ort macht, ist eine empirische Frage. Die Antwort auf die empirische Frage muss im Entscheidungskriterium des Konsequentialismus aufgenommen werden. Aber wie kann man mit dem Ziel, die Welt zu einem besseren Ort zu machen, ein Richtigkeitskriterium begründen – das Richtigkeitskriterium des Handlungskonsequentialismus –, das nach einhelliger Ansicht aller Konsequentialist*innen gerade nicht dazu geeignet ist, die Welt zu einem besseren Ort zu machen? Rechtfertigt dieses Ziel nicht eher das regelkonsequentialistische Richtigkeitskriterium?

Es scheint, dass keine der vermeintlich bestechenden Ideen des Konsequentialismus so bestechend ist, dass sie Deontolog*innen vom Konsequentialismus überzeugen kann. Solange deontologische Behauptungen bzw. Intuitionen nicht als unverständlich oder unhaltbar abgelehnt werden können, werden Deontolog*innen für sie die gleiche Evidenz in Anspruch nehmen wie Konsequentialist*innen für ihre bestechende(n) Idee(n). Die Begründung des Konsequentialismus hängt somit wesentlich vom Erfolg der indirekten Argumente für ihn ab. Deshalb ist wohl der stärkste Einwand gegen die Deontologie – dass sie paradox ist bzw. die für sie charakteristischen Restriktionen mit unserem Rationalitätsverständnis unvereinbar sind – das stärkste Argument für den Konsequentialismus.

Zum Abschluss noch eine Bemerkung zur Terminologie bzw. Klassifizierung ethischer Theorien. Statt der üblichen Bezeichnung ethischer Theorien, die auch in diesem Buch verwendet wurde, wäre eine andere Klassifizierung hilfreicher und präziser. Zwei Gegensatzpaare haben sich in der Diskussion zwischen Deontologie und den verschiedenen Varianten des Konsequentialismus als wichtig herausgestellt:

1. Das Gute wird unabhängig oder nicht unabhängig vom Rechten bestimmt.
2. Maximierungserlaubnis oder Annahme von Restriktionen.

Da die Maximierungserlaubnis die definierende Eigenschaft des Konsequentialismus ist, sollte man die Ablehnung der Maximierungserlaubnis (also die Annahme von Restriktionen) als Nonkonsequentialismus bezeichnen. Mit Rawls sollte man Theorien, in denen das Gute unabhängig vom Rechten bestimmt wird als teleologische Theorien bezeichnen und Theorien, in denen das Gute nicht unabhängig vom Rechten bestimmt wird als deontologische Theorien. Dies ergibt folgende Klassifikation ethischer Theorien:

		Teleologie	Deontologie
		Das Gute wird unabhängig vom Rechten definiert	Das Gute wird nicht unabhängig vom Rechten definiert
Konsequentialismus	Maximierungserlaubnis, Konsequenzendeterminiertheit	**Teleologischer Konsequentialismus** = Utilitarismus	**Deontologischer Konsequentialismus** (z. B. distributionssensitiver Konsequentialismus)
Non-konsequentialismus	Restriktionen, Ablehnung der Maximierungserlaubnis und Konsequenzendeterminiertheit	**Teleologischer Non-konsequentialismus** (z. B. Naturrechtslehre)	**Deontologischer Non-konsequentialismus** (z. B. W. D. Ross' Theorie)

Anmerkungen

1. David Oderberg: Why I am not a Consequentialist, *Intellectum* 6 (2009), 1–9: 9.
2. Christine Korsgaard: The Reasons We Can Share, in Korsgaard, *Creating the Kingdom of Ends*, Cambridge 1996, 275.
3. Bernard Williams: *Kritik des Utilitarismus*, Frankfurt a. M. 1979, 116.
4. Vgl. hierzu Mark Timmons: *Moral Theory. An Introduction*, 2. Auflage, Lanham 2013, 3f.
5. Die folgende Liste von Kriterien ist ein mit eigenen Ergänzungen versehenes Konglomerat der Listen von: Mark Timmons, *Moral Theory. An Introduction*, 2. Auflage, Lanham 2013, 12–16, 337f., Krister Bykvist, *Utilitarianism. A Guide for the Perplexed*, London 2010, 12–15, Tom L. Beauchamp und James F. Childress, *Principles of Biomedical Ethics*, 6. Auflage, Oxford 2009, 334–36, Brad Hooker, *Ideal Code, Real World. A Rule-consequentialist Theory of Morality*, Oxford 2000, 4ff., C. E. Harris, Jr., *Applying Moral Theories*, 2. Auflage, Belmont, Calif. 1992, 63–65, Shelly Kagan, *The Limits of Morality*, Oxford 1989, 11–13 und Lansing Pollock, Evaluating Moral Theories, *American Philosophical Quarterly* 25 (1988), 229–40.
6. Vgl. zu diesem Kriterium und zur folgenden Liste von Überzeugungen über die Moral Brad Hooker, *Ideal Code, Real World. A Rule-consequentialist Theory of Morality*, Oxford 2000, 4–8.
7. Rosalind Hursthouse: *On Virtue Ethics*, Oxford 1999, 28.
8. T. M. Scanlon: *What We Owe to Each Other*, Cambridge, Mass. 1998, 153.
9. Mark Timmons (Hrsg.): *Disputed Moral Issues. A Reader*. 4. Auflage, New York, Oxford 2017, 16.
10. Mark Timmons (Hrsg.): *Disputed Moral Issues. A Reader*. 4. Auflage, New York, Oxford 2017, 17.
11. Mark Timmons (Hrsg.): *Disputed Moral Issues. A Reader*. 4. Auflage, New York, Oxford 2017, 8.
12. Brad Hooker: *Ideal Code, Real World*, Oxford 2000, 32.
13. Mark Timmons (Hrsg.): *Disputed Moral Issues. A Reader*. 4. Auflage, New York, Oxford 2017, 28.
14. Mark Timmons: *Moral Theory. An Introduction*, 2. Auflage, Lanham 2013, 253.
15. Die Rede von normativen Faktoren ist übernommen aus Shelly Kagan: *Normative Ethics*, Boulder 1998.
16. In Anlehnung an James Rachels, Lying and the Ethics of Absolute Rules, in ders., *Can Ethics Provide Answers?*, Lanham 1997, 125–43: 127f.
17. Nach Fred Feldman, Actual Utility, the Objection from Impracticality, and the Move to Expected Utility, *Philosophical Studies* 129 (2006), 49–79: 54.
18. Dieses Beispiel stammt (bis Beschreibung 4) von L. W. Sumner: *The Moral Foundation of Rights*, Oxford 1987, 166.
19. Das Beispiel diskutiert (mit einem anderen Ergebnis) James Rachels auf S. 138f. in: Lying and the Ethics of Absolute Rules, in ders., *Can Ethics Provide Answers?*, Lanham 1997, 125–43.
20. Dass die Falschheit des Versprechensbruchs als schlechte Eigenschaft der Konsequenz betrachtet werden kann und konsequentialistische Theorien auf diese Weise dem intrinsischen Wert bzw. Unwert von Handlungen Rechnung tragen können behauptet John Broome in *Weighing Goods*, Oxford 1991, 4.
21. Vgl. hierzu L. W. Sumner: *The Moral Foundation of Rights*, Oxford 1987, 167ff.
22. Vgl. hierzu Charles Larmore: *The Morals of Modernity*, Cambridge 1996, Kap. 1.
23. Diese Liste stammt von James Griffin: *Value Judgement. Improving Our Ethical Beliefs*, Oxford 1996, 29f.

24 Dieses Beispiel diskutiert Alan Gewirth in: Are There Any Absolute Rights, *Philosophical Quarterly* 31 (1981), 1–16: 8ff.
25 Dieses und weitere Beispiele finden sich in Tim Mulgan: *Understanding Utilitarianism*, Stocksfield 2007, 93ff.
26 Das Beispiel und die Strategie zum Umgang mit solchen Beispielen stammt von R. M. Hare (1979): What Is Wrong with Slavery, in ders., *Essays on Political Morality*, Oxford 1989, 148-66. Vgl. dazu (Hare zustimmend) William H. Shaw: *Contemporary Ethics. Taking Account of Utilitarianism*, Oxford 1999, 122–24.
27 Vgl. Bernard Williams (1973): A Critique of Utilitarianism, in J. J. C. Smart und Bernard Williams, *Utilitarianism for and against*, Cambridge 1987, 75–150: 93ff., 108. – *Kritik des Utilitarismus*, Frankfurt a. M. 1979, 56ff., 72. (Auch in *Texte zum Utilitarismus*, hrsg. von Jörg Schroth, Stuttgart 2016, 271ff., 287.)
28 Dieser Integritätseinwand gegen den Konsequentialismus geht zurück auf Bernard Williams. Was Williams genau damit mit meinte (und wie stark der Einwand ist), ist umstritten. Vgl. dazu die Literaturhinweise im Anhang.
29 Vgl. Alastair Norcross: *Morality by Degrees. Reasons Without Demands*, Oxford 2020.
30 Die Prinzipien Sat1 bis Sat6 sind – nicht immer wörtlich übersetzt – übernommen aus Ben Bradley, "Against Satisficing Consequentialism", *Utilitas* 18 (2006), 97–108 und heißen dort: ALSC (Sat1, 98), CSC1 (Sat2, 98), CSC2 (Sat3, 99), DSC (Sat4, 99), SALSC (Sat5, 100) und ISALSC (Sat6, 100).
31 Die Einwände in diesem Absatz stammen ebenfalls von Bradley 2006, 101–3.
32 Sat7 ist entnommen aus Jason Rogers: In Defense of a Version of Satisficing Consequentialism, *Utilitas* 22 (2010), 198–221, und heißt dort (213): CSSALSC3.
33 Der zumutbare Konsequentialismus ist – meines Wissens – keine in der Literatur vertretene Form des Konsequentialismus. Am nächsten kommen ihm der von Rob Lawlor in *Shades of Goodness. Gradability, Demandingness and the Structure of Moral Theories*, Houndmills, Basingstoke 2009 (Kap. 4), ebenfalls als Verbesserung des satisfizierenden Konsequentialismus eingeführte *cost-sensitive consequentialism* sowie der von Richard Yetter Chappell vertretene *willpower-satisficing consequentialism* (Willpower Satisficing, *Noûs* 53 (2019), 251–65), auf den ich zu spät aufmerksam wurde, um ihn in diesem Buch berücksichtigen zu können. (Chappells Theorie wird kritisiert von Joe Slater: Satisficing Consequentialism Still Doesn't Satisfy, *Utilitas* 32 (2020), 108–17.)
34 Diese Einwände gegen den direkten Handlungskonsequentialismus wurden in der Literatur schon oft formuliert. Ich orientiere mich hier an den Darstellungen von Dieter Birnbacher: *Analytische Einführung in die Ethik*, Berlin 2003, 194–97, Brad Hooker: Right, Wrong, and Rule-Consequentialism, in *The Blackwell Guide to Mill's* Utilitarianism, hrsg. von Henry R. West, Malden, MA 2006, 234–36 und Brad Hooker: The Role(s) of Rules in Consequentialist Ethics, in *The Oxford Handbook of Consequentialism*, hrsg. von Douglas Portmore, Oxford 2020, 445–47.
35 Vgl. hierzu Julian Nida-Rümelin: Kann der Erzengel die Konsequentialismus-Kritik entkräften?, in: *Zum moralischen Denken*, hrsg. von Christoph Fehige und Georg Meggle, Frankfurt a. M. 1995, Band 2, 42–52.
36 Die folgende Argumentation ist übernommen aus Brad Hooker: Right, Wrong, and Rule-Consequentialism, in *The Blackwell Guide to Mill's Utilitarianism*, hrsg. von Henry R. West, Malden, MA 2006, 236f.
37 Brad Hooker: *Ideal Code, Real World*, Oxford 2000, 32.
38 Der bekannteste Vertreter der Konsequentialisierung ist Douglas Portmore, der sie in zahlreichen Schriften systematisch ausgearbeitet hat. Die folgende Darstellung orientiert sich hauptsächlich an seinen beiden Aufsätzen: Consequentializing Moral Theories, *Pacific Philosophical Quarterly* 88 (2007), 39–73 und: Consequentializing, *Philosophy Compass* 4/2 (2009), 329–347 sowie an seinem Buch *Commonsense Consequentialism. Wherein Morality Meets Rationalilty*, Oxford 2011.

39 Douglas Portmore: Consequentializing Moral Theories, *Pacific Philosophical Quarterly* 88 (2007), 39–73: S. 40.
40 Nach Douglas Portmore: Consequentializing Moral Theories, *Pacific Philosophical Quarterly* 88 (2007), 39–73: S. 29 sowie ders:, Consequentializing, in *Philosophy Compass* 4 (2009), 329–47: S. 330.
41 David McNaughton und Piers Rawling: Agent-Relativity and the Doing-Happening Distinction, *Philosophical Studies* 63 (1991), 167–185: 41.
42 Bis hierher nach Samuel Scheffler (1982): *The Rejection of Consequentialism. A Philosophical Investigation of the Considerations Underlying Rival Moral Conceptions*, Oxford 1994 (Revised Edition), 123.
43 Das Argument ist übernommen von Judith Jarvis Thomson: *Goodness and Advice*, Princeton, NJ 2001, 6–9. (Thomson ist keine Konsequentialistin und argumentiert in ihrem Buch gegen den Konsequentialismus.)
44 Zum Beispiel Philippa Foot: Utilitarianism and the Virtues (1985), in *Consequentialism and Its Critics*, hrsg. von Samuel Scheffler, Oxford 1988, S. 224–42: S. 227.

Anhang: Literaturhinweise

Allgemeine Literaturhinweise zum Konsequentialismus und Utilitarismus

Da die bedeutendste konsequentialistische Theorie der Utilitarismus ist und viele konsequentialistische Themen im Rahmen des Utilitarismus diskutiert werden, kann man nicht sinnvoll zwischen Literatur zum Konsequentialismus und Literatur zum Utilitarismus trennen. Die folgenden Literaturhinweise enthalten deshalb auch Titel zum Utilitarismus.

Nachschlagewerk

Crimmins, James E. (Hrsg.) (2013): *The Bloomsbury Encyclopedia of Utilitarianism*, New York.

Einführende Aufsätze und Buchkapitel

Shafer-Landau, Russ (2021): The Fundamentals of Ethics, 5. Auflage, Oxford, 124–42 (»Consequentialism: Its Nature and Attractions«), 143–66 (»Consequentialism: Its Difficulties«).
Henning, Tim (2019): *Allgemeine Ethik*, Paderborn, 45–76 (»Konsequentialistische Ethik«).
Horn, Christoph (2018): *Einführung in die Moralphilosophie*, Freiburg/München, 113–36 (»Utilitarismus«).
Birnbacher, Dieter (2016): Konsequenzialismus, in *Ethik in den Gesundheitswissenschaften. Eine Einführung*, hrsg. von Peter Schröder-Bäck und Joseph Kuhn, Weinheim und Basel, 62–71.
Hübner, Dietmar (2021): *Einführung in die philosophische Ethik*, 3., erneut durchgesehene und korrigierte Auflage, Göttingen, 211–73 (»Teleologie – die erstrebenswerte Welt«). (Erstauflage: Göttingen 2014)
Timmons, Mark (2013): *Moral Theory: An Introduction*, 2. Auflage, Lanham, 111–75 (»Consequentialism 1: Classical Utilitarianism«, »Consequentialism 2: Contemporary Devolpments«).
Ricken, Friedo (2012): *Allgemeine Ethik*, 5., überarbeitete und ergänzte Auflage, Stuttgart, 286–315 (»Konsequentialismus«).
Birnbacher, Dieter (2011): Utilitarismus, in *Handbuch Ethik*, hrsg. von Marcus Düwell, Christoph Hübenthal und Micha H. Werner, 3., aktualisierte Auflage, Stuttgart, 95–107.
Portmore, Douglas (2011): Consequentialism, in *The Continuum Companion to Ethics*, hrsg. von Christian Miller, London, 143–67.
Hooker, Brad (2010): Consequentialism, in *The Routledge Companion to Ethics*, hrsg. von John Skorupski, Milton Park, Abingdon, 444–55.
Pauer-Studer, Herlinde (2010): *Einführung in die Ethik*, 2., aktualisierte und erweiterte Auflage, Wien, 59–81 (»Utilitarismus«).

Anhang: Literaturhinweise

Chappell, Timothy (2009): *Ethics and Experience. Life Beyond Moral Theory*, Montreal, 125–52 (»Utilitarianism«).
Driver, Julia (2009): The History of Utilitarianism, *Stanford Encyclopedia of Philosophy*, hrsg. von Edward N. Zalta, http://plato.stanford.edu/entries/utilitarianism-history/.
Birnbacher, Dieter (2008): Heiligen die Zwecke die Mittel? – Einführung in die Konsequentialistische Ethik, in *Grundkurs Ethik* 1: *Grundlagen*, hrsg. von Johannes S. Ach, Kurt Bayertz und Ludwig Siep, Paderborn, 91–106.
Gesang, Bernward (2008): Nützlichkeit und Glück, in *Kolleg Praktische Philosophie* Band 2: *Grundpositionen und Anwendungsprobleme der Ethik*, hrsg. von Volker Steenblock, Stuttgart, 83–110.
Brink, David O. (2006): Some Forms and Limits of Consequentialism, in *The Oxford Handbook of Ethical Theory*, hrsg. von David Copp, Oxford, 380–423.
Shaw, William (2006): Contemporary Criticisms of Utilitarianism: a Response, in *The Blackwell Guide to Mill's* Utilitarianism, hrsg. von Henry R. West, Oxford, 201–16.
Shaw, William (2006): The Consequentialist Perspective, in *Contemporary Debates in Moral Theory*, hrsg. von James Dreier, Oxford, 5–20.
Birnbacher, Dieter (2003): *Analytische Einführung in die Ethik*, Berlin (2. Auflage: 2007), 173–240 (»Konsequentialistische Ethik«).
Kymlicka, Will (2002): *Contemporary Political Philosophy. An Introduction*, 2. Auflage, Oxford, 10–52 (»Utilitarianism«). – *Politische Philosophie heute: eine Einführung*, Frankfurt a. M./New York 1996 (Übersetzung der 1. Auflage), 17–53 (»Der Utilitarismus«).
Knowles, Dudley (2001): *Political Philosophy*, London, 23–67 (»Utilitarianism«).
Pettit, Philip (1997): The Consequentialist Perspective, in: Marcia W. Baron, Philip Pettit und Michael Slote, *Three Methods of Ethics*, Oxford, 92–174.
Scarre, Geoffrey (1996): *Utilitarianism*, London, 1–26 (»Introduction: The Character of the Theory«).
Brülisauer, Bruno (1988): *Moral und Konvention. Darstellung und Kritik ethischer Theorien*, Frankfurt am Main, 120–88 (»Der Utilitarismus«).
Griffin, James (1982): Modern Utilitarianism, *Revue Internationale de Philosophie* 36, 331–75.
Brock, Dan (1973): Recent Work in Utilitarianism, *American Philosophical Quarterly* 10, 241–76.

Einführende Monographien

Forcehimes, Andrew T./Semrau, Luke (2019): *Thinking Through Utilitarianism. A Guide to Contemporary Arguments*, Indianapolis.
de Lazari-Radek, Katarzyna/Singer, Peter (2017): *Utilitarianism. A Very Short Introduction*, Oxford.
Driver, Julia (2012): *Consequentialism*, London.
Bykvist, Krister (2010): *Utilitarianism. A Guide for the Perplexed*, London.
Mulgan, Tim (2007): *Understanding Utilitarianism*, Stocksfield.
Odell, S. Jack (2004): *On Consequentialist Ethics*, Toronto.
Shaw, William H. (1999): *Contemporary Ethics. Taking Account of Utilitarianism*, Oxford.
Scarre, Geoffrey (1996): *Utilitarianism*, London.
Quinton, Anthony (1989): *Utilitarian Ethics*, London, 2. Aufl.

Anthologien

McMahan, Jeff/Campbell, Tim/Goodrich, James/Ramakrishnan, Ketan (Hrsg.) (2021): *Principles and Persons: The Legacy of Derek Parfit*, Oxford (besonders die Aufsätze in Teil II).
Portmore, Douglas (Hrsg.) (2020): *The Oxford Handbook of Consequentialism*, Oxford.
Narens, Louis/Skyrms, Brian (2020): *The Pursuit of Happiness: Philosophical and Psychological Foundations of Utility*, Oxford.
Seidel, Christian (Hrsg.) (2019): *Consequentialism. New Directions, New Problems*, Oxford.
Schroth, Jörg (Hrsg.) (2016): *Texte zum Utilitarismus*, Stuttgart.
Hiller, Avram/Ilea, Ramona/Kahn, Leonard (Hrsg.) (2014): *Consequentialism and Environmental Ethics*, New York/London.
Eggleston, Ben/Miller, Dale (Hrsg.) (2014): *Cambridge Companion to Utilitarianism*, Cambridge.
Höffe, Otfried (Hrsg.) (2013): *Einführung in die utilitaristische Ethik*, 5., überarbeitete und erweiterte Auflage, Tübingen.
Darwall, Stephen (Hrsg.) (2003): *Consequentialism*, Oxford.
Hooker, Brad/Mason, Elinor/Miller, Dale E. (Hrsg.) (2000): *Morality, Rules, and Consequences. A Critical Reader*, Edinburgh.
Gesang, Bernward (Hrsg.) (1998): *Gerechtigkeitsutilitarismus*, Paderborn.
Oderberg, David S. (Hrsg.) (1997): *Human Lives: Critical Essays on Consequentialist Bioethics*, New York.
Pettit, Philip (Hrsg.) (1993): *Consequentialism*, Aldershot.
Gähde, Ulrich/Schrader, Wolfgang H. (Hrsg.) (1992): *Der klassische Utilitarismus. Einflüsse – Entwicklungen – Folgen*, Berlin.
Allison, Lincoln (Hrsg.) (1990): *The Utilitarian Response*, London.
Glover, Jonathan (Hrsg.) (1990): *Utilitarianism and Its Critics*, New York.
Scheffler, Samuel (Hrsg.) (1988): *Consequentialism and Its Critics*, Oxford.
Frey, R. G. (Hrsg.) (1985): *Utility and Rights*, Oxford.
Miller, Harlan B./Williams H. (Hrsg.) (1982): *The Limits of Utilitarianism*, Minneapolis.
Sen, Amartya/Williams, Bernard (Hrsg.) (1982): *Utilitarianism and beyond*, Cambridge.
Bayles, Michael (Hrsg.) (1968): *Contemporary Utilitarianism*, Garden City, NY.

Monographien und Textsammlungen einzelner Autoren

Andrić, Vuko (2021): *From Value to Rightness. Consequentialism, Action-Guidance, and the Perspective-Dependence of Moral Duties*, New York und Abingdon.
Tuckness, Alex (2021): *Morality as Legislation. Rules and Consequences*, Cambridge.
Mulgan, Tim (2020): *Utilitarianism*, Cambridge.
Norcross, Alastair (2020): *Morality by Degrees. Reasons without Demands*, Oxford.
Portmore, Douglas W. (2019): *Opting for the Best: Oughts and Options*, Oxford.
Warmt, Marcel (2019): *Konsequentialismus und besondere Pflichten*, Freiburg, München.
Woodard, Christopher (2019): *Taking Utilitarianism Seriously*, Oxford.
Schultz, Bart (2017): *The Happiness Philosophers. The Lives and Works of the Great Utilitarians*, Princeton, NJ.
Mukerji, Nikil (2016): *The Case Against Consequentialism Reconsidered*, Springer International Publishing Switzerland 2016 (ohne Ortsangabe).
Shaw, William H. (2016): *Utilitarianism and the Ethics of War*, Milton Park, Abingdon.
de Lazari-Radek, Katarzyna/Singer, Peter (2014): *The Point of View of the Universe. Sidgwick and Contemporary Ethics*, Oxford.

Anhang: Literaturhinweise

Peterson, Martin (2013): *The Dimensions of Consequentialism. Ethics, Equality, and Risk*, Cambridge.
Portmore, Douglas (2011): *Commonsense Consequentialism. Wherein Morality Meets Rationality*, Oxford.
Lawlor, Rob (2009): *Shades of Goodness. Gradability, Demandingness and the Structure of Moral Theories*, Houndmills.
Hurley, Paul (2009): *Beyond Consequentialism*, Oxford.
Weinstein, D. (2007): *Utilitarianism and the New Liberalism*, Cambridge.
Mendola, Joseph (2006): *Goodness and Justice. A Consequentialist Moral Theory*, Cambridge.
Mulgan, Tim (2006): *Future People. A Moderate Consequentialist Account of Our Obligations to Future Generations*, Oxford.
Stein, Mark S. (2006): *Distributive Justice and Disability. Utilitarianism against Egalitarianism*, New Haven und London.
Gesang, Bernward (2003): *Eine Verteidigung des Utilitarismus*, Stuttgart.
Rosen, Frederick (2003): *Classical Utilitarianism from Hume to Mill*, London.
Mulgan, Tim (2001): *The Demands of Consequentialism*, Oxford.
Hooker, Brad (2000): *Ideal Code, Real World. A Rule-Consequentialist Theory of Morality*, Oxford.
Kagan, Shelly (1998): *Normative Ethics*, Boulder.
Tännsjö, Torbjörn (1998): *Hedonistic Utilitarianism*, Edinburgh.
Bailey, James Wood (1997): *Utilitarianism, Institutions, and Justice*, New York, Oxford.
Feldman, Fred (1997): *Utilitarianism, Hedonism, and Desert. Essays in Moral Philosophy*, New York.
Cummiskey, David (1996): *Kantian Consequentialism*, New York, Oxford.
Carlson, Erik (1995): *Consequentialism Reconsidered*, Dordrecht.
Goodin, Robert E. (1995): *Utilitarianism as a Public Philosophy*, Cambridge.
Hayry, Matti (1994): *Liberal Utilitarianism and Applied Ethics*, London.
Harrison, Jonathan (1993): *Ethical Essays: Vol. 1*, Aldershot, 3–123 (»Part A: Utilitarianism«).
MacLean, Anne (1993): *The Elimination of Morality. Reflections on Utilitarianism and Bioethics*, London.
Nida-Rümelin, Julian (1993): *Kritik des Konsequentialismus*, München.
Brandt, Richard B. (1992): *Morality, Utilitarianism, and Rights*, Cambridge.
Barrow, Robin (1991): *Utilitarianism. A Contemporary Statement*, Aldershot.
Ebenstein, Lanny (1991): *The Greatest Happiness Principle. An Examination of Utilitarianism*, New York, London. Reprint: Abingdon, New York 2018.
Sheng, C. L. (1991): *A New Approach to Utilitarianism: A Unified Utilitarian Theory and its Application to Distributive Justice*, Dordrecht.
Brink, David O. (1989): *Moral Realism and the Foundations of Ethics*, Cambridge, 211–90 (»Objective Utilitarianism«).
Kagan, Shelly (1989): *The Limits of Morality*, Oxford.
Hardin, Russell (1988): *Morality within the Limits of Reason*, Chicago.
Haslett, D. W. (1987): *Equal Consideration. A Theory of Moral Justification*, Newark.
Trapp, Rainer W. (1988): *»Nicht-klassischer« Utilitarismus. Eine Theorie der Gerechtigkeit*, Frankfurt a. M.
Feldman, Fred (1986): *Doing the Best We Can*, Dordrecht.
Griffin, James (1986): *Well-being. Its Meaning, Measurement, and Moral Importance*, Oxford.
Slote, Michael (1985): *Common-sense Morality and Consequentialism*, London.
Parfit, Derek (1984): *Reasons and Persons*, Oxford (Teile I und IV).
Scheffler, Samuel (1982): *The Rejection of Consequentialism. A Philosophical Investigation of the Considerations Underlying Rival Moral Conceptions*, Oxford 1994 (Revised Edition).

Hare, R. M. (1981): *Moral Thinking. Its Levels, Method, and Point*, Oxford.
Regan, Donald (1980): *Utilitarianism and Co-Operation*, Oxford.
Brandt, Richard B. (1979): *A Theory of the Good and the Right*, Oxford.
Williams, Bernard (1979): *Kritik des Utilitarismus*, herausgegeben und übersetzt von Wolfgang R. Köhler, Frankfurt a. M. (Übersetzung von Williams' Aufsatz »A Critique of Utilitarianism« aus Smart/Williams: *Utilitarianism for and against* (1973)).
Smart, J. J. C./Williams, Bernard (1973): *Utilitarianism for and against*, Cambridge 1987.
Hoerster, Norbert (1971): *Utilitaristische Ethik und Verallgemeinerung*, Freiburg, München.
Norman, Richard (1971): *Reasons for Action. A Critique of Utilitarian Rationality*, Oxford, New York.
Hodgson, D. H. (1967): *Consequences of Utilitarianism. A Study in Normative Ethics and Legal Theory*, Oxford.
Narveson, Jan (1967): *Morality and Utility*, Baltimore.
Bergström, L. (1966): *The Alternatives and Consequences of Actions. An Essay on Certain Fundamental Notions in Teleological Ethics*, Stockholm.
Rescher, Nicholas (1966): *Distributive Justice. A Constructive Critique of the Utilitarian Theory of Distribution*, Lanham 1982.
Lyons, David (1965): *Forms and Limits of Utilitarianism*, Oxford.
Moore, G. E. (1912): *Ethics*, Oxford. – *Ethics and »The Nature of Moral Philosophy«*, hrsg. von William H. Shaw, Oxford 2005. – *Grundprobleme der Ethik*, München 1975.
Sidgwick, Henry (1907): *The Methods of Ethics*, 7. Auflage, Indianapolis 1981.

Argumente für den Konsequentialismus und Utilitarismus

de Lazari-Radek, Katarzyna/Singer, Peter (2017): *Utilitarianism. A Very Short Introduction*, Oxford, 16–41 (»Justification«)
Birnbacher, Dieter (2016): Eine Begründung des Utilitarismus, in *Texte zum Utilitarismus*, hrsg. von Jörg Schroth, Stuttgart, 211–37.
Pettit, Philip (2012): The Inescapability of Consequentialism in *Luck, Value, and Commitment. Themes from the Ethics of Bernard Williams*, hrsg. von Ulrike Heuer und Gerald Lang, Oxford, 41–70.
Mulgan, Tim (2007): *Understanding Utilitarianism*, Stocksfield, 45–60 (»Proofs of Utilitarianism«), 131f.
Shaver, Robert (2004): The Appeal of Utilitarianism, *Utilitas* 16, 235–50.
Noggle, Robert (2003): Resisting the Seductive Appeal of Consequentialism: Goals, Options, and Non-quantitative Mattering, *Utilitas* 15, 279–307.
Shaw, William H. (1999): *Contemporary Ethics. Taking Account of Utilitarianism*, Oxford, 68–101 (»Arguing for Utilitarianism«).
Singer, Peter (1993): *Practical Ethics*, 2. Auflage, Cambridge, 12–14. – *Praktische Ethik*, 2., revidierte und erweiterte Auflage, Stuttgart 1994, 29–31 (wiederabgedruckt in *Texte zum Utilitarismus*, hrsg. von Jörg Schroth, Stuttgart 2016, 208–10).
Holbrook, Daniel (1991): Consequentialism: The Philosophical Dog That Does Not Bark? *Utilitas* 3, 107–12.
Kymlicka, Will (1990): *Contemporary Political Philosophy. An Introduction*, Oxford, 30–35 (2. Auflage, Oxford 2002, 32–37) (»Two Arguments for Utility-Maximization«). – *Politische Philosophie heute: eine Einführung*, Frankfurt a. M. 1996, 39–44 (»Zwei Argumente für die Nutzenmaximierung«) (wiederabgedruckt in *Texte zum Utilitarismus*, hrsg. von Jörg Schroth, Stuttgart 2016, 245–53).

Kupperman, Joel J. (1981): A Case for Consequentialism, *American Philosophical Quarterly* 18, 305–13. Wiederabgedruckt in *Consequentialism*, hrsg. von Philip Pettit, Aldershot 1993, 3–11.

Globaler Konsequentialismus

Greaves, Hilary (2020): Global Consequentialism, in *The Oxford Handbook of Consequentialism*, hrsg. von Douglas W. Portmore, Oxford, 423–40.
Driver, Julia (2014): Global Utilitarianism, in *The Cambridge Companion to Utilitarianism*, hrsg. von Ben Eggleston und Dale E. Miller, Cambridge, 166–76.
Driver, Julia (2012): *Consequentialism*, London, 145–53 (»Global Consequentialism«).
Streumer, Bart (2003): Can Consequentialism Cover Everything? *Utilitas* 15, 237–47.
Pettit, Philip/Smith, Michael (2000): Global Consequentialism, in *Morality, Rules, and Consequences. A Critical Reader*, hrsg. von Brad Hooker, Elinor Mason und Dale E. Miller, Edinburgh, 121–33.

Konsequentialisierung

Eine in unregelmäßigen Abständen aktualisierte Bibliographie zur Konsequentialisierung kann auf www.ethikseite.de/bib/bib.html als PDF-Datei heruntergeladen werden.

Muñoz, Daniel (2021): The Rejection of Consequentializing, *Journal of Philosophy* 118, 79–96.
Hurley, Paul (2020): Consequentializing, in *The Oxford Handbook of Consequentialism*, hrsg. von Douglas W. Portmore, Oxford, 25–45.
Betzler, Monika/Schroth, Jörg (2018): The Good of Consequentialized Deontology, in *Consequentialism: New Directions, New Problems*, hrsg. von Christian Seidel, Oxford: Oxford University Press, 115–135.
Betzler, Monika/Schroth, Jörg (2014): Konsequentialisierung – Königsweg oder Sackgasse für den Konsequentialismus?, in *Zeitschrift für philosophische Forschung* 68, 279–304.
Hurley, Paul (2013): Consequentializing and Deontologizing: Clogging the Consequentialist Vacuum, in *Oxford Studies in Normative Ethics* 3, hrsg. von Mark Timmons, Oxford, 123–53.
Brown, Campbell (2011): Consequentialize This, *Ethics* 121, 749–71.
Dreier, James (2011): In Defense of Consequentializing, in *Oxford Studies in Normative Ethics* 1, hrsg. von Mark Timmons, Oxford, 97–119.
Portmore, Douglas W. (2011): *Commonsense Consequentialism. Wherein Morality Meets Rationality*, Oxford.
Sachs, Benjamin (2010): Consequentialism's Double-Edged Sword, *Utilitas* 22, 258–71.
Portmore, Douglas W. (2009): Consequentializing, *Philosophy Compass* 4, 329–47.

Konsequentialismus und der Vorrang des Guten

Freeman, Samuel (1994): Utilitarianism, Deontology, and the Priority of Right, *Philosophy and Public Affairs* 23, 313–49.

Kymlicka, Will (1988): Rawls on Teleology and Deontology, *Philosophy and Public Affairs* 17, 173–90. Revidierte Version: The Right and the Good, in Kymlicka, *Liberalism, Community and Culture*, Oxford 1989, 21–43.

Konsequentialismus und die Nichtberücksichtigung der Verschiedenheit der Personen

Brink, David O. (2020): Consequentialism, the Separateness of Persons, and Aggregation, in *The Oxford Handbook of Consequentialism*, hrsg. von Douglas W. Portmore, Oxford, 378–400.
Chappell, Richard Yetter (2015): Value Receptacles, *Noûs* 49, 322–32.
Hirose, Iwao (2015): *Moral Aggregation*, Oxford, 64–88 (»Aggregation and the Separateness of Persons«).
Hyams, Keith (2015): Hypothetical Choice, Egalitarianism and the Separateness of Persons, *Utilitas* 27, 217–39.
Schnüriger, Hubert (2014): *Eine Statustheorie moralischer Rechte*, Münster, 271–76 (»Der Einwand der Verschiedenheit der Menschen«).
Hirose, Iwao (2013): Aggregation and the Separateness of Persons, *Utilitas* 25, 182–205.
Otsuka, Michael (2012): Prioritarianism and the Separateness of Persons, *Utilitas* 24, 365–80.
Voorhoeve, Alex/Fleurbaey, Marc (2012): Egalitarianism and the Separateness of Persons, *Utilitas* 24, 381–98.
Hinton, Timothy (2009): Rights, Duties and the Separateness of Persons, *Philosophical Papers* 38, 73–91.
Norcross, Alastair (2009): Two Dogmas of Deontology. Aggregation, Rights, and the Separateness of Persons, *Social Philosophy and Policy* 26, 76–95.
Zwolinski, Matt (2008): The Separateness of Persons and Liberal Theory, *Journal of Value Inquiry* 42, 147–65.
Vallentyne, Peter (2006): Against Maximizing Act Consequentialism, in *Contemporary Debates in Moral Theory*, hrsg. von James Dreier, Oxford, 21–36.
Laden, Anthony Simon (2005): Taking the Distinction Between Persons Seriously, in *The Legacy of John Rawls*, hrsg. von Thom Brooks und Fabian Freyenhagen, London, 50–66.
Shaw, William H. (1999): *Contemporary Ethics. Taking Account of Utilitarianism*, Oxford, 124–28 (»Separateness of Persons«).
Kliemt, Hartmut (1998): Rawls' Kritik am Utilitarismus, in *John Rawls, Eine Theorie der Gerechtigkeit*, hrsg. von Otfried Höffe, Berlin, 97–116.
Brink, David O. (1997): Rational Egoism and the Separateness of Persons, in *Reading Parfit*, hrsg. von Jonathan Dancy, Oxford, 96–134.
Brink, David O. (1993): The Separateness of Persons, Distributive Norms, and Moral Theory, in *Value, Welfare, and Morality*, hrsg. von R. G. Frey und Christopher W. Morris, Cambridge, 252–89.
Brink, David O. (1989): *Moral Realism and the Foundations of Ethics*, Cambridge, 283–90 (»The Separateness of Persons«).
McKerlie, Denins (1988): Egalitarianism and the Separateness of Persons, *Canadian Journal of Philosophy* 18, 205–26.
Raz, Joseph (1986): *The Morality of Freedom*, Oxford, 271–77 (»Separateness of Persons: Trade-Offs«).
Rawls, John (1971): *A Theory of Justice*, Oxford, 22–27 (*Revised Edition*, Cambridge, Mass., 1999, 20–24). – *Eine Theorie der Gerechtigkeit*, Frankfurt a. M. 1979, 40–45. Wiederabgedruckt in *Texte zum Utilitarismus*, hrsg. von Jörg Schroth, Stuttgart 2016, 238–44.

Anhang: Literaturhinweise

Konsequentialismus und die Unvorhersehbarkeit zukünftiger Konsequenzen

Bykvist, Krister (2020): Consequentialism, Ignorance, and Uncertainty, in *The Oxford Handbook of Consequentialism*, hrsg. von Douglas W. Portmore, Oxford, 310–30.
Greaves, Hilary (2016): Cluelessness, *Proceedings of the Aristotelian Society* 116, 311–39.
Burch-Brown, Joanna M. (2014): Clues for Consequentialists, *Utilitas* 26, 105–19.
Dorsey, Dale (2012): Consequentialism, Metaphysical Realism and the Argument from Cluelessness, *Philosophical Quarterly* 62, 48–70.
Lang, Gerald (2008): Consequentialism, Cluelessness, and Indifference, *Journal of Value Inquiry* 42, 477–85.
Cowen, Tyler (2006): The Epistemic Problem Does Not Refute Consequentialism, *Utilitas* 18, 383–99.
Feldman, Fred (2006): Actual Utility, The Objection from Impracticality, and the Move to Expected Utility, *Philosophical Studies* 129, 49–79.
Wiland, Eric (2005): Monkeys, Typewriters, and Objective Consequentialism, *Ratio* 18, 352–60.
Mason, Elinor (2004): Consequentialism and the Principle of Indifference, *Utilitas* 16, 316–21.
Miller, Dale E. (2003): Actual-Consequence Act Utilitarianism and the Best Possible Humans, *Ratio* 16, 49–62.
Lenman, James (2000): Consequentialism and Cluelessness, *Philosophy and Public Affairs* 29, 342–70.
Carlson, Erik (1999): The Oughts and Cans of Objective Consequentialism, *Utilitas* 11, 91–96. – Zu Howard-Snyder (1997).
Qizilbash, Mozaffar (1999): The Rejection of Objective Consequentialism: A Comment, *Utilitas* 11, 97–105. – Zu Howard-Snyder (1997).
Howard-Snyder, Frances (1999): Response to Carlson und Qizilbash, *Utilitas* 11, 106–11.
Howard-Snyder, Frances (1997): The Rejection of Objective Consequentialism, *Utilitas* 9, 241–248.
Frazier, Robert L. (1994): Act-Utilitarianism and Decision Procedures, *Utilitas* 6, 43–53.
Norcross, Alastair (1990): Consequentialism and the Unforeseeable Future, *Analysis* 50, 253–56.

Konsequentialismus und Freundschaft, Parteilichkeit sowie persönliche Beziehungen

Jeske, Diane (2020): Consequentialism and Partiality, in *The Oxford Handbook of Consequentialism*, hrsg. von Douglas W. Portmore, Oxford, 238–52.
Woodcock, Scott (2010): When Will Your Consequentialist Friend Abandon You for the Greater Good?, *Journal of Ethics and Social Philosophy* 4 (2), 1–23.
Upton, Candace L. (2008): Context, Character and Consequentialist Friendships, *Utilitas* 20, 334–47.
McElreath, F. Scott (2006): Maximizing Act Consequentialism and Friendship, *Journal of Value Inquiry* 40, 413–20.
Tedesco, Matthew (2006): Indirect Consequentialism, Suboptimality, and Friendship, *Pacific Philosophical Quarterly* 87, 567–77.
Card, Robert F. (2004): Consequentialism, Teleology, and the New Friendship Critique, *Pacific Philosophical Quarterly* 85, 149–72.

Byron, Michael (2002): Consequentialist Friendship and Quasi-instrumental Goods, *Utilitas* 14, 249–57.
Conee, Earl (2001): Friendship and Consequentialism, *Australasian Journal of Philosophy* 79, 161–79.
Shaw, William H. (1999): *Contemporary Ethics. Taking Account of Utilitarianism*, Oxford, 268–75 (»Those Who Are Near and Dear«).
Mason, Elinor (1998): Can an Indirect Consequentialist be a Real Friend?, *Ethics* 108, 386–93.
Cocking, Dean/Oakley, Justin (1995): Indirect Consequentialism, Friendship, and the Problem of Alienation, *Ethics* 106, 86–111.
Gomberg, Paul (1992): Friendship in the Context of a Consequentialist Life, *Ethics* 102, 552–54.
Badhwar Kapur, Neera (1991): Why It Is Wrong to Be Always Guided by the Best: Consequentialism and Friendship, *Ethics* 101, 483–504.
Wilcox, William H. (1987): Egoists, Consequentialists, and Their Friends, *Philosophy and Public Affairs* 16, 73–84.

Konsequentialismus und Integrität der Person

Scherkoske, Greg (2013): Whither Integrity II: Integrity and Impartial Morality, *Philosophy Compass* 8, 40–52.
Driver, Julia (2012): *Consequentialism*, London, 52–65 (»Causing good and negative responsibility«).
Hurley, Paul (2009): *Beyond Consequentialism*, Oxford, 62–105 (»Harnessing Williams to Sharpen the Challenge to Consequentialism« (nur im Kontext der vorigen Kapitel verständlich)).
Markovits, Daniel (2009): The Architecture of Integrity, in *Reading Bernard Williams*, hrsg. von Daniel Callcut, Abingdon, 110–38.
Chappell, Timothy (2007): Integrity and Demandingness, *Ethical Theory and Moral Practice* 10, 255–65.
Jenkins, Mark P. (2006): *Bernard Williams*, Chesham: Acumen, 29–34 (»Integrity: actions«), 35–40 (»Integrity: feelings«).
Cox, Damian (2005): Integrity, Commitment, and Indirect Consequentialism, *Journal of Value Inquiry* 39, 61–73.
Cox, Damian/La Caze, Marguerite/Levine, Michael P. (2003): *Integrity and the Fragile Self*, Aldershot, 73–100 (»Integrity and Utilitarian Moral Theory«).
Ashford, Elizabeth (2000): Utilitarianism, Integrity, and Partiality, *Journal of Philosophy* 97, 421–39.
Harcourt, Edward (1998): Integrity, Practical Deliberation and Utilitarianism, *Philosophical Quarterly* 48, 189–98.
Crisp, Roger (1997): *Routledge Philosophy Guidebook to Mill on Utilitarianism*, London, 135–53 (»Integrity«).
Schaber, Peter (1997): *Moralischer Realismus*, Freiburg, München, 328–36.
Nida-Rümelin, Julian (1993): *Kritik des Konsequentialismus*, München, 90–94 (»Integrität der Person«).
Conly, Sarah (1983): Utilitarianism and Integrity, *Monist* 66, 299–311.
Davis, Nancy (1980): Utilitarianism and Responsibility, *Ratio* 22, 15–35. – Utilitarismus und Verantwortlichkeit, *Ratio* 22 (deutsche Ausgabe), 16–37.

Williams, Bernard (1976): Utilitarianism and Moral Self-indulgence, in Williams, *Moral Luck. Philosophical Papers 1973-1980*, Cambridge 1981, 40-53. – Utilitarismus und moralische Selbstgefälligkeit, in Williams, *Moralischer Zufall. Philosophische Aufsätze 1973-1980*, Köngistein/Ts. 1984, 50-64.

Harris, John (1974): Williams on Negative Responsibility and Integrity, *Philosophical Quarterly* 24, 265-73.

Williams, Bernard (1973): A Critique of Utilitarianism, in J. J. C. Smart und Bernard Williams, *Utilitarianism for and against*, Cambridge 1987, 75-150: 108ff.. – *Kritik des Utilitarismus*, Frankfurt a. M. 1979, 72 ff. (Auch in *Texte zum Utilitarismus*, hrsg. von Jörg Schroth, Stuttgart 2016, 286 ff.)

Konsequentialismus und Kant

Forschler, Scott (2013): Kantian and Consequentialist Ethics: The Gap Can Be Bridged, *Metaphilosophy* 44, 88-104.

Bambauer, Christoph (2011): *Deontologie und Teleologie in der kantischen Ethik*, Freiburg im Breisgau.

Wood, Allen (2008): Kantian Ethics vs. ›Consequentialism‹, in ders., *Kantian Ethics*, Cambridge, 259-69.

Timmermann, Jens (2005): Why Kant Could not Have Been a Utilitarian, *Utilitas* 17, 243-64.

Kagan, Shelly (2002): Kantianism for Consequentialists, in *Immanuel Kant. Groundwork for the Metaphysics of Morals*, Edited and translated by Allen W. Wood, New Haven and London, 111-56.

Cummiskey, David (1996): *Kantian Consequentialism*, New York, Oxford.

Hare, R. M. (1997): Could Kant Have Been A Utilitarian? in ders., *Sorting Out Ethics*, Oxford, 147-65.

Konsequentialismus und Rechte

Pettit, Philip (1988): The Consequentialist Can Recognise Rights, *Philosophical Quarterly* 38, 42-55.

Sumner, L. W. (1987): *The Moral Foundation of Rights*, Oxford.

Frey, R. G. (Hrsg.) (1985): *Utility and Rights*, Oxford.

Brandt, Richard B. (1984): Utilitarianism and Moral Rights, in ders., *Morality, Utilitarianism, and Rights*, Cambridge 1992, 196-212.

Gibbard, Allan (1984): Utilitarianism and Human Rights, in *Social Philosophy and Policy* 1, Nr. 2: *Human Rights*, hrsg. von Ellen Frankel Paul, Jeffrey Paul und Fred D. Miller, Oxford, 92-102.

Gray, John (1984): Indirect Utility and Fundamental Rights, *Social Philosophy and Policy* 1, Nr. 2: *Human Rights*, hrsg. von Ellen Frankel Paul, Jeffrey Paul und Fred D. Miller, Oxford, 73-91.

Scanlon, T. M. (1977): Rights, Goals, and Fairness, *Erkenntnis* 11, 81-95. Revidierte Version in *Public and Private Morality*, hrsg. von Stuart Hampshire, Cambridge 1978, 93-111. Wiederabgedruckt in *Consequentialism and Its Critics*, hrsg. von Samuel Scheffler, Oxford 1988, 75-92 sowie in Scanlon, *The Difficulty of Tolerance. Essays in Political Philosophy*, Cambridge 2003, 26-41.

Konsequentialismus und Überforderung

Sobel, David (2020): Understanding the Demandingness Objection, in *The Oxford Handbook of Consequentialism*, hrsg. von Douglas W. Portmore, Oxford, 221–37.
Tanyi, Attila (2014): Moral Demands and Ethical Theory: The Case of Consequentialism, in *The Bloomsbury Companion to Analytic Philosophy*, hrsg. von Barry Dainton und Howard Robinson, London u. a., 500–527.
Bruder, Martin/Tanyi, Attila (2014): Overdemanding Consequentialism? An Experimental Approach, *Utilitas* 26, 250–75.
de Lazari-Radek, Katarzyna/Singer, Peter (2014): *The Point of View of the Universe. Sidgwick and Contemporary Ethics*, Oxford, 317–36 (»Demandingness«).
McElwee, Brian (2011): Impartial Reasons, Moral Demands, *Ethical Theory and Moral Practice* 14, 457–66.
Tedesco, Matthew (2011): Intuitions and the Demands of Consequentialism, *Utilitas* 23, 94–104.
Bykvist, Krister (2010): *Utilitarianism. A Guide for the Perplexed*, London, 98–111 (»Is Utilitarianism Too Demanding?«).
Carter, Alan (2009): Is Utilitarian Morality Necessarily too Demanding? in *The Problem of Demandingness. New Philosophical Essays*, hrsg. von Timothy Chappell, Houndmills, Basingstoke, 163–84.
Hooker, Brad (2009): The Demandingness Objection, in *The Problem of Demandingness. New Philosophical Essays*, hrsg. von Timothy Chappell, Houndmills, Basingstoke, 148–62.
Sobel, David (2007): The Impotence of the Demandingness Objection, *Philosophers' Imprint* 7, No. 8, 1–17.
Gesang, Bernward (2003): *Eine Verteidigung des Utilitarismus*, Stuttgart, 98–135 (»Überforderung – Muss der Utilitarist wie ein Heiliger leben?«).
Mulgan, Tim (2001): *The Demands of Consequentialism*, Oxford.
Scarre, Geoffrey (1996): *Utilitarianism*, London, 182–204 (»Utilitarianism and Personality«)
Brink, David O. (1986): Utilitarian Morality and the Personal Point of View, *Journal of Philosophy* 83, 417–38.
Kagan, Shelly (1984): Does Consequentialism Demand Too Much?, *Philosophy and Public Affairs* 13, 239–54.

Objektiver, subjektiver und prospektiver Konsequentialismus (tatsächliche vs. zu erwartende Konsequenzen)

Andrić, Vuko (2021): *From Value to Rightness. Consequentialism, Action-Guidance, and the Perspective-Dependence of Moral Duties*, New York und Abingdon.
Andrić, Vuko (2016): Is Objective Consequentialism Compatible with the Principle that ›Ought‹ Implies ›Can‹, *Philosophia* 44, 63–77.
Andrić, Vuko (2015): Objective Consequentialism and the Rationales of '»Ought« Implies »Can«', *Ratio (New Series)* 30, 72–87.
Mason, Elinor (2014): Objectivism, Subjectivism, and Prospectivism, in *The Cambridge Companion to Utilitarianism*, hrsg. von Ben Eggleston und Dale E. Miller, Cambridge 2014, 177–98.
Andrić, Vuko (2013): Objective Consequentialism and the Licensing Dilemma, *Philosophical Studies* 162, 547–66.
Mason, Elinor (2013): Objectivism and Prospectivism about Rightness, *Journal of Ethics and Social Philosophy* 7 (2), 1–21.

Timmons, Mark (2013): *Moral Theory: An Introduction*, 2. Auflage, Lanham, 132–36 (»Actual versus Expected Consequences«).

Driver, Julia (2012): What the Objective Standard is Good For, *Oxford Studies in Normative Ethics* 2, hrsg. von Mark Timmons, Oxford, 28–44.

Zimmerman, Michael J. (2008): *Living with Uncertainty. The Moral Significance of Ignorance*, Cambridge.

Feldman, Fred (2006): Actual Utility, the Objection from Impracticality, and the Move to Expected Utility, *Philosophical Studies* 129, 49–79.

Zimmermann, Michael J. (2006): Is Moral Obligation Subjective or Objective?, *Utilitas* 18, 329–61.

Birnbacher, Dieter (2003): *Analytische Einführung in die Ethik*, Berlin 2003 (2. Auflage: 2007), 177–86.

Miller, Dale E. (2003): Actual-Consequence Act Utilitarianism and the Best Possible Humans, *Ratio* 16, 49–62.

Carlson, Erik (1999): The Oughts and Cans of Objective Consequentialism, *Utilitas* 11, 91–96.

Howard-Snyder, Frances (1999): Response to Carlson and Qizilbash, *Utilitas* 11, 106–111.

Qizilbash, Mozaffar (1999): The Rejection of Objective Consequentialism: A Comment, *Utilitas* 11, 97–105.

Howard-Snyder, Frances (1997): The Rejection of Objective Consequentialism, *Utilitas* 9, 241–48.

Jackson, Frank (1991): Decision-Theoretic Consequentialism and the Nearest and Dearest Objection, *Ethics* 101, 461–82.

Strasser, Mark (1989): Actual versus Probable Utilitarianism, *Southern Journal of Philosophy* 27, 585–97.

Singer, Marcus G. (1983): Further on Actual Consequence Utilitarianism, *Mind* 92, 270–74.

Singer, Marcus G. (1982): Incoherence, Inconsistency and Moral Theory, *Southern Journal of Philosophy* 20, 375–91.

Ellis, Brian (1981): Retrospective and Prospective Utilitarianism, *Nous* 15, 325–39.

Galle, Peter (1981): Gruzalski and Ellis on Utilitarianism, *Australasian Journal of Philosophy* 59, 332–37.

Gruzalski, Bart (1981): Forseeable Consequence Utilitarianism, *Australasian Journal of Philosophy* 59, 163–76.

Lomasky, Loren E. (1978): Is Actual Consequence Utilitarianism Incoherent?, *Southern Journal of Philosophy* 16, 71–78.

Temkin, Jack (1978): Actual Consequence Utilitarianism: A Reply to Professor Singer, *Mind* 87, 412–14.

Singer, Marcus G. (1977): Actual Consequence Utilitarianism, *Mind* 86, 67–77.

Öffentlichkeitsbedingung und Konsequentialismus als geheime (esoterische) Moral

de Lazari-Radek, Katarzyna/Singer, Peter (2014): *The Point of View of the Universe. Sidgwick and Contemporary Ethics*, Oxford, 292–312.

Eggleston, Ben (2013): Rejecting the Publicity Condition: The Inevitability of Esoteric Morality, *Philosophical Quarterly* 63, 29–57.

Cox, Damian (2012): Judgment, Deliberation, and the Self-effacement of Moral Theory, *Journal of Value Inqiry* 46, 289–302.

de Lazari-Radek, Katarzyna/Singer, Peter (2010): Secrecy in Consequentialism. A Defence of Esoteric Morality, *Ratio* 23, 34–58.

Hooker, Brad (2010): Publicity in Morality. A Reply to Katarzyna De Lazari-Radek and Peter Singer, *Ratio* 23, 111–17.
Shaw, William H. (1999): *Contemporary Ethics. Taking Account of Utilitarianism*, Oxford, 152–55 (»Sidgwick's Moral Elitism«).
Coady, C. A. J. (1994): Sidgwick, in *The Routledge History of Philosophy* VII: *The Nineteenth Century*, hrsg. von C. L. Ten, London 1994, 101–21: 109–12 (»Sidgwick's Paradox«), 112–14 (»Assessing the Paradox«).
Langenfus, William L. (1989): Implications of a Self-Effacing Consequentialism, *Southern Journal of Philosophy* 27, 479–93.
Williams, Bernard (1985): *Ethics and the Limits of Philosophy*, London. (Third impression, with amendments: London 1993), 108–110. – *Ethik und die Grenzen der Philosophie*, Hamburg 1999, 155–57.
Parfit, Derek (1984): *Reasons and Persons*, 1984, 40–43 (»How C Might be Self-Effacing«).
Piper, Adrian M. S. (1978): Utility, Publicity, and Manipulation, *Ethics* 88, 189–206.

Regelkonsequentialismus

Eine in unregelmäßigen Abständen aktualisierte Bibliographie zum Regelkonsequentialismus kann auf www.ethikseite.de/bib/bib.html als PDF-Datei heruntergeladen werden.

Hooker, Brad (2020): The Role(s) of Rules in Consequentialist Ethics, in *The Oxford Handbook of Consequentialism*, hrsg. von Douglas W. Portmore, Oxford, 441–62.
Hooker, Brad (2014): Acts or Rules? The Fine-tuning of Utilitarianism, in *God, the Good, and Utilitarianism. Perspectives on Peter Singer*, hrsg. von John Perry, Cambridge, 125–38.
Miller, Dale E. (2014): Rule Utilitarianism, in *The Cambridge Companion to Utilitarianism*, hrsg. von Ben Eggleston und Dale E. Miller, Cambridge, 146–65.
Hooker, Brad (2006): Right, Wrong, and Rule-Consequentialism, in *The Black-well Guide to Mill's Utilitarianism*, hrsg. von Henry R. West, Oxford, 233–48.
Hooker, Brad (2003): Rule-consequentialism, in *The Stanford Encyclopedia of Philosophy*, hrsg. von Edward N. Zalta, http://plato.stanford.edu/entries/consequentialism-rule/.
Hooker, Brad/Mason, Elinor/Miller, Dale E. (Hrsg.) (2000): *Morality, Rules, and Consequences. A Critical Reader*, Edinburgh.
Hooker, Brad (2000): *Ideal Code, Real World. A Rule-consequentialist Theory of Morality*, Oxford.
Hooker, Brad (2000): Rule-Consequentialism, in *The Blackwell Guide to Ethical Theory*, hrsg. von Hugh LaFollette, Oxford, 183–204.

Richtigkeitskriterium vs. Entscheidungskriterium

Mulgan, Tim (2001): *The Demands of Consequentialism*, Oxford, 41–44 (»The Distinction between Criteria and Procedures«).
Brink, David O. (1989): *Moral Realism and the Foundations of Ethics*, Cambridge, 256–62 (»Criteria of Rightness, Decision Procedures, and Publicity«).
Bales, R. Eugene (1971): Act-Utilitarianism: Account of Right-Making Characteristics or Decision-Making Procedure?, *American Philosophical Quarterly* 8, 257–65. Wiederabgedruckt in *Consequentialism*, hrsg. von Philip Pettit, Aldershot 1993, 61–69.

Anhang: Literaturhinweise

Satisfizierender Konsequentialismus

Slater, Joe (2020): Satisficing Consequentialism Still Doesn't Satisfy, *Utilitas* 32, 108–17.
Chappell, Richard Yetter (2019): Willpower Satisficing, *Noûs* 53, 251–65.
Rogers, Jason (2010): In Defense of a Version of Satisficing Consequentialism, *Utilitas* 22, 198–221.
Bradley, Ben (2006): Against Satisficing Consequentialism, *Utilitas* 18, 97–108.
Byron, Michael (Hrsg.) (2004): *Satisficing and Maximizing: Moral Theorists on Practical Reason*, Cambridge.
Turri, John (2005): You Can't Get Away with Murder That Easily. A Response to Timothy Mulgan, *International Journal of Philosophical Studies* 13, 489–92.
Mulgan, Tim (2001): How Satisficers Get Away with Murder, *International Journal of Philosophical Studies* 9, 41–6.
Mulgan, Tim (2001): *The Demands of Consequentialism*, Oxford, 128–42.
Mulgan, Tim (1993): Slote's Satisficing Consequentialism, *Ratio (New Series)* 6, 121–34.
Hurka, Thomas (1990): Two Kinds of Satisficing, *Philosophical Studies* 59, 7–11.
Slote, Michael (1989): *Beyond Optimizing. A Study of Rational Choice*, Cambridge, Mass.
Slote, Michael (1985): *Common-sense Morality and Consequentialism*, London, 35–59 (»Satisficing consequentialism«).
Slote, Michael (1984): Satisficing Consequentialism, *Proceedings of the Aristotelian Society*, Suppl. 58, 139–63.

Skalarer Konsequentialismus

Norcross, Alastair (2020): *Morality by Degrees. Reasons without Demands*, Oxford.
Tobia, Kevin Patrick (2017): A Defense of Scalar Utilitarianism, *American Philosophical Quarterly* 54, 283–93.
Lang, Gerld (2013): Should Utilitarianism Be Scalar, *Utilitas* 25, 80–95.
Driver, Julia (2012): *Consequentialism*, London, 44–52 (»Scalar consequentialism«).
McElwee, Brian (2010): Consequentialism and Permissibility, *Utilitas* 21, 171–83.
Lawlor, Rob (2009): *Shades of Goodness. Gradability, Demandingness and the Structure of Moral Theories*, Houndmills, 73–95 (»Scalar Consequentialism: Morality without Requirements«).
Lawlor, Rob (2009): The Rejection of Scalar Consequentialism, *Utilitas* 21, 100–16.
Norcross, Alastair (2006): Reasons Without Demands: Rethinking Rightness, in *Contemporary Debates in Moral Theory*, Oxford, 38–52.
Norcross, Alastair (2006): The Scalar Approach to Utilitarianism, in *The Blackwell Guide to Mill's Utilitarianism*, hrsg. von Henry R. West, Oxford, 217–32.
Howard-Snyder, Frances/Norcross, Alastair (1993): A Consequentialist Case for Rejecting the Right, *Journal of Philosophical Research* 18, 109–25.

Theorien des Guten

Shafer-Landau, Russ (2020): *The Fundamentals of Ethics*, 5. Auflage, Oxford (»Part One: The Good Life«).
Hähnel, Martin/Schwarz, Maria (2018): *Theorien des Guten zur Einführung*, Hamburg.
Cahn, Steven M./Vitrano, Christine (2015): *Happiness and Goodness. Philosophical Reflections on Living Well*, New York.

Fenner, Dagmar (2007): *Das gute Leben*, Berlin.
Birnbacher, Dieter (2003): *Analytische Einführung in die Ethik*, Berlin 2003 (2. Auflage: 2007), 241–78 (»Theorien des nicht-moralisch Guten«).
Seel, Martin (1995): *Versuch über die Form des Glücks. Studien zur Ethik*, Frankfurt a. M.
Steinfath, Holmer (Hrsg.) (1998): *Was ist ein gutes Leben? Philosophische Reflexionen*, Frankfurt a. M.
Parfit, Derek (1984): *Reasons and Persons*, Oxford, 493–502 (»What Makes Someone's Life Go Best?«).

Welfarismus

Dorsey, Dale (2015): Welfarism, in *The Routledge Handbook of Philosophy of Well-Being*, hrsg. von Guy Fletcher, Milton Park, Abingdon, 417–28.
Keller, Simon (2009): Welfarism, *Philosophy Compass* 4, 82–95.
Holtug, Nils (2003): Welfarism – The Very Idea, *Utilitas* 15, 151–74.
Crisp, Roger/Moore, Andrew (1996): Welfarism in Moral Theory, *Australasian Journal of Philosophy* 74, 598–613.

Wohlbefinden (Well-Being)

Tiberius, Valerie (2018): *Well-Being as Value Fulfillment. How We Can Help Each Other to Live Well*, Oxford.
Alexandrova, Anna (2017): *A Philosophy for the Science of Well-Being*, Oxford.
Fletcher, Guy (2016): *The Philosophy of Well-Being. An Introduction*, Milton Park, Abingdon.
Fletcher, Guy (Hrsg.) (2016): *The Routledge Handbook of Philosophy of Well-Being*, Milton Park, Abingdon.
Bishop, Michael A. (2015): *The Good Life. Unifying the Philosophy and Psychology of Well-Being*, Oxford.
Bradley, Ben (2015): *Well-Being*, Cambridge.
Kraut, Richard (2013): Well-Being, in *The International Encyclopedia of Ethics*, hrsg. von Hugh LaFollette, Malden, MA, Band 9, 5442–50.
Wessels, Ulla (2011): *Das Gute. Wohlfahrt, hedonistisches Glück und die Erfüllung von Wünschen*, Frankfurt a. M.
Heathwood, Christopher (2010): Welfare, in *The Routledge Companion to Ethics*, hrsg. von John Skorupski, Milton Park, Abingdon, 645–55.
Heybron, Daniel M. (2008): *The Pursuit of Unhappiness. The Elusive Psychology of Well-Being*, Oxford.
Kraut, Richard (2007): *What Is Good and Why? The Ethics of Well-Being*, Cambridge, Mass.
Crisp, Roger (2001): Well-Being, *Stanford Encyclopedia of Philosophy*, hrsg. von Edward N. Zalta, https://plato.stanford.edu/entries/well-being/.
Scanlon, T. M. (1998): *What We Owe to Each Other*, Cambridge, Mass., 108–143 (»Well-Being«).
Sumner, L. W. (1996): *Welfare, Happiness and Ethics*, Oxford.
Griffin, James (1986): *Well-Being. Its Meaning, Measurement, and Moral Importance*, Oxford.

Werte fördern (promoting values) vs. Werte achten (Honouring values)

Pettit, Philip (1997): The Consequentialist Perspective, in: Marcia W. Baron, Philip Pettit und Michael Slote, *Three Methods of Ethics*, Oxford, 92–174: 126–33.

McNaughton, David/Rawling, Piers (1992): Honouring and Promoting Values, *Ethics* 102, 835–43.

Pettit, Philip (1991): Consequentialism, in *A Companion to Ethics*, hrsg. von Peter Singer, Oxford, 230–40: 230–33, 237.